KB068942

생각하는 독서

김 영 채

博 英 社

머리말

　　지식은 힘이고 재산이며 또한 권력인 시대에서 독서가 중요하다는 것은 새삼 강조할 필요가 없다. 그럼에도 불구하고 많은 사람들은 '독서'라 하면 익히 알고 있으며 잘 할 줄 아는 것처럼 잘못 생각하고 있다. 독서= '글+읽기'란 단순히 글(글자)을 소리 내는 것만이 아니다. 효과적인 독서는 글의 내용을 구조적으로 깊게 이해할 수 있어야 한다. 뿐만 아니라 더 나아가 논리적으로 판단할 수 있어야 하며, 그리고 읽은 것을 바탕으로 독자 자신의 아이디어도 생각해 낼 수 있어야 한다. 이러한 독서는 의미를 구성하고 논리와 상상을 펼치면서 읽는 적극적인 것이다. 우리는 이러한 글 읽기를 '생각하는 독서'라 부를 수 있을 것이다. 본서는 '생각하는 독서'의 기초이론과 전략적인 방법들을 가능한 한 구체적으로 제시하고 있다. 특히 초중등학생들의 독서 활동과 독서 지도에 초점을 두고 있지만 대학생이나 일반인들에게도 도움이 될 것이다. 그리고 독서 활동이나 독서 지도는 국어과에 한정된 것이 아니므로 여러 교과목에서도 쉽게 사용할 수 있을 것이다. 누구나 생각하는 독서를 배워야 하고 또한 가르쳐야 한다.

　　본서는 독서의 기초이론부터 창의적 독서까지를 포괄적으로 다루고 있다. 1장과 2장은 독서(글 읽기)의 접근과 심리적·정신적 과정을 다룬다. 3장~8장은 글의 조직형태와 그에 따른 이해전략과 이해를 위한 여러 가지 활동들을 포괄하고 있다. 그리고 어휘(단어)의 습득과 내용의 요약과 정리의 방법도 같이 다루고 있다. 마지막으로 9장은 독서-작문의 연계 활동을, 10장은 비판적인 이해를, 그리고 11장은 창의적인 독서의 요령을 비교적 상세하게 제시하고 있다. 각장에는 개관적인 도입과 복습을 위한 요약도 간추려 두었다.

저자는 '글의 이해'와 '비판적 사고'와 '창의적 사고'는 각각 독특하지만 그러면서도 서로는 상호의존하며, 그래서 상호작용적으로 발달해 간다는 믿음을 가지고 있다. 이들은 삼각형의 세 개의 꼭지점에 비유해 볼 수도 있어 보인다. 인간의 사고는 어느 것이나 정보를 이해해 낸 지식에 기초한다. 보고 듣는 것을 참으로 이해할 줄 아는 것은 인간사고의 출발점과 같은 것이다. 글의 내용(메시지, 아이디어)을 깊게 구조적으로 이해했으면 이제는 그것을 채로 치듯이 걸러 내어 쓸모 있는 지식을 발견해야 한다. 이것은 주로 비판적 사고의 몫이다. '창의적인 독서'도 마찬가지로 내용의 이해를 바탕으로 하지만, 그것은 다시 비판적 사고의 대상이 된다. 그래서 이들 세 가지는 상호작용할 것이다.

저자는 이미 교육과학사를 통하여 '사고력: 이론, 개발과 수업' (1998)과 '창의적 문제해결: 창의력의 이론, 개발과 수업'(2000)을, 그리고 중앙적성출판사에서 '바른 질문하기: 비판적 사고의 가이드라인' (2000)을 출판한 바 있다. 이제 본서 '생각하는 독서'를 통하여 이해-비판적 사고-창의적 사고라는 삼각형의 나머지 꼭지점 하나를 마무리하고 싶었다. 여기에 이르러 원고 전체를 정리하다 보니 맺음의 기쁨 못지 않게 아쉬움과 허탈감도 같이 느끼게 된다. 열 달 동안 고생했던 산모가 욕심에 차지 않는 아기를 낳으면 이런 기분이 들지도 모르겠다. 그러나, 또 다른 한편으로 생각해 보면, 이 정도의 지점에라도 이를 수 있었던 것에 감사한다. 종교적인 의미뿐만 아니라 학문적·개인적으로도 감사할 곳이 많다. 하지만 나이가 들었으니 몇 분을 골라 거명하여 감사하기보다는 오히려 마음 속에서 더 많은 분들에 대한 감사의 기억을 더 오랫동안 반추했으면 한다. 끝으로 본서가 많은 독자들에게 도움이 되었으면 좋겠다는 소망을 가진다. 감사합니다.

2005. 7.

현곡 R&D에서

저 자 김 영 채

목 차

세부목차

1장　독서의 의미와 접근

2장　독서의 심리적 과정

3 장 텍스트(글)의 조직형태

4 장 사전개관과 독서법

5 장　텍스트의 이해전략

8장　서사문(이야기 글) 이해를 위한 활동들

9장　작문, 독서와의 연계 및 독서 전후의 활동

10 장 비판적인 독서

11장　창의적인 독서

표 · 그림의 목차

표 목차

그림 목차

독서의 의미와 접근

독서의 의미와 접근

이 장에서는 먼저 생각하는 독서(읽기)를 하는 이상적인 독자의 특징을 알아본다. 다음으로 읽기에 대한 접근의 발달과 읽기의 요소를 살펴보고, 그리고 학습/독서에 대한 가정 여섯 가지를 분석해 본다. 마지막으로 거시구조적인 이해를 가능케 하는 초인지적인 독서전략을 음미해 볼 것이다.

I. 효과적인 독서

1. 독서='글+읽기'?

독서란 문자 그대로 '글 읽기'이다. '생각하는 독서'는 생각하는 글 읽기이며, 그것은 의미를 가지고 논리와 상상을 펼치면서 읽는 글 읽기이다. 지금부터 우리는 글 읽기의 이론과 실제적인 전략을 다루게 된다. 그러나 이러한 여정을 시작하기 전에 '글 읽기'의 정의에 대한 두 가지 제한을 언급해 보았으면 한다. 도대체 '글+읽기'란 무엇인가?

첫째는 '글+읽기'의 '글'에 대한 것이다. 본서에서 다루는 '글'은 "우리가 느끼고 생각한 것을 주제를 중심으로 정리하여 놓은 응집적이고 조직적(구조적)인 여러 문장들의 묶음"으로 된 것이다. 이러한 정의는 별로 새로운 것이 아니다. 사실은 글 읽기에 관한 논의는 대개가 이러한 정의를 전제하고 있다. 그러나 우리말 국어사전에서 '글'을 정의하고 있는 것을 보면(예컨대, 동아새국어사전, 2004) "1. 어떤 생각이나 일 따위의 내용을 글자로 나타내 놓은 것, 2. 학문, 또는 학식, 3. 글자"(p. 339)로 되어 있다. 글 읽기에서 다루는 '글'은 우리말 국어사전에 있는 것과 같이 단순히 '생각이나 일 따위의 내용을 글자로 나타내 놓은 것'이 아닌 것이 대부분이고 더욱이 '글자'만을 가리키는 경우는 거의 없다. 본서의 독서는 주로 '응집적이고(coherent) 조직적(구조적)인' 글을 다룬다. 영어에서는 이러한 글을 텍스트(text)라 한다. 이것을 우리말에는 '주제문' 또는 '덩이글' 등으로 번역하기도 하지만 텍스트가 의미하는 응집적이고 조직적인 성질의 글을 특징적으로 표현하는 보다 적절한 개념을 저자는 찾을 수가 없었다. 그래서 본서에서는 '글, 텍스트, 텍스트(글)'이라는 표현을 상호교환적인 것으로 자유롭게 사용하기로 하였다.

둘째는 '글+읽기'의 '읽기'에 대한 것이다. '읽기'라고 하면 우리는 철자나 단어를 '소리 내어' 발음하는 것을 쉽게 떠 올리게 된다. 읽기에는 단어를 발음할 줄 아는 것이 중요하다. 우리가 처음에 글을 배울 때는 철자나 단어를 '읽기 위하여 학습'(learning to read)한다. 환언하면 글 읽기의 초기단계에서는 주로 인쇄 철자들을 소리 내는 것(발음)을 배우며 이것은 읽기 학습의 시초단계에서 해야 하는 주된 일이다. 그러나 글 읽기에 관한 대부분의 논의는 이 단계를 넘어선 것이다. '읽기 위하여 학습(공부)'하는 시초단계의 다음을 우리는 '글'을 '학습(공부)하기 위하여 읽기'(reading to learn)하는 단계라 말할 수 있다. 글을 학습(공부)하기 위하여 읽는다는 말은 바꾸어 말하면 글의 내용, 의미를 읽는 것이 된다. 이때는 독자가 설령 소리를 내어 읽는다 하더라도 그것은 '철자'뿐만 아니라 '의미'도 같이 발성하여 소리 내는 것이다. 여기서는 오히려 '의미'를 읽는 것을 강조하게 된다. 이러한 '읽기'는 주로 의미를 가지고 상상을 작동해서 읽는 독서이며 이러한 독서를 우리는 '생각하는 독서'라 부를 수 있다. 본서에서는 '학습하기 위하여 읽기'하는 '생각하는 독서'를 주로 다룬다.

본서에서는 텍스트(글)를 가지고 학습(공부)하기 위하여 어떻게 읽어야 효과적인 이해가 가능할 수 있는지를 알아보게 될 것이다. 일반적으로 말하면, 텍스트(글)를 읽는 다는 것은 '읽으면서 사고'하는 것이다. 독서의 초점은 인쇄단어를 단순히 '소리 내는' 것이 아니라 인쇄단어가 자극이 되어 의미를 생각하는 것이여야 한다. 다시 말하면 효과적인 독서란, 이해를 위하여 생각하며 노력하는 독서이다. 그러므로 '이해'를 가르친다는 것은 바로 읽으면서 사고하는 방법을 가르치는 것이다. 텍스트 이해에는 단어를 해독(부호해, decoding)하는 것도 중요하지만 단어를 해독하는 것 이상의 것을 요구한다. 독자는 텍스트의 저자와 상호작용하며, 텍스트의 의미가 말이 되는지 그래서 자신이 알고 있는 것과는 어떻게 관련되는지를 찾으며, 그리고 이해를 위한 전략을 적용하는 적극적인 역할을 수행해야 한다. 독서는 '눈'으로 하는 것이 아니라 '머리'로 해야 한다고 말할 수 있다.

2. 효과적인 독서의 특징

독서란 문자 그대로 글을 읽는 과정(過程)이다. 이러한 읽기 과정을 통하여 텍스트(글)에 나타나 있는 정보와 독자가 이미 가지고 있는 선행지식이 상호작용하며 독자의 마음 속에서 정보의 의미를 재구성해 가게 된다. 저자가 전달하고자 하는 의미를 자기 것으로 내면화하고 일치시키는 정도만큼 독자는 텍스트(글)를 깊게 이해했다고 말할 수 있다.

글을 읽고 이해를 잘못하는 학생을 보고 사람들은 흔히 그들은 '생각을 하지 않아'라고 말한다. 그러나 일상의 실제에서 보면 사람은 누구나 사고(생각)하며, 독해를 잘못해서 꾸중 듣는 학생도 사고하고 문제해결하는 일을 그런대로 잘하는 것을 볼 수 있다. 어둡게 구름이 몰려오면 비가 올 것을 '예측'할 줄 알며, 그리고 아버지가 얼굴을 찡그리면 화가 나셨다고 '결론' 내릴 줄도 안다. 이들은 모두가 고차적 사고이다. 그러므로 진짜의 문제는 글을 읽으면서 사고를 할 수 없는 것이 아니라 사고를 '하지 않거나 또는 독서하면서 사고하는 효과적인 방법'을 모르는 것이다.

그러면 효과적인 독자는, 비효과적이고 미숙한 독자와 비교해 보면, 어떤 면에서 특징적인 차이를 보일까? 이들은 적어도 다음과 같은 세 가지 면에서 차이를 보일 것이다.

(ⅰ) 효과적인 독자는 텍스트의 내용(아이디어, idea)을 쉽게 서로 연결시키고 조직화할 줄 안다. 연결시키고 조직화하는 내용은 문장 속에 있는 것일 수도 있고, 다른 문장이나 문단 속의 것일 수도 있고, 또는 자기 머리 속에 있는 배경지식일 수도 있다. 예컨대 효과적인 독자는 대명사(이것, 저것, 그것 등)가 가르키고 있는 대상을 보다 빨리 알아낸다. 그러면 앞 문장에 있는 정보와 뒤 문장에 있는 것들이 보다 쉽게 통합되고 그러면 이해가 빠르고 쉽다. 그리고 앞에서 읽었던 정보가 작업기억(단기기억)의 의식 속에 여전히 남아 있으면 그것을 장기기억에서 다시 탐색해 내거나 또는 기억 속에 없기 때문에 추론해 내어야 할 때 보다 정보를 보다 빨리 통합시킬 수 있다. 그들은 텍스트(글)의 내용을 거시 구조적으로 연결시켜 이해하고 조직화 할 줄 알며, 이를 바탕으로 세부적인 내용을 연결시키는 일

을 보다 효과적으로 할 줄 안다.

(ⅱ) 효과적인 독자는 요약을 잘한다. 텍스트의 요지를 찾아내고 응집적인 전체적인 구조로 조직할 수 있으면 이해는 쉽고 빠르다. 효과적인 독자는 텍스트의 조직형태가 어떠하다는 것을 알고 있으며 그리고 이해의 요령을 효과적으로 적용할 줄 안다.

(ⅲ) 효과적인 독자는 자세하고 깊게 정교화할 줄 안다. 정교화란 이전의 지식을 이용하여 지금 학습하고 있는 내용을 자세하고 풍부하게 만들어 가는 것을 말한다. 예컨대 보기를 들어보고, 공통점과 차이점을 찾아보고, 다음의 전개를 미리 예상해 보고, 이미 알고 있는 것에서 새로운 내용을 유추해 보고, 세부적인 내용들을 중심 내용에 관련시켜 보고, 텍스트에 있는 내용을 독서자 자신의 경험이나 신념과 비교해 보고, 또는 내용이 시사하고 있는 함의(implications)를 생각해 보는 것과 같다. 텍스트에 있는 정보들끼리 관련시키는 것을 우리는 구조화(structuring)라 하고 텍스트에 있는 정보를 다른 텍스트, 다른 단원 또는 다른 과목에서 배운 내용이나 자신의 일상 경험에 관련시키는 것을 맥락화(contexting)라 부른다.

그러면 효과적인 독서를 가능케 하는 것은 무엇일까? 다시 말하면 효과적인 독자를 가능하게 하는 능력은 어떤 것일까? 텍스트를 읽으면서 효과적으로 사고하고, 이해할 수 있으려면 다음과 같은 능력이 있어야 한다.

(ⅰ) 충분한 배경지식을 가지고 있으며, 나아가 이들을 활성화하여 읽고 있는 새로운 정보에 연결시킬 수 있어야 한다.

(ⅱ) 텍스트의 조직구조를 익숙하게 알아 낼 수 있어야 한다.

(ⅲ) 이해를 위한 사고전략(이해전략)을 익히고 이들을 필요에 따라 자동적으로 적용할 수 있어야 한다. 그리고

(iv) 독서를 계획하고 감시조정(monitoring)하고 반성하는 초인지적 사고를 실천할 수 있어야 한다.

읽기를 하는 독자의 변수에는 두 가지가 있는데 그것은 '선행지식'과 '정신적 자세'이다. 선행지식이란 독자가 이전까지 가지고 있는 내용지식 및 개인적 경험을 말한다. 선행지식을 많이 가지고 있고, 이들을 쉽게 활성화시킬 수 있으면 읽고 있는 텍스트의 내용을 보다 쉽게 '연결'시킬 수 있다. 그러면 독서는 쉽고 더 많은 것을 학습할 수 있다. 많은 연구들은 토픽에 관하여 독자가 가지고 있는 배경지식의 양과 질은 독자가 읽은 것을 얼마나 이해하고 기억할 수 있는지를 결정하는 가장 큰 변수임을 말해 주고 있다(Pearson & Fielding, 1991). 배경지식에는 제목(토픽, topic)에 관련된 어휘(단어 또는 원리)뿐만 아니라 텍스트의 조직형태에 친숙한 것도 포함된다.

두 번째의 독자변수는 정신적인 '자세', 즉 독서에 대한 정서적 반응이다. 이를 '지적 행동'(Costa, 1991) 또는 '마음의 습관'이라 부를 수도 있겠다. 여기에는 독서를 하려는 것에 대하여 적극적인 흥미와 자신감을 가지며 그리고 읽고 있는 것을 느낄 줄 아는 것 등이 포함된다. 이제 간추려 보면, 이상적으로 효과적인 독자는 다음과 같은 특징을 가진다.

(i) 읽으려는 제목(토픽)에 대하여 사전지식을 활성화시킬 줄 알며, 그렇게 해야 텍스트를 더 잘 이해하고 기억할 수 있다는 것을 알며,

(ii) 적극적으로 의미를 찾고 구성하며,

(iii) '이 글은 무엇에 대한 것인가?' 등의 '바른 질문'을 제기할 줄 알고 거기에 대한 해답을 찾으려고 텍스트와 상호작용하며,

(iv) 자신의 이해를 감시조정(monitoring)하고, 이해가 혼란스럽거나 오류인 부분을 체크하여 수정하며,

(ⅴ) 저자의 결론(주장)을 뒷받침하는 근거에 따라 논리적/합리적으로 추리하고 판단할 줄 알며, 그리고

(ⅵ) 이에 더 나아가 자기 자신의 생각(아이디어)을 생성해 내고 작문 등으로 표현할 줄 안다.

Ⅱ. 읽기에 대한 접근과 요소

아주 기본적으로 보면 글을 읽고 이해한다는 것은 '연결'(connections, link)을 만드는 것이다. 단어를 연결시켜 문장의 의미를 알고, 문장을 서로 연결시켜 단락의 의미를 알며, 나아가 글 전체를 연결시키며, 더 나아가 자신이 가지고 있는 기존의 배경지식과의 관계를 알며, 그래서 텍스트의 내용을 자신의 일부로 연결을 만들 수 있어야 한다. 우리는 연결시킴으로써 의미를 구성하며 읽은 것을 이해라 한다. 이러한 이해는 자신이 이미 알고 있는 것과 글에서 제시하고 있는 '새로운' 정보를 적극적으로 서로 연결시킬 때 비로소 가능하다.

1. 읽기에 대한 접근

그럼에도 불구하고, 최근까지도 많은 사람들은 학습/독서란 수동적인 활동이라 생각하였다. 학생은 스펀지(sponge)처럼 주는 대로 담아넣고 읽는 대로 수용하는 것으로 보았고, 그래서 교사는 자신들이 알고 있는 지식을 가능한 한 많이 집어넣어 줄려고 노력하였다. 읽기도 마찬가지로 수동적인 것으로 생각하였다. 텍스트에 있는 단어 속에 모든 의미가 포함되어 있으며, 읽기는 이들 단어를 단순히 해독(부호해)하는 것으로 보았다. 그러나 최근의 많은 연구들은 학습과 읽기는 적극적인 과

정(過程)임을 보여 주고 있다. 독자는 독서를 하면서 스스로 의미를 구
성한다. 효과적인 독자는 전략적이다. 이들은 예측을 하고, 정보를 조
직화하고, 그리고 텍스트와 상호작용한다. 그리고 자신이 이미 알고 있
는 것에 비추어 보면서 읽고 있는 내용을 평가한다. 자신이 이해를 하
는지 어떤지를 감시조정하며, 이해에 문제가 있으면 읽는 행동을 수정
한다. 읽기에 대한 전통적인 접근과 새로운 접근을 Billmeyer &
Barton(1999)을 보충하여 제시해 보면 다음과 같다.

표 1-1	이해에 대한 전통적인 접근과 최근의 접근	
	전통적인 접근	최근의 접근
접 근 법	행동주의적	인지 과학적
읽기의 목표	단편적인 사실과 기능의 습득	의미의 구성과 자기 조절적 학습
과정(過程)으로서의 읽기	단어를 기계적으로 해독: 기계적인 암기의 과정	독자, 텍스트(글) 및 맥락 사이의 상호작용의 과정
학습자 역할	수동적	적극적
비 유	외적인 출처로부터 지식을 받아들이는 스펀지	적극적, 전략적, 의도적으로 사금(沙金)을 채취하는 채금의 과정

2. 읽기의 요소

독자가 텍스트에서 의미를 구성해 내는 데는 적어도 3가지 요소들
이 상호작용한다. 이들은 독자, 텍스트 및 독서환경 등이다.

(1) 독   자

읽고 이해하는 것은 인쇄 단어들을 단순히 읽을 줄 아는 것(부호해

符號解) 이상의 것이라 하였다. 독자는 자기가 읽고 있는 텍스트의 새로운 지식과 자신이 이미 알고 있는 것을 그럴 듯하게 논리적으로 연결시킬 수 있어야 비로소 깊은 의미를 '구성'해 낼 수 있다. 이미 앞에서는 독자의 변수를 선행지식과 정신적인 자세의 두 가지로 나눈바 있다. 그러나 여기서는 '학습 스타일'(learning style)을 추가하여 독자 변수를 세 가지로 나누어 정리해 보고자 한다.

가. 선행지식

선행지식(이전지식, 배경지식, prior knowledge)이란 독서를 할 때 독자가 이미 가지고 있는 '내용지식'과 '개인적 경험'을 말한다. 다시 말하면 독자가 현재까지 가지고 있는 사전의 배경지식과 경험을 말한다. 독자들이 가지고 있는 세상경험은 범위와 깊이가 매우 다양할 것이기 때문에 전독서 전략(pre-reading strategies)을 가능한 한 많이 사용해서 학습자의 사전지식을 활성화시키거나 사정(査定)해 보는 것이 중요할 것이다. 사전지식을 활성화시키는 방법에는 개관하기, 브레인스토밍 기법(brainstorming), 질문하기, 토픽에 대하여 논의하기 및 유추를 제시하여 설명하는 것 등이 있다.

나. 정신적인 자세

텍스트 이해에 작용하는 독자의 역할의 두 번째 요소는 정신적인 자세(mental disposition)이다. 이것은 독서에 대한 독자의 정의적 반응(情意的 反應)을 말하며 다음과 같은 것들이 포함된다.

- 읽기에 대하여 동기형성이 되어 있다.
- 자신의 독서능력에 대하여 자신감을 가지고 있다.
- 관심을 가지고 이해를 적극적으로 한다.
- 읽고 있는 것에 대하여 긍정적(적극적)인 감정을 가지고 있다.
- 새로운 것을 더 배우려는 열망을 가지고 있다.

정신적 습관은 우리가 하는 모든 것에 영향을 미친다. 자기 자신은 독서능력이 모자라고 글을 잘 이해 못한다는 부정적인 태도를 가지고 있는 사람은 그러한 태도가 '자기 성취적 예언'(self-fulfilling prophecy)이 되어 실제로 그렇게 되어 버릴 수도 있다. 왜냐하면 그런 태도를 계속하여 가지면 어려운 텍스트는 꺼려 하고, 이해가 잘 안 되면 쉽게 포기해 버리기 쉬우며, 그러면 텍스트를 잘 이해하지 못하게 되고 이해하려는 노력도 줄어들 것이다. 그러한 사람은 결국에 가서는 글을 잘못 읽는다는 자기 스스로의 예언을 실제로 성취하게 되고, 그래서 실제로 글을 잘못 읽는 사람이 되기가 쉽다.

다. 학습 스타일

어떤 학습/독서방법이 최선의 것일까? 다행인지 불행인지 모르지만 사람 따라 최선의 학습방법은 다소간에 다를 수 있다. 연구에 의하면 사람들은 공부를 하거나 자기를 표현하는 방법이 다를 수 있다. 공부를 혼자서 하기를 좋아하는 사람도 있고 다른 사람과 같이 하는 것을 더 좋아하는 사람도 있다. 이러한 선호(選好, preference)를 우리는 학습 스타일(learning styles, mode)이라 부른다.

우리 자신을 생각해 보자. 귀로 들으면 학습이 잘 되는가? 귀로 듣기만 하고 그것을 종이나 칠판 위에 써놓지 않아도 문제가 쉽게 이해가 되는가? 아니면 눈으로 보면 공부가 잘 되는가? 많은 사람들은 어떤 것을 이해할 수 있으려면 써 놓은 것을 눈으로 보아야 한다. 이러한 사람은 문제를 칠판에 적어 놓은 것을 눈으로 직접 보기를 원하며 수업 내용을 개괄적으로 칠판에다 쓰고 이것을 노트에다 좀더 자세하게 정리하기를 좋아하며, 그리고 유인물을 많이 나누어 주기를 바란다. 수업에서 다루는 내용이 교재에 인쇄되어 있으면 이해가 더 잘 된다. 이처럼 시각적인 것을 눈으로 보면 이해가 더 잘 되는 사람은 전화를 받을 때도 내용을 노트하면 보다 더 효과적이다. 마지막으로 자료(물건)를 접촉해 보거나, 만지거나 또는 손으로 다루어 보면 학습이 잘 되는 사람도 있다. 이런 사람은 과학 실험이나 공작 시간을 좋아할 것이며 학습하려는 재료를 자연스럽게 그림 그리거나 그래픽 또는 다이어그램으로 나타내고 싶어할 것이다.

자기 자신을 어떤 식으로 표현하기를 좋아하는 지도 다를 수 있다. 당신은 말로서(언어를 가지고) 자신을 표현하기를 좋아하는가? 이런 사람은 필기시험보다는 구술시험을 선호하고 편안해 할 것이다. 아니면 글쓰기(작문)를 통하여 자기 자신을 표현하기를 선호하는가? 이런 사람은 말보다는 글을 통하여 자신의 생각을 훨씬 더 쉽게 나타낼 수 있다.

마지막으로 사람들은 혼자서 공부하기를 좋아하는지 아니면 남과 더불어(집단으로) 공부하기를 선호하는 지도 다를 수 있다. 귀로 들어서 학습하고 그리고 말로서 자신을 표현하기를 좋아하는 사람은 대개가 다른 사람과 같이 공부하기를 좋아할 것이다. 공부하려는 내용에 대하여 생각을 하거나 글로 써 보기를 좋아하는 사람은 대개가 혼자서 공부하는 것을 더 선호한다. 사람들은 또한 환경상의 구조와 통제를 얼마만큼 좋아하는 지에도 차이가 있다. 어느 것이나 조직화하는 것이 쉽고 자연스러우며 그래서 공부하는 모든 것에서 조직적인 구조를 찾는 사람도 있다. 그러나, 이와는 다르게, 사전 계획 없이 번쩍이는 통찰에 따라 공부하기를 좋아하며 융통성, 다양성과 신기성(새로움)을 즐기는 사람도 있다.

학습자는 이처럼 학습방법에서 나름대로의 독특한 학습 스타일을 가지고 있다. 그러나 사람은 누구나 언제나 자기가 좋아하는 방식으로만 공부할 수는 없다. 교사에 따라 그리고 내용(재료)에 따라 보다 적절한 학습 스타일이 다를 수 있다. 결국 학습자는 다양한 학습 스타일을 개발하고 연습해서 다양한 수업·독서 장면에 효과적으로 적용할 수 있어야 할 것이다.

(2) 텍스트(글)

사람의 얼굴이 서로 다르듯이 텍스트의 모습(형태)도 다양하게 다를 수 있다. 텍스트가 얼마나 이해하기 쉬운지는 "정보(내용)의 내재적 복잡성과 그러한 정보를 제시하는 방식의 두 가지 요인에 따라 영향을 받는다"(Marcus, Cooper & Sweller, 1996). 내재적 복잡성이란 텍스트가 담고 있는 내용 자체가 얼마나 복잡하고 난해한 것인지를 말한다. 그리고 '정보를 제시하는 방식'이 미치는 것에는 '이해를 위한 보조방법', '어휘' 및 '텍스트의 조직(구조)'의 3가지 측면이 있다. 여기서 말하는 '이해를 위한 보조방법'이란 글을 편집할 때 독자의 이해를 촉진시키기 위하여 사용하는 그림, 그래프, 다양한 활자체, 들여 쓰기(indention) 및 글의 배치 등을 말한다. '어휘'는 저자가 말하고자 하는 내용을 표현하기 위하여 사용하고 있는 단어(용어)가 쉽거나 어려운 것인지를 말한다. 어휘의 선택은 내용이 내재적으로 얼마나 높은 수준의 것이고 복잡하냐에 따라서도 당연히 달라질 수 있다. 마지막으로, '텍스트의 조직(구조)'이란 저자가 자신의 아이디어(내용)를 제시하기 위하여 사용하는 글의 조직형태를 말한다. 저자는 독자가 자기가 쓴 글을 쉽게 이해하고 나아가 자기에게 동의(공감, 수용)해 주기를 바란다. 그래서 저자는 자신의 아이디어를 잘 전달하기 위하여 어떠한 '조직형태'를 사용할 것인지를 결정하는 데 상당한 시간을 보내며 그것을 가지고 고민할 때가 많다. 저자는 먼저 조직형태라는 뼈대를 만든 다음에 거기에다 살을 붙이고 장식을 달듯이 글을 쓴다. 반면에 독자는 살이 붙고 장식이 달린 최종 모습의 텍스트를 읽기 때문에 마치 X-레이로 뼈대를 들여다 보듯이 글이 어떻게 조직되어 있는지를 먼저 찾아내어야 한다. 이러한 거시 구조적 이해는 자세히 이해하는 미시구조적 이해에 선행되어야 한다. 그런데 텍스트를 구조에 따라 분류하는 방법에도 몇 가지가 있을 수 있지만 본서에서는 논설문(expository, informational text, 주장문(논증문)과 설명문)과 서사문(narrative text, 이야기 글)으로 나누어 볼 것이다.

(3) 독서 환경

독서를 하는 환경이 독서에 영향 미치는 것도 아주 분명해 보인다. '환경'이란 말 대신에 좀더 부드러운 말로 '분위기'(climate)라 표현할 수도 있다. 분위기에는 물리적 조건과 심리적 특성을 같이 생각해 볼 수 있다. 물리적 조건이란 공부하는 장소의 위치, 온도, 습도 또는 소음 같은 것들을 말한다. 심리적 특성이란 독자가 보이는 정서적 반응이며 얼마나 안정감을 느끼며, 자신감이 있으며, 동료/교사 등 주변사람들의 수용을 받고 있다고 느끼며, 그리고 자신이 하고 있는 학습 활동에 대하여 중요한 가치를 느끼는 것 등이 포함된다. 독서는 가능한 한 일정한 장소에서 하는 것이 좋다. 그리고 심리적인 안정과 편안함을 느낄 수 있어야 한다. 그러나 너무 편안한 것도(예컨대 안락의자나 흔들의자를 사용하는 것) 바람직하지 않다.

III.　학습/독서에 대한 가정

학생들은 어떻게 학습하는가? 학습이론은 독서와 독서 지도에 대하여 중요한 가이드라인(guideline)을 제시해 주고 있다. 여기서는 Jones, Palincsar, Ogle & Carr(1987)가 제시하고 있는 학습/독서에 대한 6가지의 가정을 간추려 본다.

가정 1 학습/독서는 목표 지향적이다.

학습은 목표 지향적(goal-oriented)이라는 데는 연구자 · 교육자 사이에 별로 반대 의견이 없어 보인다. 효과적인 학습자는 다음과 같은 두 가지의 목표를 가지고 있다. 첫째는 학습과제의 의미를 이해하는 것이다. 의미를 이해한다는 것은 '의미를 구성'(meaning construction) 또는 '의미를 부여'(meaning imposing)해 내는 것이다. 둘째는 자신의 학습을 감시조정(monitoring)할 줄 아는 것이다. 전자는 인지과정(認知過程)에 대한 연구에서 나온 것이고(지식 습득에 관한 정신과정), 그리고 후자는 초인지에 대한 연구에서 발견해 낸 것이다. 초인지 사고는 자신의 사고 과정에 대하여 계획하고 감시하고 반성하는 사고이다.

많은 사람들은 텍스트 내용을 독자가 적극적으로 의미구성하는 것과 독자가 자기 주도적(자발적)으로 독서하는 것이 중요하다는 것을 인식하고 있었지만, 그럼에도 불구하고 이 접근법을 구체화한 것은 비교적 최근의 일이다. 이전의 학습이론은 학습이란 기본적으로 교사나 텍스트가 제공하는 정보에 대하여 반응하는 것이라 보았다. 그래서 읽기란 수동적인 활동이며 인쇄되어 있는 단어를 해독(解讀, 부호해, decoding)하는 이상의 것이 아니라고 보았다. 그러나 오늘날 인지심리학자들은 학습은 '사고'(생각, thinking)라 본다. 다시 말하면 학습이란 학습자가 적극적으로 의미를 구성하는 것이라 본다. '이상적인 독자'는 새롭게 대하는 정보를 자신의 배경지식에 연결시키는 데 적극적이고, 전략적이고, 그리고 구성적이다. 우리는 학습과 독서에 대한 접근이 크게 변화되었음을 알 수 있다. 현재는 '학습/독서'는 모두 이전의 지식에 의존하며, 그리고 의미를 구성하고 내용을 이해하기 위하여 구체적인 전략을 사용해야 한다고 본다. '이상적인 독자'에 접근해 가는 것, 그것이 바로 읽기 지도/교육의 지향이라 말할 수 있다.

 가정 2 학습/독서란 새로운 정보를 선행지식에 연결시키는 것이다.

자신의 선행지식(이전의 지식)과 과거 경험은 도식(쉐마, schema; schemata)이라 부르는 기억구조로 머리 속의 은행에 저장되어 있다. '도식'은 이해를 위한 구조, 즉 가이드(guide)를 제공해 주는 정신적 지도(mental maps)이다. 우리는 그것을 지식의 구조적 체제(system) 또는 지식의 설계(design)라 부르기도 한다. 물론이지만 전체 체제의 도식은 다시 위계적인 작은 도식들로 세분화되어 있을 것이다. 이러한 지식의 도식구조는 서로 떨어져 있는 단편적인 것이 아니라 그물망처럼 상하 좌우로 상호연결되어 있다. 다시 말하면 도식(쉐마)은 어떤 주어진 토픽/제재에 대하여 독자가 가지고 있는 총체적인 지식을 말하며, 이들은 서로 연결되어 그물망(網狀)과 같은 구조적인 체제를 이루고 있다. 선행지식(도식, 쉐마)은 텍스트 이해에 결정적인 영향을 미친다. 도식이 작용하는 영향을 보면,

(i) 관련의 중요한 정보들을 탐색하고 선택할 수 있게 하고,

(ii) 추론(추리)을 할 수 있게 하며,

(iii) 예측(예상)하는 것을 가능케 하며,

(iv) 읽은 내용을 조직화(구조화)할 수 있게 하며, 그리고

(v) 읽은 내용을 정교화하고, 판단하고, 그리고 평가할 수 있도록 한다(Vacca & Vacca, 1993)

그러나 자신이 가지고 있는 이전까지의 '사전지식'에 접근하여 그것을 활용하는 것이 반드시 쉬운 것은 아니다. 다음과 같이 생각해 볼 수 있다.

(i) 만약 텍스트에 있는 정보가 불명확하거나 조직적이지 못하거나, 또는 독자에게 의미가 통하지 않는다면 적절한 사전지식을 활성화시켜 사용하는 것은 어렵다.

(ii) 만약 독자가 가지고 있는 이전의 지식이 '비활성적인' 지식(inert)이라면 관련의 적절한 사전지식을 저장하고 있더라도 필요할 때 그것들을 인출해서 사용하기가 어렵다. 비활성적인 지식의 반대말은 '기능적인' 지식(functional)이다. 기능적인 지식

은 여러 가지 단서들을 통하여 거의 저절로 그들에게 접근할 수 있으며 그래서 필요할 때 쉽게 사용할 수 있다. 비활성적 지식과 기능적 지식의 차이는 독자가 독서를 어떻게 하며 텍스트를 어떻게 이해하느냐에 따라 결정된다.

(iii) 독서의 목적에 따라서도 새로운 정보에 연결시킬 수 있는 사전 지식이 달라질 수 있다. Jones 등(Jones, Palincsar, Ogle & Carr, 1987)의 연구에 의하면 '어떤 집'을 기술하고 있는 글을 읽을 때 그 집을 살려는 사람이라 생각하면서 읽은 학생은 침실 수나 침실의 위치 등을 잘 기억하는 반면, 도둑의 입장에서 읽은 사람은 도난 방지장치와 창문의 수와 창문의 위치에 대한 정보를 더 잘 기억했음을 보여 주고 있다. 이러한 연구들은 독서를 어떤 목적(의도)을 가지고 하느냐에 따라서 이해와 기억이 달라짐을 보여주는 셈이다.

［가정 3］ 학습/독서는 정보를 조직화해야 한다.

효과적인 독자는 정보(내용)를 조직화(구조화)하는 여러 가지 방법을 사용한다. 그는 텍스트에는 상이한 조직형태가 있음을 알며 그리고 적절하게 조직을 만들어 가면서 글을 읽을 줄 안다. 텍스트의 조직형태에 관한 지식은 독자의 '머리 밖'에서는 인쇄물(또는 '회화') 속에서 존재하고, 그리고 독자의 '머리 속'에서는 하나의 개념적 구조로 존재한다. 텍스트의 구조와 조직형태를 알면 독자에게는 다음과 같은 도움이 된다:

(i) 텍스트에 있는 관련의 정보를 찾아내고,

(ii) 중요한 것과 그렇지 못한 것을 구별(변별)해 내고,

(iii) 텍스트에서 수집한 정보를 통합하고 조직화하고,

(iv) 조직이 제대로 안 되어 있는 정보에는 유의미한 조직을 부여하며,

(ⅴ) 필요하면 기존의 도식을 수정하고 재구조화한다.

텍스트의 유형이 어떤 것인가 그리고 목적이 무엇인가에 따라 조직형태는 많이 달라진다. 텍스트는 주로 여흥적(餘興的, entertaining)인 재미와 스릴(thrill)을 위하여 쓴 이야기 글(서사문)과 독자에게 정보를 주거나 설득하기 위하여 쓴 논설문(정보문, 주장문)의 두 가지로 나누어 볼 수도 있다. 또한 교재의 조직을 조직이 잘되어 있는 '사려 깊은' (considerate) 것과 반대로 '사려 깊지 못한'(inconsiderate) 것으로 나누기도 한다(Anderson & Armbruster, 1984). 사려 깊지 못한 텍스트에는 내용의 조직이 저자의 목적에 맞지 않거나, 문장구조가 복잡하거나, 또는 사용하고 있는 어휘가 텍스트가 의도하는 독자에게 너무 어렵거나 반대로 쉬워서 맞지 아니한 경우 등이 포함된다.

[가정 4] 학습/독서란 인지적 및 초인지적 구조를 습득하는 것이다.
전략적인 학습자는 자신의 학습 스타일을 알며, 그리고 학습기능과 전략의 사용을 선택하고 조절할 줄 안다. 학습/독서 기능이란 사전지식을 활성화하고, 요약하고, 또는 예측하는 것과 같이 학습자가 학습과제에 적용하는 정신적 활동 내지 정신적인 수행절차를 말한다. '전략' (strategies)이란 어떤 과제를 효과적으로 수행하기 위하여 여러 기능들을 적절하게 골라서 사용하는 전체적인 절차 또는 계획을 말한다. 전략적이고 효과적인 학습자는 구체적인 학습기능들을 알 뿐만 아니라 이들을 언제, 어떻게 사용할 수 있는지도 알아야 한다. 다시 말하면 학습/독서가 '전략적'이어야 한다.

[가정 5] 학습/독서의 과정은 반드시 직선적인 것은 아니지만, 그래도 일련의 단계적인 국면(phase)에 따라 일어난다. 연구자들은 학습/독서에는 다음과 같은 세 가지의 사고의 국면이 있다고 본다.

（ⅰ) 국면 1: 전환동적 사고(preactive), 학습을 위하여 준비하는 사고,

（ⅱ) 국면 2: 상호작용적 사고(interactive), 실제로 학습/독서하는 동안에 일어나는 사고,

（ⅲ) 국면 3: 반성적 사고(reflective), 학습/독서한 것을 통합하고, 확대하고, 정치(精緻)시키고, 그리고 적용하는 사고.

전환동적 사고국면에서는 독자는 이전의 지식을 활성화함으로써 독서를 하기 위한 준비를 한다. 이때 독자는 텍스트를 사전개관해 봄으로써 텍스트의 조직형태를 알아내고 그리고 어떤 독서기능이 필요할지 생각해 보아야 한다. 그러기 위하여 텍스트를 훑어 읽을 수도 있고, 제목(토픽)에 대하여 떠오르는 것을 적어 볼 수도 있고, 또는 자기가 알고 있는 것을 정신적으로 회상해 볼 수도 있다. 또한 자신이 독서를 하는 목적을 되새겨 보고 그에 가장 적합한 독서방법을 선택할 수도 있다.

상호작용적 사고국면에서 독자는 읽는 내용을 적극적으로 처리한다. 중요하다고 생각되는 것을 선택하며, 그리고 적절한 방법을 사용하여 이들을 조직화한다. 또한 이전에 예측했거나 가설 형성했던 것을 실제로 읽으면서 얻게 되는 새로운 정보에 비추어 보고 이들을 평가하며 그리고 필요하면 이전의 것을 수정한다. 다시 말하면 독자는 자신의 이해를 감시하고 진도(進度)를 조정하며, 때로는 다시 읽어 보고 의미를 분명히 하며, 그리고 읽은 내용을 정신적으로 요약한다. 그러나 내용의 이해는 이러한 국면에 따라 일어나지만 반드시 직선적으로 이루어지는 것은 아니다. 효과적인 독서에서는 반성적 사고국면이 특히 중요하다. 독자는 반성적인 사고를 통하여 텍스트에 대한 전체적인 이해를 깊게 한다. '반성'은 읽은 것을 종합하고 새로운 이해를 자신이 가지고 있는 기존의 지식 속에 통합시키는 데 도움이 된다. John Dewey의 말처럼

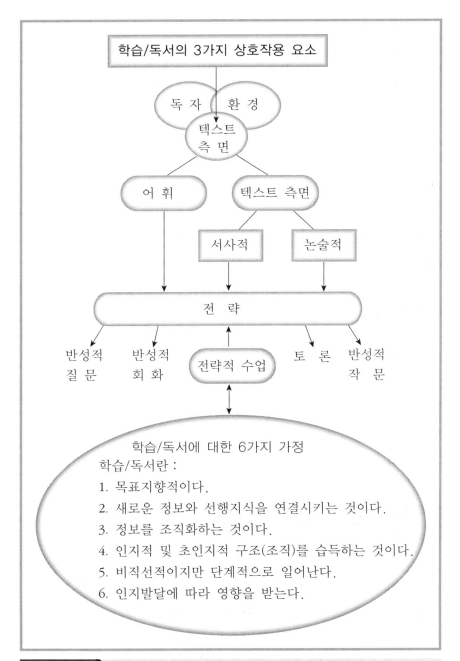

학습/독서의 3가지 상호작용 요소

독 자   환 경

텍스트 측면

어 휘   텍스트 측면

서사적   논술적

전 략

반성적 질문   반성적 회화   전략적 수업   토 론   반성적 작문

학습/독서에 대한 6가지 가정
학습/독서란 :
1. 목표지향적이다.
2. 새로운 정보와 선행지식을 연결시키는 것이다.
3. 정보를 조직화하는 것이다.
4. 인지적 및 초인지적 구조(조직)를 습득하는 것이다.
5. 비직선적이지만 단계적으로 일어난다.
6. 인지발달에 따라 영향을 받는다.

그림 1-1   학습/독서의 상호작용 모형과 여섯 가지의 가정

'만약 반성적 사고를 한다면' 우리는 행위함으로써(독서함으로써) 배울 수 있다.

가정 6 학습/독서는 인지발달에 따라 영향을 받는다.

　초등학교에 취학하는 아동들은 읽기에 대한 준비도가 매우 부족할 수 있다. 어떤 아동은 글자를 거의 읽을 줄 모르는 반면 다른 아동은 글자를 거의 다 알 수도 있다. 학습/독서는 인지발달의 수준에 따라 크게 영향을 받는다. 그럼에도 불구하고 우리는 모든 아동들에게 학습과 독서의 전략을 가르쳐야 한다. 특히 학습부진아는 인지적, 초인지적 전략이 결손되어 있을 가능성이 크기 때문에 독서전략의 수업은 필수적이다. 학생들은 이러한 기능을 배우고, 연습하고, 적용하는 기회를 많이 가져야 한다. 또한 교정적 피드백을 충분히 받을 수 있어야 한다. 다시 말하면, 읽기의 시초 단계인 '읽기 위하여 학습(공부)하는 것'에서 철자나 단어를 발음하는 것을 배우고 의미를 기억할 수 있어야 한다. 그러면서 점차로 내용을 '학습(공부)하기 위하여 읽기 하는' 방법을 배워가도록 해야 할 것이다. 독서에서의 독자, 텍스트 및 환경의 상호작용과 학습/독서에 대한 여섯 가지 가정들을 보여주고 있는 것이 〈그림 1-1〉이다(Billmeyer & Barton, 1998).

Ⅳ. 초인지적인 독서전략

　물론 '나무'를 보지 않고 '숲'을 볼 수는 없다. 그러나 '숲'을 보지 않고 '나무'만 보면 그 나무가 어떤 위치에서 어떤 성질과 의미를 가지고 있는지를 알기가 어렵다. 여기에서 말하는 '숲'이란 독서에서 보면 거시구조적인 이해를 그리고 '나무'란 미시구조적인 이해에 비유해 볼 수 있다. 서로는 교행적으로, 또는 동시적으로 상호작용하지 않으면 텍스트의 깊은 이해는 어렵거나 불가능하다.

거시구조적 이해(macro-structural understanding)를 가능케 하는 것은 초인지(상위 인지, metacognition) 때문이다. 초인지적 사고란 '사고들에 대한 사고'라 말할 수 있으며 더러는 '오케스트라의 지휘자'에 비유된다. 초인지는 자신의 사고를 계획하고 감시조정하며, 그리고 반성하는 사고이다. 다시 말하면 독서를 전략적이고 반성적으로 할 때 그는 초인지적인 독서를 한다고 말할 수 있다. 그리고 초인지적인 이해를 초이해(超理解, meta-comprehension)라 부르기도 한다.

1. 전략적인 독서

전략적인 독서는 다음과 같이 해야 한다.

(1) 의식적으로 계획한다.

(ⅰ) 전체적인 내용, 범위 및 조직에 대한 감(感)을 가지기 위하여 전체 내용을 훑어 읽어 봄으로써 사전개관한다.

(ⅱ) 사전개관으로부터 제목(토픽)에 대한 자신의 이전의 배경지식을 활성화한다. 그리고 텍스트 다루고 있을 것 같은 것을 예측하고 질문해 본다.

(ⅲ) 사전개관과 예측을 기초하여 어떠한 독서기능을 사용하여 독서해 갈 것인지를 결정한다.

(ⅳ) 독서의 목적을 분명히 하고 그러한 목적에 맞는 독서 스타일을 선택한다.

(2) 독서의 과정을 감시하고 조정한다.

(ⅰ) 한편에서는 텍스트의 내용에 정신을 기울이면서 중요한 개

념에 대하여 정신적으로 노트를 하고, 필요하면 예측했던
것을 수정하며, 제기한 질문에 대하여 대답하며, 그리고
핵심개념과 하위내용을 차별지워 연결시키며,

(ⅱ) 다른 한편으로는 자신이 독서하고 있는 태도와 독서 스타
일을 스스로 평가해 보고, 독서하는 목적을 제대로 성취해
가고 있는지를 체크한다.

(ⅲ) 독해를 더 잘 할 수 있게 자신의 태도와 스타일을 조정한
다. 예컨대 독서하는 페이스를 느리게 하거나, 그만 읽고
싶은 충동을 자제하거나, 읽는 초점의 방향을 재조정하거
나, 또는 이해가 불충분한 부분에 대하여서는 이를 보완하
기 위한 전략(예컨대 혼돈스러운 부분을 다시 읽기, 애매한
단어의 의미를 확실히 하기 위하여 관련 부분을 다시 살펴보는
것)을 선택할 수 있다.

(3) 읽기가 끝난 다음에는 얼마나 잘 이해했는지를 평가한다.

(ⅰ) 텍스트의 중심내용(결론, 핵심)을 요약하며, 필요에 따라서
는 어떤 부분은 다시 읽는다.

(ⅱ) 원래의 목적에 따라 자신이 성취한 이해를 평정하고, 그리
고 필요한 경우, 어떻게 하면 자신이 이해한 것을 전략적
으로 보여줄 수 있는지도 생각해 본다.

2. 반성적인 독서

반성적인 독서는 다음과 같이 해야 한다.

(ⅰ) 독서를 해 갈 때 잠시 동안 그리고 독서를 끝 마치고 난
다음에는 멈추어 텍스트에서 읽었던 내용들을 독서 목적에

비추어 곰곰이 생각해 본다.

(ii) 텍스트의 내용을 이전에 자신이 믿고 있던 것, 알고 있던 것, 그리고 경험했던 것들에 비추어 보면서(사전지식) 분석한다.

(iii) 읽은 것에 대하여 추론(해석)을 하고 어떤 결론을 도출해 본다.

(iv) 필요하면 자기 자신의 지식구조(도식, 쉐마)를 수정하며, 그래서 자신의 지식기반에다 새로운 지식을 통합시킨다.

(v) 독서를 마친 다음은 자신이 학습한 것을 계속하여 확대하고 정치(精緻)시키며, 그래서 텍스트 재료에 대한 이해를 보다 더 깊게 한다.

3. 초인지적 독서의 훈련

우리는 학습자가 전략적이고 반성적인 독자가 되도록 도와주어야 한다. 다시 말하면 자신의 독서과정을 계획하고, 감시조정하고, 그리고 평가할 줄 아는 전략적인 독자, 그리고 읽은 것의 의미를 자신의 이전의 지식과 경험에 비추어 반성해 볼 줄 아는 독자가 될 수 있는 방법을 학습자에게 훈련시켜야 할 것이다. 이들에 대하여서는 앞으로 계속하여 다루게 되겠지만 몇 가지의 방법만을 우선 생각해 보면 다음과 같다.

(1) 초인지적인 독서기능을 가르친다.

예컨대 정독하기 전에 '훑어 읽기'를 함으로써 사전개관해 보거나 (SQ3R에서처럼, 4장 참고), 반성적 질문을 해보는 방법(예컨대 '지시적 독서−사고전략', 7장 참고) 등이 포함된다. 이러한 초인지적인 독서 기능을 외현적으로/직접적으로 가르치고 계속하여 연습하면 이것이 자동화되어 결국은 별로 의식적인 노력 없이도 필요에 따라 사용할 수 있게 된다.

(2) 소리 내어 생각하기(think-aloud)를 시범 보인다.

교사가 글을 읽으면서 머리에 떠오르는 모든 것을 그대로 '소리내어 생각하면' 자신의 머리 속에서 이루어지고 있는 초인지적 처리를 학생들에게 보여줄 수 있다. 교사는 글을 읽으면서 떠오르는 생각을 그대로 소리 내어 말한다. 학생은 교사가 어떻게 정신적 그림을 그리며, 생소한 어휘를 어떻게 처리하고, 예측했던 것을 어떻게 수정하고 있는지 등등을 관찰한다. '소리 내어 생각하기' 기법은 학생들이 어떻게 텍스트와 상호작용해야 하는지를 예시해 주게 된다. 그러면 초보자들은 독서를 하는 동안 숙련된 독자의 머리 속에서 일어나고 있는 것들을 직접 보고 들으면서 놀라게 될 것이다.

예컨대, 교사(또는 부모)는 글을 독서할 때, 어떤 정보를 처리할 때, 또는 어떤 학습과제를 수행해 갈 때 그때 머리 속에 떠오르는 생각을 있는 그대로 소리 내 보여준다. 또는 학생들에게 짧은 글을 제시해 주고 두 사람씩 짝을 만들어 '소리 내어 생각하기'를 연습토록 하는 것도 효과적인 방법이다. '소리 내어 생각하기'의 몇 가지를 예시해 보면 다음과 같다.

(i) 읽으면서 예측을 하거나 가설을 세우는 것.
  - "지금까지 읽은 것을 보니까, 저자가 다르게 생각하는 이유를 말할 것 같군."
(ii) 읽으면서 '보게' 되는 정신적 그림을 서술하는 것.
  - "책에 푹 빠져 있는 주인공을 보니, 아마도 그는 머리에 수건을 두르고 …"
(iii) 지금의 정보를 이전의 지식에 관련시키는 것.
  - "××이라. 이것은 바로 앞 단원에서 나온 것인데 …"

(ⅳ) 유추(유비)를 만드는 것.

 "이 사람이 말하고 있는 것은 꼭 이솝 우화에 나오는 '쓴 포도'와 같네."

(ⅴ) 문제(장애)에 부딪혀 이를 극복해 가는 전략을 만드는 것.

 "이 낱말은 무슨 뜻이지? 앞에 있던 '유추'란 단어와 비슷한 의미인가? 잘 모르겠네, 좀더 읽어보도록 하고 표시를 해 두지 …"

(3) 독서의 과정에 관한 질문을 적절히 한다.

독서의 과정(讀書過程)에 관한 질문을 해 주면 독서를 하는 동안 머릿속에서 '일어나야 하는' 사고와 이해의 과정에 주목토록 하며 그것을 경험해 보게 할 수가 있다. 이상적인 독자는 텍스트를 읽으면서 그 내용을 자신이 이미 알고 있거나 믿고 있는 것에 비추어 보면서 반성적인 사고를 할 것이다.

그런데 어떠한 질문을 어떤 전략적인 지점에서 하느냐가 중요하다. '어떠한 질문'이란 학생이 글을 읽고 있는 동안 어떠한 사고와 반성을 요구하는 질문을 하느냐를 말한다. 그리고 이러한 질문을 독서해 갈 때 글의 어느 지점에서 하느냐도 마찬가지로 중요하다. 〈표 1-2〉는 '초이해'를 증진시킬 수 있는 질문들을 독서 전, 독서 중 및 독서 후로 나누어 나열해 본 것이다. 그리고 반성적 사고를 격려하는 몇 가지의 기법들은 앞으로 좀더 자세하게 다루게 될 것이다.

표 1-2	초인지적인 질문: 독서 전, 독서 중 및 독서 후의 질문들	
독서전 질문	**독서중 질문**	**독서후 질문**
• 사전 개관해 보라. 무엇에 대한 글인가?	• 지금까지를 보면 중심내용은 무엇이라 생각되는가?	• 이 글의 중심내용은 무엇이었는가? 예측은 정확했는가?
• 이 토픽에 대하여 당신이 이미 알고 있는 것은?	• 내용을 조직화하기 위하여 어떠한 그래픽 조직자를 사용할 것인가?	• 기타 기억하고 싶은 정보는? 어떻게 하면 그것을 기억하는 데 도움이 될까?
• 독서의 목적은? 독서를 해서 무엇을 배우고자 하는가?	• 읽는 동안 이들 내용에 대하여 머리 속에서 어떤 그림을 그렸는가?	• 독서의 목표는 달성되었는가?
• 독서를 마친 다음에 할 수 있어야 하는 것은? 객관식 시험 준비? 논문형 시험이나 발표? 재미로?	• 텍스트에 있는 정보는 이전에 배운 내용과 비슷한가?	• 어떤 독서 전략이 가장 도움이 되었는가? 왜?
• 이해를 더 잘하기 위하여 어떠한 전략을 사용할 수 있을까?	• 지금까지 읽고 의문이 가는 점은? 가능하면 생각나는 질문을 적어보라.	• 글 가운데 가장 흥미로웠던 부분은? 어떤 아이디어가 당신 자신을 다시 생각해 보게 만들었는가?
• 저자가 의도하는 메시지를 이해했는지를 어떻게 알 수 있는가?	• 지금까지 읽고서 이 글에 대한 자신의 태도는? 독서하는 목적을 달성하기 위하여 독서방법 등에서 어떤 것이라도 수정할 필요가 있는가?	• 이 글을 읽고 난 다음 당신의 생각은 어떻게 바뀌었는가? 왜?

    이상적으로 효과적인 독자는 충분한 배경지식을 가지고 있어 필요에 따라 이들을 활성화시켜 사용할 수 있어야 한다. 그리고 텍스트의 조직(구조)에 익숙해서 의미를 적극적으로 구성할 수 있어야 하며, 초인지적 이해를 할 수 있어야 하며, 그리고 비판적이고 창의적인 독서를 할 수 있어야 한다.

    읽기에 대한 최근의 접근은 행동주의적인 것에서 인지과학적인 것으로 크게 바뀌었다. 전자는 학습자를 상당히 수동적인 존재로 보는 데 반하여 인지과학적인 접근에서는 독자가 적극적으로 의미를 구성(발견, 부여)해 가는 과정을 강조한다. 텍스트의 의미를 구성해 갈 때 독자, 텍스트 및 독서 환경은 상호작용하는 과정을 거친다. 독자변수로는 선행지식, 정신적인 자세 및 학습 스타일 등으로 나누어 살펴보았다. 학습/독서에 대한 여섯 가지 가정에는 학습/독서는 목표 지향적이며, 새로운 정보를 선행지식에 연결시켜야 하며, 정보를 조직화해야 하며, 인지적 및 초인지적인 구조를 습득해야 하며, 학습/독서의 과정은 반드시 직선적인 것은 아니지만 일련의 단계적인 국면에 따라 이루어지며, 그리고 인지 발달에 따라 영향을 받는다는 것 등이 포함된다. 마지막으로 초인지적인 독서전략을 전략적인 독서, 반성적인 독서 및 초인지적 독서의 훈련으로 나누어 살펴보았다.

독서의 심리적 과정

독서의 심리적 과정

이 장에서는 독서의 심리적 과정과 정보처리 모형, 독서와 구성주의 및 독서·사고·발음 등을 다룬다. 독서의 심리적 과정에서는 단어의 재인(再認)에서 이해까지의 과정을 안구운동 등과 함께 다룬다. 독서의 정보처리 모형에는 하부 상향적, 상부 하향적 및 상호작용적 처리 모형 등으로 나누어 알아본다. 마지막으로 구성주의적인 독서의 이론과 독서지도 및 음독−묵독의 의미에 대하여서도 비교적 자세하게 음미해 볼 것이다.

I. 독서의 정신과정과 안구운동

1. 독서의 정신적 과정

독서한다는 것은 저자가 텍스트에서 제시하고 있는 정보를 읽고 그것을 자신이 현재까지 가지고 있는 지식(선행지식)과 상호작용하여 텍스트에 대한 의미를 구성하는 과정이라 말할 수 있다. 다시 말하면 독서란 저자의 아이디어를 회복시키기 위하여 인쇄단어를 지각하고 통합해 가는 문제해결의 한 가지 형태이다. 다른 모든 형태의 문제해결과 마찬가지로 독서도 하나의 정보처리 과정이다. 독서는 진행상으로 보면 4가지 사상들(事象, events)의 시퀀스로 이루어진다. 4가지의 주요 사상들은 철자를 지각하는 것, 단어를 재인(인식)하는 것, 단어들을 통합하여 내용(명제, 아이디어)을 구성하는 것, 그리고 정신적 장면 모형을 만들어 내는 것 등이다.

　여기서는 이러한 읽기 과정의 지각적(知覺的), 심리적 과정을 좀더 간단하게 분석해 보기로 한다. 읽기의 지각적/심리적 과정이란 우리의 눈이 텍스트의 인쇄단어를 보는 데서 시작하여 텍스트의 의미를 분석하고 행동으로 옮기기 전까지의 전체의 과정을 의미한다. Kintsch(1977)는 우리가 읽거나 경청할 때 관여하게 되는 여러 가지의 심리적인 처리 과정을 〈표 2-1〉과 같이 정리하였는데 이를 참고하면 읽기의 심리적 과정을 이해하는 데 도움될 수 있다.

(1) '글'(서면으로 기록되어 있는 '필기담론', written discourse)은 형태소(graphemes)의 모습으로 이루어져 있다. 형태소(形態素)란 의미를 가지는 문자의 최소단위이며, 음소(phoneme)에 대응되는 것이다. 단어(word)란 자립하여 쓰일 수 있는 '말'의 단위로서 하나 이상의 형태소로 구성된다. 형태소란 뜻을 가지고 있는 가장 작은 '말'의 단위이다. 예컨대 '나무', '아버지'는 전체가 하나의 형태소이지만('나-무' 또는 '아-버-지'로 나누면 '뜻'을 가지지 못한다) '잣나무'나 '꽃바람' 등은 '잣+나무', '꽃+바람' 등으로 나눌 수 있어 둘 이상의 형태소로 된 단어이다. 한자는 뜻을 가지므로 각각 하나의 형태소가 된다. 그리고 우리가 귀로 듣는 '말'이란 구두(口頭)로 하는 구두담론(spoken discourse)

표 2-1	이해의 심리적 처리과정

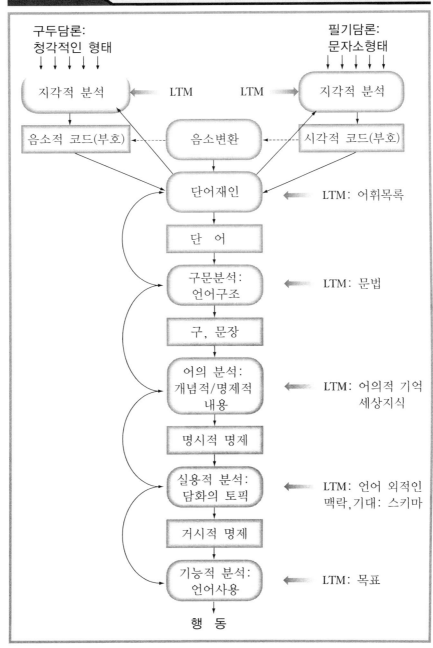

이며 청각적인 음파(音波)로 이루어진다.

(2) 단어가 무슨 의미인지를 재인(확인)해 내려면 먼저 그것을 시각적인 부호(code)로 표상하고 다시 그것을 발성(발음, 음소 변환)해야 한다. 그래야 그것이 어떤 의미의 단어인지를 확인해 낼 수가 있다. 그러나 친근한 단어는 소리 내지 않고 그것이 무슨 단어인지를 바로 재인해 낼 수 있다. 다시 말하면 글을 읽을 때 기본적으로는 단어를 보고 그것을 소리 내어 보고 그래서 의미에 접근한다. 그러나 연습하여 자동화되면 단어를 시각적으로 보지만 소리를 거치지 않고도 바로 단어의 의미에 접근하여 확인해 낼 수 있다. 회화(구두담론)의 경우는 바로 음소적 부호를 표상하여 단어를 재인한다. 그러나 어떠한 경우라도 그 단어가 LTM(장기기억)의 '어휘 목록' 속에 저장되어 있어야 비로소 단어 재인이 가능하다. 그리고 시각적 또는 청각적 표상에서 단어라는 추상적인 의미가 확인되는 지점부터는 시각적-청각적인 감각양식에 따른 차이는 없어진다.

(3) 단어들은 구문법칙(문법)에 따라서 구(phrase)와 문장으로 조직화 된다(구분 분석). 다음으로 어의 분석(의미 분석, semantic analysis)을 통하여 텍스트의 '의미'를 추출해 내게 된다. 이 때는 장기기억에 적절한 배경지식(어의적 기억, 세상에 관한 지식)을 가지고 있어야 한다. 그리고 텍스트의 '의미'를 명제(proposition)라 부른다. 명제란 진(眞)인지 위(僞)인지를 판단할 수 있는 가장 작은 단위의 의미(정보) 덩어리를 말한다. 그러나 '명제'도 미시구조적인 것일 수도 있고, 반대로 큰 범위의 거시구조적인 것일 수도 있다.

(4) 의미는 '명제'로 표상되지만, 명제들은 미시구조적 명제(명제적 미시구조, propositional microstructure)에서 거시구조적 명제(명제적 거시구조, propositional macrostructure)까지 위계적으로 조직되

어 있다고 본다.

(5) 어의 분석을 통하여 추출해 내는 명제는 '미시구조적 명제'들이다. 미시구조를 이루고 있는 이러한 명제에다 '언어 외적인 맥락'이나 독자가 가지고 있는 '기대' 등에 따라 추가의 분석이 이루어지면 거기에서 거시구조의 명제가 만들어진다. 마지막으로 이러한 명제들은 독자의 '독서 목적'에 따라 기능적 분석이 이루어진다.

(6) 앞에서 우리는 독서의 여러 단계에서 LTM(장기기억)이 결정적인 영향을 미치고 있음을 살펴볼 수 있었다. 실제로, 독자는 텍스트를 이해할 때 문장에서 얻는 정보뿐만 아니라 거기에다 장기기억에서 활성화해 낸 적절한 정보들을 통합하여 응집성 있는 정신적 표상을 만들어 낸다(Kim, 2003). 이러한 표상을 장면 모형(situation models; Van Dijk & Kintsch, 1983), 해석적 수준의 이해(interpretive level; Perfetti, 1989) 또는 정신적 모형(mental model, Johnson-Laird, 1983)이라 부르기도 한다.

텍스트를 성공적으로 이해한다는 말은 이와 같이 응집성있는(coherent) 장면 모형을 구성한다는 말이 된다. 그래서 텍스트 이해의 수준에 따라 의미구성의 과정이 생성해 내는 정신적 표상도 몇 가지 수준으로 다를 수 있다. Van Dijk & Kintsch(1983)는 표면부호 표상(surface code), 텍스트 베이스 표상(textbase) 및 장면 모형 표상 등의 3가지 수준으로 나누고 있다. 텍스트의 표면적인 특징을 반영하고 있는 것이 표면부호이다. 텍스트 베이스는 텍스트 내에 있는 문장 내의 요소들 간 그리고 문장들 사이에 있는 요소들 사이의 의미관계를 나타낸다. 그러므로 텍스트 베이스 수준의 표상은 제시되어 있는 텍스트의 의미관계를 요약하여 나타내는 비교적 캡슐화된(encapsulated) 표상이다. 장면 모형은 그 텍스트가 기술(묘사)하고 있는 상상적 또는 현실적 장면을 나타낸다. 이러한 추론적 의미의 표상은 텍스트 속의 정보를 독자가 가지고 있는 이전의 지식과 통합시킬 것을 요구한다. 텍스트의 의미를 구성하고 응집성 있는 장면 모형을 표상하는 데는 텍스트에 관련한 요인과 독자가 가지고 있는 지식 및 경험이 상호작용하여 이해에 영향을 미친다. 그리고 독서를 하는 '목적'에 따라서도 이해는 달라진다.

2. 독서와 안구운동

읽기는 언제, 어떻게 일어나는가? 독서속도를 결정하는 것은 무엇인가? 이러한 질문에 대답하기 위한 시초의 과학적 연구는 안구운동(eye-movement behavior during reading)에 대한 것이다. 텍스트를 읽는 동안 안구는 인쇄된 글줄을 따라 점프(jump)하며 이동해 가는데 이러한 안구의 순간적 운동을 '세카드'(saccade)라 부른다. 세카드는 빠른 탄도 모양의 운동으로서 약 20msec(msec는 1초의 1000/1) 지속되며, 그리하여 읽으려는 인쇄의 중심에 시야가 놓인다(변별을 가장 강하게 잘하는 것은 그것의 시야가 중심와(fovea, 中心窩)에 놓일 때이다). 그리고 안구는 초보자의 경우는 그 인쇄에 약 600msec, 그리고 대학생 독자의 경우는 약 250msec 동안 정지하여 고착(fixation)한다. 각 글줄의 끝에 가서는 약 40msec의 시간이 걸려 빠르게 운동하여 다음의 글줄로 안구를 이동시킨다. 이러한 연구에서는 독자의 안구운동을 기록하기 위하여 안구운동 카메라를 사용한다.

초보자는 단어당 약 2회 고착을 하는 반면, 대학생은 '1+1/4 단어당' 한번의 안구고착을 한다. 그리고 초보자는 2개 단어마다 한번 정도로 안구가 거꾸로 이동하여 회귀하지만 대학생은 두 줄에 한번 정도 거꾸로 회귀한다. 그리고 안구가 고착하고 있을 때에 한하여 독자는 인쇄를 지각할 수 있다. 각 고착에서 인쇄를 지각하는 데 필요한 시간은 약 30msec이다. 고착 동안의 나머지 시간은 안구를 집중할 수 있게 균형

잡는 데 걸린 시간과 지각한 정보를 해석하고 이전의 의미맥락에 맞게 통합시키는 데 걸리는 시간이다.

3. 안구운동과 독서속도

그러면 안구이동과 독서속도와는 어떤 관계가 있는가? 이것은 속독(speed reading)의 문제이기도 하다. 속독은 '이해'와 관련하여 생각해야 한다. 왜냐하면 빨리 읽는 것도 중요하지만 읽은 내용을 제대로 이해하는 것이 더 중요하기 때문이다. 따라서 진정한 속독은 텍스트를 이해할 수 있어야 하고 이해할 수 있다면 가능한 한 빠르게 읽는 것이어야 한다. 그리고 텍스트의 내용과 독서 목적에 따라 읽기 속도를 조절할 수 있는 것이라 말할 수 있다. 안구운동을 독서속도와의 관계 속에서 살펴보면 다음의 몇 가지를 정리해 볼 수 있다.

첫째로 안구를 이동시키는 것이 몸 전체나 머리를 이동시키는 것보다 더 빠르다. 이것은 당연한 이야기일 것이다. 그렇다면 글 따라 몸 전체나 머리를 움직여서 안구를 이동시키는 것보다는 머리는 고정시키고 안구만을 이동시키는 연습이 필요할 것이다.

둘째로 안구고착의 수와 고착에서 소요되는 시간에 따라 독서속도가 결정된다. 다시 말하면 독서속도는 안구고착의 수와 안구고착 동안 망막에서 장기기억으로 처리해 가는 데 걸리는 시간에 따라 주로 결정됨을 알 수 있다. 인쇄를 지각하고 해석하는 데 소요되는 시간은 독자가 가지고 있는 선행지식과 텍스트에 포함되어 있는 정보의 상호작용에 따라 결정된다.

셋째로 독서속도는 내용/재료의 유형이나 난이도뿐만 아니라 독서를 하는 목적에 따라서도 달라진다. 예컨대, 비교적 쉬운 재료를 읽을 때와 어려운 재료를 읽을 때는 독서속도가 다르다. 친근한 내용 재료를 읽을 때는 안구고착이 거꾸로 회귀하는 일이 적고 그래서 보다 부드럽고 빠르게 진행된다. 만약 독서의 목적이 분석하는 것이거나 재료가 이해하기 어려운 것이면 독서속도는 보다 느려지게 된다. 요약하면 학생들이 한 가지 독서속도나 이해수준을 가지고 있다고 말할 수는 없다. 그들의 독서속도와 이해수준은 텍스트의 유형과 난이도 그리고 독서의 목적에 따라 달라질 수 있다. 따라서 교사는 여러 유형의 내용을 여러 목적으로 읽을 수 있도록 가르쳐야 한다. 예컨대 때로는 매우 분석적으로 그리고 때로는 필요한 정보를 찾기 위하여 대충 읽는 소독(疏讀)하는 방법도 가르쳐야 한다.

넷째는 지각(知覺, perception)의 단위이다. 다시 말하면 독서할 때 한 눈에 지각할 수 있는 철자나 단어의 수이다. 성인들은 개별 철자보다 한 단어 전체를 더 빠르게 지각할 수 있다. 독자는 읽기 경험이 쌓여감에 따라 단어나 철자에 대한 기대나 지식구조를 발달시켜 간다. 다시 말하면 무엇이 나타날 것인지에 대하여 '추측'이나 '기대'를 하게 되며, 그리고 그러한 추측이나 기대를 확인 또는 기각할 수 있도록 단어의 의미를 잠정적으로 선택할 수 있게 된다.

마지막은 주의집중의 자동성(automaticity)이다. 독서재료를 가지고 훈련을 많이 하면 인쇄단어에 대하여 자동적으로 반응하여 단어 재인을 해 내게 된다. 그러면 독자는 최소의 주의집중만 해도 인쇄를 정확하게 재인해 낼 수 있다. 예컨대 단어 재인(확인)이 자동화되면 '소리'를 내지 않고 바로 단어의 의미를 인식할 수 있다고 하였다. 우리가 주의집중할 수 있는 정신적 에너지의 양은 제한적이기 때문에 단어 재인이 자동적으로 되면 독자는 텍스트의 의미를 이해하는 데 더 많은 정신적 에너지를 집중시킬 수 있는 커다란 장점을 가지게 된다. 독서에서의 자동성은 마치 경험 많은 자동차 운전자와 같다. 그런 운전자는 운전조작이 거의 자동적이기 때문에 다른 자동차나 고속도로의 상황 등을 살펴볼 수 있을 뿐만 아니라 필요하면 옆 사람과 대화를 나누거나 라디오를 들을 수도 있을 것이다.

II. 독서의 정보처리 모형

독서란 복합적인 정보처리 과정이다. 독자는 저자가 인쇄하거나 필기한 텍스트에서 제공하고 있는 정보를 자신이 이전에 가지고 있던 지식과 조합시켜 텍스트에 대하여 해석하고 의미를 구성해 내어야 한다. 우리는 이것을 독서이해, 즉 독해(讀解)라 부른다. 그러면 인쇄의 텍스트에서 의미를 구성해 가는 처리의 과정은 어떻게 일어나는 것일까? 앞에서는 〈표 2-1〉을 가지고 읽기에서의 처리과정을 단계로 나누어 분석해 보았다. 그런데 여기서는 또 다른 차원에서 읽기의 심리적 과정을 정보처리 모형으로 알아본다. 여기에는 3가지의 정보처리 모형이 있다.

1. 하부 상향적 처리모형

하부 상향적 처리모형(bottom-up processing)에서는 독서란 인쇄의 문자기호를 청각적인 회화(소리, speech)로 번역하는 것이라 본다. 다시 말하면, 소리 내어 읽는 음독(音讀, oral reading)에서는 외적인 회화(vocal speech)로, 그리고 조용히 읽는 묵독(silent reading)에서는 내적인 회화(하위발성적, subvocal)로 인쇄단어를 번역한다고 본다. 독자는 먼저 인쇄로부터 형태 정보를 찾아내며, 다음으로 이를 기초하여 구문적 및 어의적 처리가 일어난다. 그러므로 독해는 빠르고 정확한 단어 재인에 의존한다고 믿고 있다.

특히 초기 독서단계에서는 독자는 문자를 소리 내어 읽고 그래서 의미를 파악해 내는 것이 가장 중요하다. 다시 말하면 먼저 인쇄를 보고 거기에 해당하는 '발음'을 해야 한다. 그러한 '발음'에 '의미'가 결합되어 있다. 그래서 우리는 인쇄단어가 무슨 의미인지를 인식(재인)해 낼 수 있다. 초기 독서단계는 대개 초등학교 저학년에 해당되는 시기이다.

초기 독서단계일수록, 그리고 비숙련의 독서일수록 인쇄단어를 정확하게 그리고 억양을 올바르게 하여 읽는 것이 중요하다. 이 때는 '글자'와 '발음'(말소리)의 관계를 인식하고 단어를 소리 내어 읽기를 배우는데 우리는 이것을 '읽기를 학습(공부)하는' 것이라 하였다. 이들은 모두 하부 상향적 읽기처리들이다.

2. 상부 하향적 처리모형

상부 하향적 처리모형(top-down processing)에서는 의미구성에서 핵심적인 역할을 하는 것은 독자가 이미 가지고 있는 이전 지식과 인지적·언어적 능력이라 본다. 인쇄의 형태적 정보가 들어오기 전 또는 들어오고 난 바로 다음에 독자는 인쇄의 의미에 관하여 예측을 하고 기대를 하며 가설을 생성한다. 이러한 예측은 독자의 선행지식, 재료의 구체적인 내용 및 구문적 파싱(parsing, 어구의 해부, 어구·단어를 문법적인 기능에 맞춰서 나누고 해석하는 것)에 기초하고 있다. 정보를 처리해 감에 따라 이러한 독자의 예측은 거부되거나, 확인되거나 또는 개선·정치(refined)된다. 이러한 과정에서 독자는 오히려 적극적인 역할을 수행하며 인쇄재료에 있는 것 이상의 정보를 생성해 낸다.

앞에서는 인쇄를 읽고 이해하려면 먼저 인쇄문자에 해당하는 '발성'을 재구성(재부호화)해야 하며 그를 통하여 인쇄단어의 '의미'에 접근할 수 있다고 하였다. 그리고 인쇄단어를 발음으로 재구성하는 단계를 생략하고 바로 '의미'에 접근해 갈 수도 있다고도 하였다(Chomsky, 1970). 특히 읽기가 자동화되어 있는 숙련된 독자의 읽기는 가끔 글을 말로 바꾼 뒤 의미화하는 것이 도움이 되기는 하지만 대체로 인쇄에서 직접 의미를 구성한다. 그래서 묵독이 많아진다. 발음을 하느냐 하지 않느냐에 따라 음독과 묵독이 나누어지는데 이를 도식화해 보면 〈그림

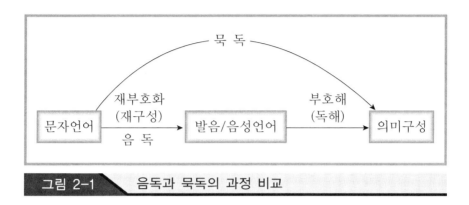

그림 2-1 음독과 묵독의 과정 비교

2-1〉과 같다.

　상부 하향적 이론가들은, 하부 상향적 이론가들과는 달리, 숙련된 독자는 인쇄재료를 먼저 회화 발성으로 번역하지 아니하고 인쇄재료에서 직접 '의미'로 접근해 간다고 말한다. 어떻든 상부 하향적 모형은 글을 처음 배우거나 비숙련의 독자보다는 숙련된 독자들의 독서행동을 더 잘 설명해 준다고 말할 수 있다. 하부 상향적 읽기에서는 단어를 빠르고, 정확하게, 그리고 억양을 제대로 하여 소리 내어 읽는 것을 강조하는 반면, 상부 하향적 모형에서는 '이해'를 강조할 것이며 따라서 부호화(decoding)와 단어 재인은 최소로만 다룬다. 여기서의 교사의 역할은 학생의 학습을 가이드하고 촉진하는 것이며 독서 지도는 아동중심이 될 것이다. 교사는 학생의 '이해'가 잘못되었을 때만 개입한다. 그리고 개입할 때도 바로 지적하는 식이 아니라 읽기가 끝난 다음에 '그렇게 읽으니 말이 제대로 되는 것 같아?'라는 식으로 '의미'를 중심으로 교정적인 단서를 제공해 줄 것이다.

3. 상호작용적 처리모형

하부 상향적 모형이나 상부 하향적 모형만을 순수하게 주장하는 사람은 거의 없다. 독서에는 얼마간의 하부 상향적 처리와 얼마간의 상부 하향적 처리가 같이 작용하고 있다고 결론 내리는 것이 논리적인 것 같이 보인다. 다만 어느 편에 강조를 두느냐에 따라서는 다소간에 차이가 있을 것이다.

상호작용적 모형(interactive)에서는 상부 하향적 처리에서 생산해 내는 가설(예측)은 하부 상향적 처리의 결과에 따라 가이드되고, 반대로 하부 상향적 추리는 적어도 부분적으로는, 상부 하향적 처리에서 부과하는 기대에 따라 가이드된다고 본다. 이들 각기의 처리에서 생성된 정보들이 조합되어 인쇄재료의 의미를 가장 그럴 듯하게 해석한다고 본다. 하부 상향적 처리와 상부 하향적 처리의 영향이 꼭 같은지에 대하여서는 이론의 차이가 있을 뿐만 아니라 어느 처리가 먼저 독서과정을 시작하게 하는지, 아니면 두 가지 처리가 거의 동시적으로 일어나는지에 대하여 상호작용적 이론가들 사이에도 견해 차이가 있다.

이 모형에서는 상부 하향적 처리가 생성해 내는 가설의 강도와 정확성에 따라서 독자는 적극적인 또는 수동적인 역할을 한다고 전재한다. 대표적인 이론가인 Rumelhart(1985)는 적어도 숙련된 독자의 경우는, 하부 상향적 처리와 상부 하향적 처리가 동시에 일어난다고 주장한다. 그리고 증거가 쌓여서 특정의 가설을 강하게 뒷받침하면 그 때 비로소 '이해'가 일어난다고 말한다.

III. 독서와 구성주의

구성주의(constructivism)는 Bartlett(1932)에서 전통의 뿌리를 두고 있다. Bartlett는 Hermann Ebbinghaus에 전통의 뿌리를 둔 결합주의적 접근법(associationism, 행동주의)에 반대하고 이와는 대립적인 페러다임인 인지주의적 접근법을 택한 인간기억 연구의 또 다른 창시자이다. '유령의 전쟁'이란 미국 인디언의 옛 이야기를 사용한 그는 인간의 기억과정이란 바로 '의미 추구의 노력'(an effort after meaning), 즉 '의미 구성의 과정'이라 본다.

인지주의(cognitivism)에서는 사고(思考, thinking)란 이해를 목적으로 하는 상징적 활동이며 목표지향적인 활동이라고 본다. 그리고 사고도 행동이지만 다른 신체적 행동과 차이나는 두 가지의 특징적인 속성을 가진다고 본다. (ⅰ) 사고는 표상(코드, 기호, 지식)을 다루고 그것을 조작(operation)하는 활동이며, 그리고 (ⅱ) 사고는 그러한 과정을 통하여 '의미를 만들어'(의미를 부여하거나, 의미를 구성(構成)해 가는) 간다고 말한다. 사고는 이러한 의미구성의 과정을 통하여 판단을 내리고 문제해결하는 행동이다. 요약하면 '지식'(안다는 것)은 독자가 적극적인 사고의 과정을 통하여 구성해 내는 것이라 보며, 단순히 자극을 주거나 집어넣어서 얻어지는 것이 아니라고 본다. 따라서 지식습득을 위한 이해의 주체는 독자(학습자)이며, 교사(부모)나 학습 재료는 독자의 이러한 구성적인 과정을 도와 주고, 촉진해 주고, 그리고 뒷받침해 주는 것이어야 한다고 본다.

1. 구성주의적 독서

읽기(독서)에 관한 현재적인 이론은 거의 모두가 구성주의적인 것이라 말할 수 있다. 이들은 담화차원(discourse)의 언어이해 과정에 초점을 두고 있으며, 이해의 과정을 '의미구성의 과정'(또는 '의미부여의 과정')이라 본다. 사실 현재는 '구성주의', 또는 '구성주의적'이란 용어가 남용되고 있을 정도로 많이 쓰인다.

이들은 '이해'란 '연결'(연합, connections)의 형성이라 본다. 다시 말하면 독서이해(독해)란 '텍스트 내적으로 그리고 텍스트 외적으로 연결'이 형성되는 과정이라고 본다. 구성주의적 독서의 모형은 다음과 같은 세 가지의 특징을 가지고 있다.

(1) 같은 텍스트를 독서하더라도 거기에 따른 의미의 구성은 다양할 수 있다. 독서란 독자(독자의 배경지식과 자세)가 텍스트의 구조, 읽기가 일어나는 분위기 및 독서 목적 등과 상호작용하여 의미를 구성해 가는 과정이다. 따라서 구성해 내는 의미는 개인 독자에 따라 다를 수 있다. 뿐만 아니라 같은 개인이라도 이전에 읽었던 글을 나중에 다시 읽으면 이해가 상당히 달라질 수도 있다.

(2) 의미의 구성적 과정을 강조한다. 이해란 계속적인 과정이라 보며, 이해과정-기억과정-비판과정에 주로 관심을 가진다. 읽기 지도는 이러한 구성적 과정(過程)을 강조하며, 독자의 적극적인 역할을 촉진하고 도와 주어야 한다. 그리고, 물론이지만, 구성주의는 구조주의(structuralism)와 반드시 적대적인 것은 아니다. 우리가 독해, 비판적/창의적인 구성적 사고과정을 통해서 얻게 되는 산출(결과)이 바로 '지식'이라 말할 수 있다. 그러한 지식은 구조적이다. 지식이 구조적이란 말은 지식은 응집적이고 뼈

대(구조)에 따라 조직을 이루며, 그리고 체제적임을 말한다. 그러므로 작문의 과정을 통하여 책으로, 또는 사고의 과정을 통하여 말(언어)로 표현되는 텍스트(글)라는 작품(산출)은 당연히 구조적이어야 한다. 그리고 텍스트를 이해하는 과정도 텍스트가 어떻게 구조화(조직화)되어 있는지를 얼마만큼 잘 아느냐에 따라서도 크게 영향을 받는다.

(3) 의미구성의 주요인이 어디에 있느냐에 따라 구성주의는 인지구성 주의(cognitive)와 사회구성 주의(social)로 나눌 수 있다. 인지구성 주의에서는 의미를 구성하는 과정은 개인의 인지과정으로 본다(예, Piaget, 1970). 여기서는 독자가 텍스트와 상호작용하면서 의미를 구성한다고 본다. 따라서 각 개인의 배경지식과 정신적 자세, 학습양식, 독서 목적 및 과제 성격 등의 차이에 따라 의미구성이 달라질 수 있다. 반면에 사회구성 주의 관점에서는 사회적 상호관계를 의미구성의 가장 중요한 요인으로 본다(예, Vygotsky, 1978). 다시 말하면 텍스트의 의미구성은 담화 공동체 구성원들 간의 사회적 상호작용을 통하여 이루어진다고 간주한다.

2. 독서 지도에 대한 시사

요약해 보면, 구성주의는 독해(또는 기억)란 해석적 또는 구성적 과정이며 그것은 독자가 가지고 있는 적극적인 기억체제(쉐마, 스키마, schema)를 통하여 이루어진다고 본다. 독자의 인지체제(특히 초인지, metacognition)는 텍스트에 대하여 고차적인 해석을 생성해 내고, 가능한 한, 그러한 해석을 지지해 가려고 노력한다. 구성주의적 접근법이 읽기 지도에 대하여 가지는 시사를 몇 가지로 정리해 보면 다음과 같다.

(1) 독자 나름대로의 의미구성 행위를 존중한다. 독자는 나름의 인지체제에 따라 이해의 내용과 접근수준이 다를 수 있다. 그러므로 각자가 적극적이고 역동적으로 해석해 보는 것이 중요하다. 왜냐하면 독자는 자율적이고 적극적인 의미구성의 형성자로 보아야 하기 때문이다. 교사는 조력자이고 촉진자이며 학생이 범하는 오류·오독을 단순히 꾸짖을 것이 아니라 그 속에서 독서지도를 위한 단서를 얻어야 한다.

(2) 읽기는 '의미구성의 과정'이란 말은 읽기란 바로 '문제해결의 과정'임을 의미한다. 따라서 문제해결 과정의 두 축을 이루고 있는 '비판적 사고과정'(수렴적, 논리적)과 '창의적 사고과정'(발산적, 생성적)이 읽기 지도에서도 강조되어야 한다.

(3) 과정중심(過程中心)의 읽기 지도가 강조되어야 한다. 따라서 읽기 전에(독서 전), 읽는 동안에(독서 중), 그리고 읽은 다음에(독서 후) 요구되는 독서기능들을 가르쳐야 한다. 그리고 이들 전체과정을 계획·관리·감시 조정하는 초인지적 사고 기능을 외현적으로 그리고 직접적으로 가르쳐야 한다.

(4) 독자들 상호 간의 상호작용을 강조해야 한다. 특히 토론과정이 강조되어야 하는데, 그것은 담화 공동체 구성원들 간의 사회적 상호작용을 중요시하기 때문이다. 이때 실제생활과 관련된 실제적인 독서 재료를 다양하게 활용하는 것도 중요할 것이다.

IV. 독서, 사고 그리고 발음

1. 소리 내어 읽기와 발음 지도

소리 내어 읽는다는 것은 대개가 인쇄단어를 정확하게 읽는 것을 말한다. 그리고 이것을 우리는 흔히 음독(音讀)이라 한다. 그것은 인쇄단어에 대응하는 '발음'(소리)을 재구성하여 의미에 접근하는 것이다. 만약 독자가 모든 단어들을 발음(발성)할 수 있다면 텍스트를 이해하는 것과 회화를 이해하는 과정은 전혀 다르지 아니하다.

발음중심의 읽기 교수법을 발음 교수법(phonics program)이라 부른다. 매우 전통적인 이 교수법에서는 학생들에게 단어를 올바른 억양으로 정확하게 발음하는 것을 가르친다. 이 교수법에서는 단어를 정확하게 그리고 빠르게(그래서 훈련을 쌓아가면 자동적으로) 재인하여 텍스트를 이해케 하는 데 목적이 있다. 발음의 지도는 특히 읽기의 초기단계에서 필요하다.

읽기의 초기 지도에서는 글자와 발음의 관계를 인식하고 단어를 소리내어 읽기를 가르쳐야 한다. 이러한 발음 교수법도 지도방법의 접근에 따라 발음중심 지도방법과 의미중심 방법으로 크게 나누어 볼 수 있다(이경화, 2001). 그런데 여기서는 '발음중심 지도방법'은 '형태중심의 발음 지도법'으로 그리고 '의미중심 지도방법'은 '의미중심의 발음 지도법'으로 바꾸어 표현하기로 한다.

(1) 형태중심의 발음 지도법

여기서는 문자부호를 기억 속에서 시각적 형태로 저장하고 그리고 그것을 음성기호로 번역하는 것을 강조한다. 일단 음성기호로 번역되면 그것에 결부되어 있는 '의미'가 자동적으로 파악된다고 본다. 그러므로 읽기 지도의 내용은 정확하고 분명하게 발음하는 것이다.

발음중심 지도방법으로는 자모식과 음절식을 들 수 있다. 자모식은 자모법 또는 '기역니은식 지도법'이라고도 한다. 먼저 기본 음절표를 사용하여 자모인 'ㄱ, ㄴ, ㄷ, ㄹ, …ㅎ'과 'ㅏ, ㅑ, ㅓ, ㅕ, …ㅣ' 등을 가르치고 'ㄱ'에 'ㅏ'를 더하면 '가'가 되고 '가'에 받침 'ㄱ'을 더하면 '각'이 된다는 식으로 지도한다. 이 방법은 문자라는 집합체를 구조적으로 분석할 수 있는 성인에게는 효과적이지만, 추상적 인지능력이 부족한 학생들에게는 지도에 어려움이 있다.

그리고 음절식은 음절법 또는 '가갸식 지도법'이라고도 한다. 먼저 '아', '버', '지' 등과 같은 개음절을 지도하고, 그 다음에 받침이 있는 폐음절을 지도한다. 여기서는 어떠한 단어도 음절이 모여서 의미를 나타내므로 음절 하나하나를 익히면 자연히 단어를 알게 되고 단어를 익히면 문장도 읽고 쓸 수 있게 된다고 본다.

(2) 의미중심의 발음 지도법

여기서는 의미의 파악을 중요시하며 그를 통하여 발음을 지도한다. 대표적인 방법으로는 단어식과 문장식을 들 수 있다. 먼저 단어식(단어법)은 '아버지', '우리' 등과 같은 단어를 중심으로 지도하는 방법이다. 학생들이 빈번하게 사용하는 단어나 순간적으로 보고도 알 수 있는 시각적 어휘(sight word)부터 지도한다. 문장식(문장법)은 '철수야, 안녕?' 식으로 처음부터 문장을 통하여 문자를 지도한다. 이 지도법은 사물에 대한 이해는 전체적인 파악에서 부분의 분석으로 들어간다고 보며 그래서 전체구조에 해당하는 문장을 문자지도의 기본단위로 삼고 있다. 이 방법은 언어운용의 실제적 단위인 문장을 직접 다루기 때문에 문자 지도가 생활에 직결될 수 있고 학생의 흥미유발에 도움 되는 장점이 있다.

발음중심 지도방법에서는 글자의 구성원리, 구조, 자소와 음소의 대응관계 등 규칙적이며 원리적인 것을 배우게 한다. 이 때는 기본 음절표를 적절히 활용한다.

실제의 읽기 초기의 발음 지도에서는 의미중심의 발음 지도에서 시작하여 문자에 조금 익숙해질 때 형태중심의 발음 지도를 취하는 '절충식'이 일반적이다. 다시 말하면 처음 읽기를 가르칠 때는 쉬운 단어를 그림과 같이 제시하여 글자의 전체 모양을 익히고 발음도 따라해 보게 한다(단어식). 그런 다음 문장 식에 따라 문장 읽기를 통하여 문자 학습에 익숙해지게 하며, 이것이 어지간히 익숙해지면 발음중심 지도방법을 같이 사용한다. 그래서 글자의 구성원리 및 철자와 발음의 대응관계 등을 배운다.

2. 묵독의 지도

이미 알아본 바와 같이 초기 독서단계를 벗어난 독자는 인쇄단어를 발음으로 재구성하는 단계를 생략하고 바로 '의미'에 접근해 가는 것이 대부분이다. 숙련된 독서를 할수록 앞에서 습득한 의미가 선행의 맥락이 되어 그 다음의 단어 재인과 의미구성에 영향을 미칠 수 있는 피드백 루프(feedback loop)를 구성하는 것이 점차 더 중요해진다.

소리 내지 않고 읽는 묵독의 지도목적은 음독의 경우와는 상당히 다를 수 있다. 음독의 준거는 인쇄단어를 정확하게, 그리고 바른 억양으로 읽는 것인 반면, 묵독에서는 텍스트의 이해에 강조점을 둔다. 묵독에서는 독자는 독해를 하기 위하여 소리 내어 읽을 필요가 없기 때문에 텍스트를 이해하기 위한 '추리'과정에 더 많은 시간을 할애할 수가 있다. 중학교 이상의 학생들은 말할 것도 없고 심지어는 초등학교 아동들이 하는 대부분의 독서도 이해에 초점을 두어야 한다. 다시 말하면, 대부분의 독서는 소리 내지 않고 읽는 묵독이어야 한다.

　‘단어를 정확하게 발음하는 데’ 충실한 독자가 되는 것은 얼른 생각하는 것과는 달리 가치있는 목표가 아니다. 단어를 바르게 발음하는 것이 가치 있는 독서목표가 아닌 이유는 책을 읽을 때 ‘눈’이 이동해 가는 방식 때문이다. 이미 알아본 바와 같이, 독서할 때 우리의 눈은 얼마만큼의 점프(jump)를 하면서 글줄을 따라 이동해 간다. 눈은 점프해서 거기에 정지(고착)하여 단어를 본다. 보통의 독자는 한번에 10개 정도의 철자, 즉 대개 보아 긴 단어는 1개 정도 볼 수가 있다. 그런데 눈이 점프하여 정지하면 정지한 곳에 있는 철자들만 볼 수 있다. 그 다음에 나오는 철자들은 눈이 다시 점프하여 거기에 정지할 때까지는 보이지 아니한다. 그리고 안구가 일단 앞으로 점프하여 나아가 버리면 이전에 정지하여 보았던 단어들은 더 이상 볼 수가 없다.

　우리가 소리 내어 읽을 때는 우리의 눈은 목소리에 ‘앞서서’ 먼저 이동해 간다. 그렇기 때문에 우리는 감정을 넣어서 독서를 할 수가 있다. 왜냐하면 어떤 특정의 단어를 어떻게 ‘억양’하거나 ‘강조’할 것인지는 그 다음에 이어서 나오는 단어를 보아야 결정되기 때문이다. 우리의 눈이 머물고 있는 곳과 우리의 소리가 머물고 있는 곳 사이의 간격을 우리는 ‘눈–소리 간의 거리’(eye-voice span)이라 부른다. 유창한 독자가 쉬운 재료를 읽을 때는 눈–소리의 거리는 5~6개 단어 정도이다.

　훌륭한 독자는 표정을 지으며 읽는데 그것은 소리가 자신의 눈을 쫓아가기 때문이다. 어떤 단어를 발음하고 있는 순간 눈은 이미 거기에 머물러 있지 않고 몇 개 단어를 앞서 가고 있다. 의미보다는 ‘단어에 충실한 독자’와 훌륭한 독자의 차이는 ‘눈–소리 간의 거리’라는 현상으로 설명할 수 있다. 훌륭한 독자는 소리 내어 음독해 갈 때 ‘의미는 달라지지 않는 오류’를 더러 저지른다. 예컨대 실제의 인쇄단어는 ‘자동차’인데 ‘차’라고 읽거나, 또는 “소리 내어 읽을 때는 우리의 눈은 목소리에 ‘앞서서’ 이동해 간다”에서 ‘앞서서’를 ‘앞서’ 또는 ‘앞으로’로 읽는 것과 같다. 이처럼 발음이 오류이기는 하지만 전체의 의미는 달라지지 아니하는 오류는 오히려 훌륭한 독서를 하고 있다는 표시이기도 하다. 이러한 오류는 목소리에 앞서서 눈이 먼저 점프해서 그 보다 더 이후에 나오는 단어들을 사용해서 이전의 단어가 가지고 있는 의미, 발음 및 어법(표현) 등을 확인해 내고 있음을 보여 주기 때문이다. 예컨대 독자가 '차'라고 발음할 때 눈은 앞서서 이동하기 때문에 이미 '자동차'란 단어는 보이지 아니한다.

3. 음독을 통한 묵독의 지도

초기의 글 읽기 단계를 지나면 대부분의 독자들은 소리 내지 않고 묵독을 해야 한다. 그것은 의미중심의 독서이기도 하지만 그래야 전체의 의미에 따라 자신의 독서를 자기교정하는 능력이 발달되기 때문이다.

그러나 어린 아동일수록 소리 내어 읽기를 좋아한다. 그것은 매우 자연스러운 현상이다. 그러면 소리 내어 읽는 음독의 과정을 어떻게 지도해야 할까? 어떻게 하면 음독이면서도 묵독처럼 글의 '이해'가 중심이 되고 전체에 따라 자신의 독서를 크로스 체킹(cross-checking)하고, 자기 조정하는 독서를 하도록 지도할 수 있을까? 이것을 우리는 '음독을 통한 묵독의 지도'라 불러도 될 것 같다.

(1) 음독을 하기 전에 먼저 묵독을 하게 한다. 독서란 인쇄되어 있는 단어들의 의미를 이해하고 거기에 대하여 반응하는 것이란 사실을 우리는 잊으면 안 된다. 이러한 이해를 하려면 음독을 하기 전에 먼저 묵독을 해야 한다. 소리 내어 읽기 전에 뜻을 생각하며 먼저 자기 자신에게 읽어야 한다. 그러나 읽기를 시작하는 아동들은 조용한 경우가 별로 없다. 이들은 아직도 단어를 마음 속에 떠올려 의미를 생각해 볼 줄을 모른다. 대개는 '중얼거리듯이' 자기 자신에게 소리 내어 글을 읽을 것이다.

(2) 음독의 재료는 상당히 쉬어야 한다. 소리 내어 읽는 재료는 아동이 평균적으로 보아 3~4개의 문장에 1개 이상의 오류를 범하지 않을 정도로 쉬워야 한다. 너무 많은 읽기 오류를 범하면 읽고 있는 것이 무슨 뜻인지 모르기 때문에 크로스 체킹하는 능력이 떨어진다.

(3) 독자가 범하는 '오류'를 고치려 하지 말라. 오류를 범한다고 이를 중단시키고 바르게 고쳐가면 독자가 스스로 바로 잡아가는 자기 교정 능력의 개발을 저해하기 쉽다. 이런 독자는 단어의 의미나 전체의 맥락관계를 파악하기보다는 '단어에 충실한 독자'가 되기 쉽다. 훌륭한 독자는 지금 말을 하고 있는 단어에 자신의 눈이 집중되어 있지 않기 때문에 더러는 '의미가 달라지지 아니하는' 오류를 범하게 된다고 하였다. 만약에 어떤 독자가 소리 내어 음독하는 것을 다른 아동이 따라 읽도록 한다면 이들은 읽기에 끼어들어 그러한 오류를 지적하게 될 것이다. 이런 식으로 '의미가 달라지지 않는 오류'에 끼어들어 지적하는 것을 허용하게 되면, 소리 내어 음독하는 독자는 자신의 눈이 발음하고 있는 바로 그 단어에 집중토록 만들게 될 것이다. 그렇게 하면 맥락을 체크하는 의미중심의 독서가 아니라 한 단어 한 단어 식으로 독서하는 것을 가르치게 될 것이다. 이것은 바람직하지 아니한다.

(4) 오류는 텍스트 전체의 의미에 따라 다음과 같이 교정한다.

가. 의미가 바뀌지 아니하는 오류를 범하면 무시하고 그냥 두라.

나. 의미가 바뀌는 오류를 범하면 기다려라. 문장이나 문단을 끝낼 때까지 기다려라. 오류를 범한 다음에 자기수정의 필요성을 느끼게 되는 정보를 얻을 때가 많다. 계속되는 단어들을 읽고 나서 오류를 자기 수정하는 학생은 칭찬해 주어야 한다. 오류를 범하면 바로 지적 받는 학생은 결코 자기

수정하는 능력을 배우지 못한다.

다. 기다려도 자기 수정하지 않으면 피드백해 주라. 문장이나 문단이 끝났는 데도 자기 수정하지 아니하면 중단시키고 다음과 같은 식으로 피드백해 준다: "앞에서는 ×××라고 읽었다. 그런데 지금은 ○○○라 읽는데 그러면 어떤 뜻이 되지?". 이렇게 피드백해 주면 학생은 철자를 바르게 읽어야 할 뿐만 아니라 동시에 읽는 글이 의미가 통해야 한다는 것도 배우게 된다.

4. 문자의 소리와 의미의 소리

여기에서 중요한 한 가지 사실은 숙련된 독자도 '소리 내어' 읽을 수 있지만 거기에는 두 가지의 서로 다른 종류의 소리가 있다는 것이다. 하나는 인쇄단어를 소리 내는 것인데 그것은 초기 독서단계의 아동들이 하는 것과 다를 바가 없다. 특히 인쇄물이 분명하지 않거나 의미가 잘 통하지 아니할 때 이들을 소리 내어 읽으면 이해가 훨씬 더 쉬워진다. 그러나 숙련된 독자가 하는 '소리 내어 읽기'는 주로 '의미를 음성화'하는 것이다.

숙련된 독자는 텍스트를 이해하기 위한 추리과정(사고과정, 思考過程)에서 의미를 소리 내며 그래서 가장 그럴 듯한 의미를 구성해 간다. 그래서 텍스트에 제시되어 있는 저자의 메시지를 제대로 회복하고 자신의 것으로 내면화시키려고 애쓴다. 대개의 경우 숙련된 독자의 음독은 문자를 해독하는 소리와 해독한 문자의 의미를 음성화하는 과정이 함께 작용한다고 볼 수 있다. 그리고 많은 연구들은 소리 내어 읽는 음독과 조용히 읽는 묵독이 기억에 차별적인 효과를 미치고 있음도 보여주고 있다. 요약해 보면 핵심내용의 기억에는 차이가 없지만 세부적인 내용까지를 이해하는 데는 소리 내어 읽는 음독이 더 효과적인 것 같이 보인다.

　　독서의 심리적 과정이란 글이나 말을 지각하고, 단어재인하고, 명제를 구성하고, 그리고 정신적 장면 모형을 만들어 가는 전체의 과정을 말한다. 독서를 할 때 우리의 안구는 점프하듯이 이동하여 ('세카드') 정지(고착)하는 데 이렇게 정지해 있을 때 인쇄를 지각한다. 세카드와 고착의 내용에 따라 숙련된 독자-미숙련 독자, 느린 독서-빠른 독서 등이 주로 결정된다. 독서의 하부 상향적 정보처리 모형에서는 독자는 인쇄에서 형태정보를 찾아내는 데서 시작하여 점차 구문적 및 어의적 처리가 일어난다고 본다. 상부 하향적 처리모형에서는 독서의 의미구성에서 핵심적인 것은 독자의 선행지식과 독자 자신의 기대·가설이라 본다. 그러나 대부분의 연구자들은 상호 작용적 처리모형을 주장하면서 하부 상향적 처리와 상부 하향적 처리가 같이 작용한다고 본다. 그리고 독서에 대한 구성주의적 견해는 행동주의와는 달리 독자는 읽을거리를 읽으면서 스스로 의미를 구성하고 의미를 부여한다고 보며 독서에서 독자 자신의 적극적인 역할을 강조한다. 독서 지도 초기의 발음 교수법에는 형태중심의 발음지도법과 의미중심의 발음법이 있다. 그러나 초기 독서단계를 벗어난 독자는 인쇄단어를 발음하지 아니하고 바로 단어의 의미에 접근하는 것이 많아지며 따라서 소리 내지 않고 읽는 묵독이 대부분이다. 그래서 단어를 발음하기보다는 의미를 발음하는 것을 강조하게 된다. 의미중심의 독서에서는 '눈-소리 간의 거리'가 중요하며 자신의 독서를 스스로 자기 교정하는 능력이 중요해지게 된다.

텍스트(글)의 조직형태

텍스트(글)의 조직형태

이 장에서는 저자가 텍스트의 중심내용을 풀어서 전개하는 방법에 따라 텍스트(글)를 논증문(주장문), 설명문과 서사문(이야기 글)으로 나눈 다음 각기가 어떤 특징들을 가지고 있는지를 알아본다. 텍스트의 조직형태를 알고 있으면 어떠한 '바른 질문'을 해야 깊은 이해가 가능한지를 알 수 있다. 그러면 이해가 쉬워지고 기억도 더 잘 될 것이다.

I. 텍스트의 분류

텍스트(글)는 어떠한 것이든 간에 크게 보아 두 가지의 특징을 가지고 있다. 한 가지는 텍스트에는 '목적'(이유)이 있다는 것이다. 저자는 반드시 어떤 목적을 가지고 글을 쓰기 때문이다. 두 번째는 텍스트의 메시지(전언, 내용)는 어떤 조직적인 형태를 가진다는 것이다. 왜냐하면 저자는 자신의 목적을 달성하기 위하여 의도하는 메시지를 가능한 한 효과적으로 전달하려고 애쓰기 때문이다. 저자는 글의 흐름을 어떻게 조직할 것인지에 대하여 고민한다. 그런 다음 글의 뼈대에다 살을 붙여서 결국은 전체가 정교한 것이 되게 만든다. 그러므로 텍스트의 종류에 따라 텍스트의 조직형태는 상당히 달라질 수 있다.

이러한 텍스트의 조직형태를 알고 있으면 독자는 중요하고 구체적인 '바른 질문'을 적극적으로 제기하면서 텍스트를 읽을 수 있다. 다시 말하면 텍스트의 조직형태에 따라 독자가 대답을 찾아야 하는 질문이 달라진다는 것이다. 그러한 '바른 질문'을 제기하고 거기에 대한 대답을 찾아가면 독자는 저자의 메시지를 쉽게 이해할 수 있다.

효과적인 독자는 이러한 텍스트의 형태를 이용하여 쉽게 내용을 이해할 줄 안다. 텍스트의 조직형태를 알고 있으면 조직화가 제대로 되어 있지 아니한 텍스트에도 나름대로의 조직형태를 부여하여 의미구성을 보다 쉽게 해 낼 수 있다.

그런데 텍스트(글)란 어떤 제목(토픽, topic)에 대한 어떤 주제(theme)를 중심으로 여러 가지 정보들이 서로 연결되어 구조적이고 응집적인 의미구조를 이루고 있다. 다시 말하면 텍스트는 '뼈대'를 중심으로 조직화된 하나의 체제(system) 또는 설계(design)를 이루고 있는 셈이다(Perkins, 1986). 여기서 말하는 뼈대란 글의 중심적인 '개요'이다. 텍스트는 목적과 조직형태, 내용과 효용 등에 따라 몇 가지로 다르게 분류해 볼 수 있다. 예컨대 문학의 형태(시, 소설, 수필, 희곡 등), 논리적인 형태(설명문, 논증문, 비평문, 보고서 등), 예술적인 형태(시, 시조, 소설, 수필 등) 및 실용적인 형태(안내문, 광고문, 소개장, 독촉장, 주문서 등) 등으로 나누어 보기도 한다.

무엇보다도 중요한 것은 저자는 글을 쓰는 목적(의도, 이유)이나 주제의 성격에 따라 글을 쓰는 방식을 달리하게 된다는 것이다. 그러므로 중심내용을 풀어서 전개하는 방법에 따라 텍스트(글)를 몇 가지로 분류해 볼 수도 있다. 이렇게 분류하면 크게 보아 설명적(해설적, explanatory, expositive, expository), 묘사적(descriptive), 서사적(narrative) 및 논증적

(argumentive)인 텍스트의 네 가지로 나누기도 한다(교육부, 1999). 이와는 좀더 다르게 묘사적, 서사적, 정의적(定義的, definitional) 및 설명적인 글로 나누기도 한다(Singer & Donland, 1989). 그리고 중심내용을 어떻게 전개하느냐와는 관계없이 텍스트에는 글의 필요성과 목적을 말해 주는 '도입 단락'이 있고, 그리고 앞서의 논의를 요약하거나 결론을 내리는 '요약 단락'이 끝에 있다. 또한 어떤 한 가지 내용에서 다른 것으로 이동해 가는 것을 보여 주는 '접속 단락'(transitive)이 있을 수 있다.

〈표 3-1〉에서 제시하고 있는 단락유형은 Singer & Donland(1989, pp. 298~299)를 인용한 것이다. 이들은 단락의 유형들을 목적, 보기, 동사/접속어 및 수업전략에 따라 설명하고 있다. 그리고 이 표에서는 '글의 유형'이란 말 대신에 '단락의 유형'으로 표현하고 있다. 단락(paragraph)이란 중심내용(중심문장)을 중심으로 연결되어 있는 일련의 문장들로 이루어져 있다. 마지막으로 한 가지 더 언급해 두고 싶은 것은 위에서와 같은 텍스트의 형태는 개념상으로 구분한 것이고 실제의 텍스트에서는 어떤 단일한 형태로만 나타나기는 오히려 어렵다는 것이다. 예컨대 소설은 '서사'가 중심이 되지만 필요에 따라서는 묘사, 설명, 논증의 방법도 얼마든지 사용되고 있다. 본서에서는 아래와 같이 텍스트를 논증적, 설명적 및 서사적인 것의 세 가지로 나누어 보기로 한다. 흔히 '묘사'와 '설명'을 나누기도 하지만 이들은 모두가 '정보를 전달하는 데'(무엇을 알려 주는 데) 목적이 있기 때문에 같이 묶어서 '설명문'으로 정리하였다. 그리고 '논증문'과 '설명문'을 합쳐서 논설문(정보문)이라 부를 수 있다. 이러한 분류를 다이어그램으로 표현해 보면 다음과 같다.

[텍스트(글)의 종류]

표 3-1	단락의 유형별 목적, 보기, 동사/접속어 및 수업전략		
단락의 유형과 목적	보 기	동사/접속어	수업전략
1. 도입 개관, 목적을 설정	"…이 장에서는 3 개의 아이디어를 설명할 것이다."	이 장은 …을 묘사하고 있다; … 음미해 보자; 여기서 우리는 … 알아볼 것이다.	장이나 절의 요점을 말하라.
2. 서사적 (이야기 글) (누구가, 무엇이, 어디서, 언제, 어떻게) 이야기를 말하고, 아이디어와 감정을 서술하고, 시각적인 이미지를 형성한다.	… 철수는 이제 계단을 내려가고 있다.	이 장면은 …	6하 질문에 대하여 대답하라.
3. 묘사적 상황을 설정하고, 시각화한다.	이때의 장면을 묘사해 보면 …	묘사하다, 상상하다, 그림 그려보다.	그림이나 다이아그램을 그려라
4. 정의적(定義的) (아래의 '설명적' 단락과 중복될 수도) 단어, 구 또는 단락의 의미를 분명하게 말한다.	… 독감은 바이러스의 일종으로서 …	… 부른다; 예컨대; 의미한다; 다시 말하면(환언하면)	1. 무슨 의미인지를 말하라. 2. 비슷한 것은 무엇인가? 3. 다른 단어를 사용한다면?
5. 설명적(해설적) 설명하고 보고한다.	과정상의 단계; 년대; 방향; 원인-결과 관계, 문제해결, 문제제기-대답하기	첫째, 다음으로, 그리고, …하기 위하여, 때문에	1. 단계 또는 사건을 개관해 보라. 2. 원인 또는 해결책을 말하라. 또는 질문에 대하여 대답하라.

6. 요약과 결론 핵심적인 내용을 재진술한다.	지금까지 다른 주 요내용들을 요약 해 보면,	그리하여; 개관해 보면; 결과적으로; 요약하면; 결론을 내려보면, 그러므 로, 결과적으로	장이나 절의 요점 (핵심)을 진술하 라.
7. 접속적 (두 가지 또는 그 이상 유형의 혼 합) 앞서의 것과 다음의 것을 연결 시킨다.	…지금까지 2가지 의 장점을 다루었 는데 이제 이들의 단점을 살펴보면 …	이제 고려해 볼 것은 …, 다음으 로 이 보고서가 말하고 있는 것은 무엇일까? 반면 에; 그러나 …, 반대로 … 또 한 편으로는,	앞서의 요점과 지 금의 것을 비교/ 대조해 보라.

II. 논 설 문

논설문은 다음과 같은 조직형태를 가지고 있다.

논설문 = 중심내용 + 뒷받침하는 세부내용

여기에서, (ⅰ) 논설문에는 '논증문'(주장문)과 '설명문'이 포함되며,

(ⅱ) '중심 내용'은 '결론'(주장) 또는 '핵심내용'이며,

(ⅲ) '세부내용'은 다른 말로 표현하면 '전재'(소전재) 또는 '근거'이며, 대개는 보기, 이유 또는 상세한 재진술 등이다.

1. 논증문(주장문)

논증문(주장문)과 설명문을 합하여 '논설문'(또는 '정보문', informational text)이라 부른다. 논설문의 목적은 자신의 주장을 설득시키거나, 알려 주거나 또는 정보 제공해 주는 데 있다. 이들 각기를 살펴본다.

논증문은 어떤 주장을 내세워, 독자로 하여금 자신의 주장에 동조하도록 '설득'하기 위한 글이다. 그러기 위해서 저자는 자신의 주장을 뒷받침할 수 있는 근거(증거, 이유)를 제시해야 한다. '주장'은 바로 그 글의 '결론'이다.

(ⅰ) 어떤 결론(주장)이 근거와 함께 제시될 때 우리는 이를 논증(argument) 또는 논증문이라 부른다.

(ⅱ) 논증은 반드시 어떤 '이슈'(issue, 논점)에 관한 것이며 그래서 어떤 '갈등'이나 견해의 차이를 전제로 한다.

(ⅲ) 근거(증거, 이유)는 약한 것일 수도 있고 강한 것일 수도 있는데 이러한 뒷받침의 근거에 따라 주장에 대한 독자의 판단은 달라진다. 근거는 신빙성, 타당성 및 건전성들을 갖추고 있어야 하며, 그래야 우리는 주장을 수용하기가 쉬워진다. 다시 말하면, 근거(증거, 이유)는 주장(결론)에 맞고(적절하고) 그리고 강한 것일 때 독자는 그것을 수용할 가능성이 커진다. 논리학에서는 근거(증거, 이유)를 소전재, 그리고 주장(결론)을 대전재라 부르기도 한다. 〈그림 3-1〉은 결론(주장)과 근거와의 관계를 보여 주고 있다.

(ⅳ) 뒷받침하는 세부내용(증거, 이유)은 논증문(주장문)의 경우는 중심내용을 증명하기 위해서 사용된다. 그러나 다음에 있는 설명문 같은 데서는 중심내용을 분명하게, 재미있게, 그리고 기억

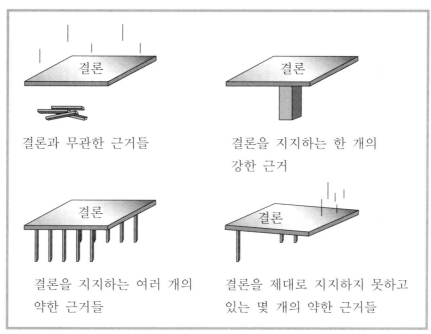

결론과 무관한 근거들

결론을 지지하는 한 개의 강한 근거

결론을 지지하는 여러 개의 약한 근거들

결론을 제대로 지지하지 못하고 있는 몇 개의 약한 근거들

그림 3-1 테이블은 결론이고 다리는 근거이다. 강한 다리를 가지고 있는 결론이 강한 결론(주장)이다.

하기 쉽게 만들기 위하여 사용된다. 뒷받침하는 세부내용의 유형에는 다음과 같은 것들이 있다. 이들을 확인해 낼 수 있으면 중심내용과 하위내용을 혼돈하지 않게 되며, 그리고 텍스트를 더 잘 이해할 수 있다.

- 보기나 구체적인 사례
- 비교—서로 어떻게 비슷한지를 보여 줌
- 대조—서로 어떻게 차이가 나는지를 보여 줌
- 통계나 기타 사실적인 자료
- 시각적인 그래프
- 신문기사나 권위자의 것을 인용함
- 재진술하며 생생하게 해설(묘사)함

아래에서는 논증문(주장문)의 보기를 예시하고 있다.

(보기 1) 학생들은 제복, 구두 및 머리카락 길이를 제한하는 교복제도를 잘 지켜야 한다. 이러한 장면에서 교사는 수업을 잘할 수 있고 학생은 잘 배울 수가 있다. 엄격한 교복제도가 없어서 생기는 훈육문제에 귀중한 시간과 에너지를 낭비해서는 안 된다.

(보기 2) TV 폭력의 양을 감소시킬 수 있는 적극적인 조치를 취할 때가 되었다. 이러한 폭력이 미치는 부정적 효과는 많은 연구들이 보여 주는 바와 같이 아주 분명하다. 몇몇 연구들은 TV를 심하게 보는 사람들은 일상생활에서 신체적 폭력의 위험을 과잉 추정하는 경향이 있음을 보여 주고 있다. 또 다른 연구들은 TV를 심하게 보는 아동들은 일상생활에서 폭력에 둔감해짐을 보여 주고 있다. 기타 수많은 연구들이 TV 폭력의 역효과를 보여 주고 있다.

(보기 3) (1) 내가 반장이 되는 것이 좋겠습니다. (2) 반장은 학반을 대표하기 때문에 힘이 있어야 합니다. (3) 나는 체육을 많이 하였습니다. (4) 나는 얼굴도 잘 생겼고, (5) 여러분들에게 빵도 자주 사주었습니다. (6) 다른 후보들은 공부만 하는 공부벌레입니다. (7) 공부벌레는 반장이 될 수 없습니다.

(보기 4) 요즈음은 학생들에게도 과소비가 <u>문제되고 있습니다</u>. 어떤 친구는 매우 비싼 옷을 입고 학교에 옵니다. 또, 신발만 하여도 유명 회사의 값비싼 제품만을 고집하고 있으며, 충

분히 더 신을 수 있음에도 불구하고 새 것을 사서 신습니
다. 이런 학생은 내 돈으로 물건을 사는데 남이 웬 참견이
냐고 말할지 모릅니다만, 그럴 능력이 없는 학생은 위화감
을 가지게 됩니다.

(보기 5) 다음의 각기에서 '결론'(주장)과 이것을 뒷받침하는 '근거'
(이유)를 찾아보라(문장의 앞 부분에다 '때문에' 또는 '그러므
로'와 같은 단어를 넣어보면 결론인지 근거(이유)인지를 확인
해 내는 데 도움된다).

1. _____(a) 목 안이 따끔거리고 열이 난다.
   _____(b) 병원에 가 보는 것이 좋겠다.

2. _____(a) 할머니는 힘이 없어 보인다.
   _____(b) 할머니를 도와 드려야 한다.
   _____(c) 할머니의 손수레는 제대로 움직이지 아니한다.

3. _____(a) 애완동물을 위한 보험제도가 있으면 좋겠다.
   _____(b) 동물병원에 한번 가면 최소 5,000원은 든다.
   _____(c) 개가 병이 들면 사람보다 약 값이 더 든다.

4. _____(a) 걸어서 일하러 가야겠다.
   _____(b) 내 직장은 10분 정도 걸으면 되는 거리에 있다.
   _____(c) 근무지의 주차장은 현재 수리중이다.

5. _____(a) 영희는 철수만 만나면 가슴이 뛴다.
   _____(b) 철수는 영희의 선물을 벌써 여러 번 받았다.
   _____(c) 영희는 철수를 좋아한다.

(보기 6) 주장: _____

근거: ① 달리기를 열심히 하면 다리가 튼튼해진다.

② 달리기를 하면 심호흡을 많이 하므로 심장과 폐가 튼튼해진다.

③ 나는 달리기 선수가 되고 싶다.

④ 나는 매일 아침 아버지와 함께 약수터까지 달리기를 하여 매우 건강해졌다.

---

* (보기 1)~(보기 4)에서는 모두가 첫 번째 문장이 중심내용을 나타내는 중심문장이다. 나머지 문장은 각기의 중심내용을 뒷받침하는 '근거'이다. (보기 5)에서의 '결론'은 1~5번까지 차례대로 b, b, a, a, c이다. (보기 6)에서는 '주장'을 생각해 볼 것을 요구하고 있다.

2. 설 명 문

설명문(expository text)은 정보를 알려 주거나 설명하기 위한 글이다. 여기에는 필자가 관찰하고 느낀 바를 독자에게 생생하게 전해 주고자 객관적으로 또는 필자의 인상에 따라 묘사(기술, 記述, description) 하는 것과 어떤 의문에 대하여 대답을 하는 것과 같이 자신이 가지고 있는 지식을 독자에게 설명(explanation, exposition)하는 것 등이 포함된다. 그리고 '설명문'과 '논증문'을 합쳐서 논설문 또는 정보문(informational text)이라 부른다고 하였지만 '논증문'과 '설명문'은 구분하기가 애매할 수도 있다. 그러나 자세히 살펴보면, 이들은 각기가 다루고 있는 '이슈'(issue, 논점, 쟁점)의 성질이 상당히 다르다는 것을 알 수 있다.

이슈(issue)란 회화나 논의가 벌어지게 하는 어떤 질문 또는 논쟁(controversy)이다(Browne & Keeley, 2000). 이것이 자극이 되고 시작이 되어 우리는 글을 쓰고 말을 하게 된다. 저자는 어떤 '이슈에 대하여' 글을 쓰고, 화자(話者)는 어떤 '이슈에 대하여' 말을 한다.

그러면 이슈에는 어떤 것들이 있는가? 이슈는 두 가지 종류로 나누

어 볼 수 있고 각기에 따라 텍스트는 논증문(주장문)과 설명문으로 구분
될 수 있다.

(1) 묘사적 이슈 – 묘사적 이슈(descriptive issue)를 다루는 것이 설
명문이다. 예컨대 다음과 같은 질문들을 생각해 보자. "뚱뚱한
사람은 정서적인 문제를 <u>가지고 있는가</u>? 전기절약을 위하여 <u>무
엇</u>을 할 수 있는가? TV 토론에서 <u>누가</u>, 더 잘한 것 같은가? 앞
으로 대학입시제도는 <u>어떻게</u> 바뀌어 갈까?"

　　이런 질문들은 하나의 공통점을 가지고 있다. 이들은 세상
이 어떠했고, 어떻고, 그리고 어떻게 되어 갈 것인지를 묘사하
는 그러한 대답을 요구한다. 앞에 있는 첫 번째 질문에 대한 대
답은 '일반적으로 뚱뚱한 사람은 정서적 문제를 더 많이 가지고
있다'일 수 있고, 두 번째 질문에 대한 대답은 '몇 가지의 전기
절약방법이 있다'일 수 있다. 우리는 이와 같은 이슈를 '묘사적
이슈'이라 부를 수 있다. 이러한 이슈는 세상에서의 경향, 형태
(pattern) 또는 질서에 대한 우리들의 호기심을 반영하고 있다.
위에서 예시한 질문에서 밑줄 친 부분을 강조해서 들여다 보라.
이러한 형태의 질문은 대개가 묘사적 질문이며, 설명문은 대개
가 묘사적 이슈를 다룬다.

(2) 규범적 이슈 – 규범적 질문을 다루는 것이 논증문(주장문)이다.
예컨대 다음과 같은 질문을 생각해 보자. "사형제도는 폐지되어
야 하는가? 청년실업에 대하여 무슨 조치를 취해야 하나? 퇴직
정년을 의무화해야 하는가? 경로 무료승차권을 발급해야 하는
가?"

　　이러한 질문들은 모두 세상이 어떻게 '되어야 한다'(ought
to be)는 것을 시사해 주는 그러한 대답을 요구하고 있다. 앞에
있는 첫 번째 질문에 대해서는 '사형제도를 폐지해서는 안 된

다', 또는 두 번째 질문에 대해서는 청년실업에 대하여 '특별한 조치를 마련해야 한다'라고 대답할 수도 있을 것이다.

이러한 이슈들은 도덕적 또는 윤리적인 이슈이며 무엇이 맞거나 틀리며, 바람직하거나 바람직하지 아니하며, 또는 좋거나 나쁜지에 대한 질문을 제기한다. 그래서 이러한 질문은 규범적인 해답을 요구한다. 우리는 이러한 이슈를 '규범적 이슈'(prescriptive issues)라 부를 수 있다. 사회적 이슈는 대개가 규범적 이슈이며 논증문(주장문)은 대개 보아 규범적 이슈를 다루고 있다.

아래에서는 '설명문'의 보기를 세 가지 예시하고 있다. (보기 1)에서는 전기 절약방법에 대하여, (보기 2)는 반학생들의 이름을 조사한 것에 대하여, 그리고 (보기 3)은 설명문의 구성에 관한 정보를 전달해 주고 있다. 그리고 이들 보기의 글은 모두가 묘사적 이슈를 다루고 있다. 그리고 이들 보기를 〈표 3-2〉에 따라서 보면, (보기 1)은 '묘사적' 설명문이고, (보기 2)는 '개념/정의적' 설명문이고, 그리고 (보기 3)은 '문제해결 과정/원인-효과'의 설명문이라 말할 수 있을 것이다.

(보기 1) 어떻게 하면 전기를 절약할 수 있을까? 정부에서도, 모든 공장에서도 전기를 절약하기 위하여 모두 애쓰고 있지만, 우리들이 할 수 있는 일에는 어떤 것이 있는지 생각해 본다.
첫째, 필요없이 전등을 켜놓는 일이 없도록 한다. 공부를 하다가 전등을 켠 채 잠이 든 일은 없는지, 사람이 없는 방에 불을 켜 놓은 일은 없는지, 목욕탕, 화장실, 현관 등에 모르고 불을 켜놓은 일은 없는지를 살펴본다.
둘째, 자기 집이 아닌 학교나 도서관 같은 공공건물 또는 아파트 같이 공동으로 생활하는 곳에서 여러 사람을 위하여 쓰이는 전기를 아낄 줄 알아야 한다. 우리 집에서 직접 전기 요금을 내지 않는다고 해서 함부로 전기를 사용한다면 얼마나 어리석은 일이겠는가? 공동으로 쓰이는 전기는 그 요금이 공동 부담으로 지출된다. 우리가 내고 있는 세금에서 또는 공동 관리비에서 쓸데없이 아깝게 소모되는 전기 생산비를 자기도 모르는 사이에 물게 되고 공동으로 낸 전기 생산비는 석유를 얻기 위하여 외국으로 흘러가게 된다.

셋째, 모든 전기제품의 사용방법을 확실히 알고 지혜롭게 사용하도록 하여야 한다. 형광등을 쓸 곳과 백열등을 쓸 곳을 구별하며 전기다리미의 적절한 사용, 그리고 텔레비전의 유효적절한 시청 등은 전기의 불필요한 소모를 많이 줄일 수 있다.

(보기 2) 염분의 함유량이 비교적 적은 물에 사는 물고기를 담수어라고 한다. 전체 물고기의 약 10%를 차지하는 담수어에는 일생을 담수에서 생활하는 잉어, 메기 등을 비롯하여, 알은 담수에서 낳지만 일생을 거의 바다에서 보내는 연어, 송어 등과 바다로 내려가 알을 낳고 다시 담수로 올라와 사는 은어, 뱀장어 등이 있다. 이들 중 뱀장어, 은어, 잉어에 관하여 알아보기로 한다.

(보기 3) 설명문은, 지은이가 전달하고자 하는 내용이 명확하게 드러내야 하므로, 그 문맥이 조리있고 정연해야 한다. 이를 위하여, 문단을 구성할 때에는 그 문단의 중심내용이 담긴 일반적인 문장을 먼저 제시한 다음, 여러 가지 방법을 사용하여 더욱 구체적으로 자세히 풀어가는 연역적인 방법이

나, 특수하고 구체적인 내용을 일일이 다 든 다음, 내용을 요약하고 일반화해서 제시하는 귀납적인 방법 등이 쓰인다. 이러한 방식은 한 문단을 구성할 때에는 글 전체를 구성할 때에나 동시에 적용될 수 있다. 즉, 글 전체를 구성할 때에는 일반적인 내용을 제시하는 문단을 문두에 두고, 그 다음 문단들은 이를 자세히 설명하는 문단으로 꾸밀 수 있으며, 그 반대도 가능하다.

3. 논설문의 조직형태

텍스트(글)의 조직형태란 '구조', 뼈대, 또는 골격(framework)이라 말할 수 있다. 그리고 텍스트의 전체적인 조직형태를 이해하는 것을 '거시구조적 이해'라 부른다. 깊은 이해를 하려면 먼저 텍스트의 조직형태를 전체적으로 이해한 다음에, 세부적인 미시구조적 이해까지에 이르러야 한다. 거시 구조적인 이해를 위해서는 대충으로 훑어 읽기(skimming)를 해야 한다. 그 다음으로는 정독을 해서 자세한 내용까지를 이해하는 미시구조적 이해를 해야 한다.

(1) '논설문'의 조직형태에 대한 인식은 다음에서 다루는 서사문(이야기 글)의 구조에 대한 인식보다 어렵고 훨씬 늦게 발달하는 것 같다. 그것은 일상생활에서 이루어지는 많은 대화내용은 대개가 이야기 글(서사문)의 성격이기 때문일 것이다.

(2) 논설문의 조직형태는 크게 보아 두 가지로 나누어 정리해 볼 수 있다.
  - 하나는 단락에서 '중심문장'이 놓여 있는 '위치'에 따른 것이고,
  - 다른 하나는 '중심문장'을 뒷받침하는 세부내용의 '성질'에

따른 것이다.

중심문장이 놓여 있는 위치에 따른 논설문(정보문)의 조직형태는 5장에서 다시 자세히 알아보기로 한다. 그러므로 여기서는 세부내용의 성질에 따른 논설문의 조직형태(구조)만을 살펴볼 것인데, 이를 정리한 것이 〈표 3-2〉이다. 〈표 3-2〉에서는 논설문의 종류를 시간 순서적, 비교와 대비, 개념/정의적(定義的), 묘사적, 삽화적(에피소드), 원리/일반화 및 문제해결 과정/원인-효과 등의 7가지로 나누고 있다. 그리고 이들 각각의 성질과 그러한 성질의 논설문에서 제기할 수 있는 질문들을 예시해 주고 있다. 또한 〈표 3-3〉은 논설문의 조직형태별로 보기를 예시해 주고 있다.

표 3-2	논설문의 성질과 예시적인 질문
시간 순서적: 사건의 전개나 시간 순서를 제시한다. • 사건의 순서는? • 주요 사건은? • 이러한 조직형태를 어떻게 알 수 있는가? 비교와 대비: 비교하며, 공통점과 차이점을 열거한다. • 비교하고 있는 항목은? • 어떤 특징을 비교하고 있는가? • 공통적인 특징은? • 차이가 있는 특징은? • 이들 항목 사이의 유사점과 차이점에 대한 저자의 결론은? • 이러한 조직형태를 어떻게 알 수 있는가?	삽화적(에피소드): 어떤 사건에 대한 정보를 제시하며 거기에는 시간, 장소, 인물, 진행, 또는 인과관계 등이 포함된다. • 어떤 사건을 기술/설명하고 있는가? • 이 사건에 관련되어 있는 주요 인물들은? • 어떤 구체적인 사건이 일어나고 있는가? 일어나는 순서는? • 이 사건의 원인은? • 이 사건이 관련자들에게 미친 효과는? • 이 사건이 사회 일반에 미친 효과는? 원리/일반화: 몇 가지의 개념들로

개념/정의적(定義的): 개념을 정의하거나 보기를 든다.

- 어떤 개념을 정의하고 있는가?
- 속성이나 특징은?
- 무슨 기능을 하며, 어떻게 기능하는가?
- 각기의 속성이나 특징에 대하여 들고 있는 보기는?
- 이러한 조직형태를 어떻게 알 수 있는가?

묘사적: 설명하거나 특징들을 열거한다.

- 어떤 구체적인 사람, 장소, 사물 또는 사건을 기술하고 있는가?
- 가장 중요한 속성이나 특징은?
- 속성의 순서를 바꾸면 기술이 달라질까?
- 이러한 조직형태를 어떻게 알 수 있는가?

이루어진 법칙이나 원리를 보기와 함께 제시하거나 원인-결과나 과정(過程)을 설명하거나 예측한다.

- 저자는 어떤 일반화를 하고 있는가? 또는 어떤 원리를 설명하고 있는가?
- 그 일반화/원리를 뒷받침하기 위하여 제시하고 있는 사실, 보기, 통계치 및 전문가 의견은?
- 그러한 세부내용이 논리적인 순서로 나타나고 있는가?
- 제시하고 있는 사실, 보기, 통계치 및 전문가 의견은 일반화/원리를 분명하게 뒷받침하거나 설명하기에 충분한가?

문제해결 과정/원인-효과:

- 어떤 과정 또는 제재를 설명하고 있는가?
- 그러한 과정의 구체적인 단계는? 또는 구체적인 인과적인 사건은?
- 그러한 과정의 소산 또는 최종적인 결과는? 또는 인과적 사건의 결말은?

표 3-3   논설문의 조직형태별 보기

(ⅰ) 시간 순서적인 조직:

　　- 토양의 생성과정은 단계별로 나타내 볼 수 있다. 토양은 암석 → 모질물 → 표토 → 심토의 과정을 거쳐 만들어지며, 오래된

토양은 지표면으로부터 아래쪽으로 표토층, 심토층, 모질물 층으로 이루어져 있다.

(ⅱ) 비교/대조적인 조직:
- 두 집단은 매우 다르게 접근했다. 한 집단은 문제를 혼자 풀려고 하는 반면, 다른 집단은 당장 누군가를 찾아 도움을 청했다. 한 집단은 개개인에게 임무를 나누어 주고 다른 한 집단은 전체가 모든 것을 같이 했다.

(ⅲ) 개념/정의적인 조직:
- 화학 변화는 새로운 물질이 생성되는 과정이다. 연소와 부식 현상은 화학 변화의 예이다.

(ⅳ) 묘사적 조직:
- 개는 여러 가지로 사람을 돕습니다. 경찰견은 도둑이나 범죄자를 추적하는 일을 하고, 목양견(牧羊犬)은 목장에서 양을 몰거나 늑대를 쫓아내는 일을 합니다. 그리고 맹도견(盲導犬)은 맹인에게 길을 안내하는 일을 합니다. 또, 애완견은 주인의 좋은 친구가 되어 주인을 따릅니다.

(ⅴ) 삽화적(에피소드)인 구조:
- 영호는 자기네 반에서 별명을 가진 학생을 조사해 보았다. 전체 40명 중 15명이 별명을 지니고 있었다. 별명에는 그 사람의 이름을 본떠서 만들어진 것도 있고, 생김새나 행동, 성격 등에 따라 만들어진 것도 있었다.
  예를 들어, '장민아'는 '장미화'라 불렸고, 늘 웃는 얼굴을 하고 있는 철민이는 '하회탈'이라 불렸다. 행동이 느리고 말투가 어른스러운 만중이는 '영감'이라 불렸다.
  그리고 자기 별명에 대하여 어떻게 생각하는지를 조사해 보았더니 10명 정도는 만족한다고 하였고, 5명 정도는 불만이라고 하였다.

(ⅵ) 원리/일반화의 구조:

- 우리 사회의 어떤 사람들은 매년 터무니없는 많은 돈을 받는다. 운동선수, 연예인, 그리고 사장들은 우리들 대부분이 상상하기 어려운 액수의 수입을 올린다. 그러나, 같은 나라의 같은 시간에 어떤 사람들은 난방을 제대로 하지 못하고, 영양가 있는 음식을 먹지 못하고 그리고 자동차 비용을 감당하지 못하고 있다. 누구도 평균인보다 100배 이상 되는 급료를 받지 못하게 해야 한다.

(vii) 문제해결 과정/원인-효과:
- 많은 사람들이 도시로 이주하였기 때문에 주거에 많은 어려움이 있었다. 새 집은 놀라운 속도로 지어졌다."

III.   서사문(이야기 글)

1. 서사문(이야기 글)의 성질

서사문(narrative)은 '이야기 글'이라 말하면 이해가 더 쉽다. 서사적 텍스트는 이야기이며 이러한 글의 목적은 '재미', '스릴'(thrill) 또는 '여흥적(餘興的)인 즐거움'(to entertain)을 주는 데 있다.

이야기 글의 세부적인 내용은 가공적인(픽션, fiction) 것일 수도 있고 사실에 기초한 것일 수도 있다. 대개의 경우 이야기 글 속에서 표현하고 있는 사건들은 시퀀스(sequence, 계열, 차례)로 제시되어 있다. 역사교재는 이야기 글로 읽을 수도 있지만 대부분의 경우 역사교재는 정보를 제공하기 위한 정보적인 설명문이다. 서사문의 일차적인 목적은 여흥적인 재미를 즐기는데 있기 때문에, 우리는 그 속에서 재미와 스릴(thrill)을 느낀다. 예컨대 소설은 일련의 사건의 전개를 다루고 있으며 독자는 그것을 읽으면서 재미와 스릴과 흥분을 느낄 수도 있다. 사건들은 서로 인과적으로 연결되어 전개된다. 그리고 이러한 사건들은 주인공이 자신의 목표에 도달하려는 노력을 중심하여 잇따라 재미있게 전개된다.

2. 서사문(이야기 글)의 조직형태

서사문에는 일련의 사건들이 나열되어 있고 이들 사건들은 주인공이 달성하려는 어떤 목표를 중심으로 이야기 구조를 이루고 있다. 서사문은 다음과 같은 요소들을 포함하고 있는데 우리는 이들을 '이야기 문법'(story grammar)이라 부르기도 한다. 이야기 글의 구조를 그림으로 보여주고 있는 것이 〈표 3-4〉이다. 그리고 이를 서사문 이해에서 사용할

표 3-4	서사문(이야기 글)의 이야기 문법

- 장면 - 배경
    * 어디서?
    * 언제?
    * 등장인물은?
- 문제(갈등, 사건) - 주제
    * 문제(갈등, 사건)가 생긴다. 이것은 주인공이 달성코자 하는 '목표가 되며, 그리고 이야기의 '초점'이 된다.
    * 문제(갈등, 사건) 자체가 주제는 아니지만, 주제는 이야기의 초점이 된다.
- 구성(plot) - 줄거리
    * 일련의 사건/행위들이며, '목표'를 방해하는 행위 및 목표 달성을 위한 사건/행위들이 차례대로 전개된다.
- 해결 - 최종의 결말, 엔딩(ending)

수 있는 양식으로 만들어 본 것은 8장에 있는 〈그림 8-1〉과 〈그림 8-2〉이다.

　〈표 3-4〉에 있는 구조(조직)에서 보면 '문제(갈등, 사건) - 주제'라는 말이 있고 특히 서사문의 글 읽기에서는 '주제'란 말을 자주 사용하게 된다. '주제'(theme, 테마)란 저자가 말하고 싶어 하는 메시지(전언)이며, 그 이야기가 담고 있는 '교훈'(moral) 같은 것이다. 서사문에서 주제를 찾아내려면 그 이야기의 자세한 내용들을 자신의 경험(배경지식)에 비추어 반성해 보고 이를 기초로 하여 저자가 독자를 상대로 말하고 싶어 하는 메시지에 대하여 결론을 내리는 추론적 사고가 요구된다. 따라서 주제를 발견하는 능력은 개인의 배경지식, 경험 및 추론적 사고 능력에 따라 달라질 수 있을 것이다. 그러나 주인공이 해결하려고 노력하는 '문제(갈등)' 자체가 '주제'인 것은 아니다. 주제는 '문제(갈등)'을 중심으로 제시되며, 그래서 이야기의 일반적인 초점을 제공해 준다.

―――――――――――――――――――――――――――

(보기 1) "대신 초등학교 5학년 학생들은 오후 야외수업을 하러 밖으로 나가다가 학교 담장 바로 안에 있는 조그마한 마분지 상자를 보고 크게 놀랐다. 멍멍거리면서 쫓아다니는 소리를 처음 들은 사람은 영수와 영희였다. 안에는 흰색, 갈색 그리고 회색무늬의 강아지가 5마리 있었다. 영수는 한 마리를 잡았지만, 그것은 바로 팔에서 빠져나오더니 뛰어내려 운동장으로 달아나 버렸다. 반 친구들 중 일부는 영수를 도와 주려고 했지만 나머지 아이들은 모두 다 다른 강아지와 놀려고 상자가 있는 곳으로 달려갔다. 담임선생님은 모두 제자리로 가게 한 다음 강아지를 묶어서 교실에 데리고 와서 키울 생각을 하였다. …

학생들은 귀여운 강아지 5마리가 사랑스러운 가정을 가지지 못하는 것을 보고 견디기 어려울 것이다. 그래서 학생들은 더 많은 애완동물을 집에 데려가 기르도록 호소하는 캠페인을 벌리기로 하였다. 그래서 포스트를 만들고 그리고 강아지를 기를 때 따라오는 장점과 책임을 적은 전단을 만들었다. 지방 라디오 방송국에 가서는 매일 2분씩 여러 애완동물을 다루는 프로그램을 만들도록 부탁하였다. 그러면서 학생들은 강아지들이 왜 넘쳐나게 되었을까? 버려진 애완동물들을 처리하는 규칙 같은 것은 있을 수 없는지에 대하여 토의해 보기로 했다."

(보기 2) "… 을지문덕은 수나라 군사들이 굶주린 기색이 있는 것을 보고 더 피로하게 만들려고 늘 싸우다가는 문득 패하고 하니, 우문술(수나라 장수) 등이 하루에 일곱 번 싸워서 모두 승리하고는 이기는 데 도취되어 또 진격할 것을 의논하고, 드디어 살수를 건너 평양성에 30리 되는 곳에 이르러 산을 의지하고 병영을 치고 있었다.
이때 을지문덕은 우중문(수나라 장수)에게 시를 지어 보내기를 "귀신과 같은 재주는 천문을 구명하였고, 기묘한 계산은 지리를 통달하였도다. 싸움마다 이겨 공이 이미 높았으니, 만족함을 알았으면 그만 그치는 것이 어떻겠는가?" 하였다. 우중문이 답서를 보내오므로, 을지문덕은 또 사자를 파견하여 거짓으로 항복하는 체하여 우문술에게 청하기를 만약 군사를 돌리면 곧 왕과 함께 양재의 형재소를 찾아뵙겠다고 하였다."

(보기 3) 오늘은 체육 시간에 뜀틀을 하였다. 처음 본 (1) 커다란 뜀틀에 가슴이 철렁하였다. (2) 게다가 '못 넘으면 운동장 한 바퀴'라는 선생님의 말씀이 계속 귓전을 맴돌았다. (3) 내 차례가 되었을 때 비록 마음은 두렵고 긴장되었지만

"에잇"하고 힘껏 달려가서 '펄쩍' 뛰어넘었다. 엉덩이를 부딪치며 겨우 넘었다. (4) 그 순간, "합격"하는 선생님의 목소리가 그렇게 맑게 들릴 수가 없었다. 무거웠던 마음도 사라지고, 나는 하늘을 날 듯이 기뻤다.

(보기 4) 민칠이는 어머니, 아버지, 민지 누나, 민석이 형과 살았다. 대부분은 행복했다. 그들에게는 항상 할 일이 있었다. 어머니가 말했다.

"민석아, 신문 좀 가져다 줄 수 있겠니?"

"저는 공놀이 해야 돼요. 민철이 시켜요."

하고 민석이 형이 말했다.

그리고 이번에는 아버지가 민지 누나에게 가게에 갔다 오라고 했다.

"저는 숙제해야 해요. 민철이 시켜요."

하고 민지 누나가 말했다.

민철이는 어머니와 아버지를 매우 사랑한다. 그는 그들을 돕고 싶다. 하지만 그는 가끔 —— 아주 조금만이라도 —— 민지 누나와 민석이 형이 자기만큼만 도와 주면 좋겠다고 생각한다.

(연습문제) 다음에 있는 글들을 글을 쓴 목적에 따라 '독자를 설득하기 위해서'(설득), '정보를 설명/전달하기 위해서'(설명), 및 '여흥적 재미와 감동을 주기 위해서'(재미)의 3가지에 따라 분류해 보라.

＿＿＿ (1) 베지밀은 콩으로 만든 것이다.

＿＿＿ (2) 나는 매일 아침 사형자 명단을 본다. 거기에

내 이름이 없으면 나는 옷을 차려 입고 일하러 간다.

____ (3) TV의 상업광고 시간을 줄여야 한다.

____ (4) 대부분의 공책은 500원이면 살 수 있다.

____ (5) 철수는 자기가 좋아하는 방송에 다이알을 돌린다. 그리고는 음악을 듣는 대신 일년 전에 좋은 친구의 목소리를 듣는다.

____ (6) 철수는 겨울에도 내의를 입지 아니한다.

____ (7) 철수를 우리반 반장으로 선출해야 한다.

*(1) - 설명, (2) - 재미, (3) - 설득, (4) - 설명, (5) - 재미, (6) - 설명, (7) - 설득

저자는 글의 목적이나 주제의 성격에 따라 글을 쓰는 방식을 달리할 수 있다. 다시 말하면 중심내용을 전개하는 방법에 따라 우리는 텍스트를 몇 가지로 분류해 볼 수 있다. 여기서는 텍스트를 논증문(주장문), 설명문 및 서사문(이야기 글)의 세 가지로 나누어 보았고, 논증문과 설명문을 다시 묶어서 논설문(정보문)이라 하였다. '논설문 = 주장(결론) + 뒷받침하는 세부내용(근거, 증거, 이유)'로 표현할 수 있다. 뒷받침하는 세부내용은 논증문(주장문)의 경우는 중심내용을 증명하기 위하여, 그리고 설명문에서는 중심내용을 분명하게, 재미있게, 그리고 기억하기 쉽게 만들기 위하여 사용된다. 근거가 맞고(적절하고) 강할 때 독자는 결론(주장)을 수용할 가능성이 커진다. 논증문(주장문)과 설명문은 구분하기가 좀 애매하지만 자세히 보면 이들은 다루는 이슈(논점, 쟁점)가 다르다. 논증문(주장문)은 규범적 이슈를 다루는 반면, 설명문은 묘사적 이슈를 다루는 점에서 서로는 차이가 난다. 논설문의 조직형태를 뒷받침하는 세부내용(근거)의 성질에 따라 분류해 보면 시간 순서적, 비교와 대비, 개념/정의적, 묘

사적, 삽화적(에피소드), 원리/일반화 및 문제해결 과정/원인-효과 등의 7가지로 나눌 수 있다. 논설문의 조직형태는 또한 '중심문장'의 위치에 따라 나누어 볼 수도 있는데 이것은 5장에서 다룬다. 서사문(이야기 글)에는 일련의 사건들이 나열되어 있고 이들 사건들은 주인공이 달성하려는 어떤 목표를 중심으로 '이야기 문법'을 이루고 있다. 이야기 문법에는 '장면-배경', '문제(갈등, 사건)-주제', '구성-줄거리' 및 '해결' 등이 포함된다.

사전개관과 독서법

사전개관과 독서법

이 장에서는 먼저 책/교재 또는 장(章)의 전체를 훑어 읽으면서 사전개관 하는 것이 왜 중요하며 그리고 구체적인 방법은 무엇인지를 다룬다. 다음으로 SQ3R 독서법에 대하여 공부해 볼 것이다. 이 독서법은 책/교재 전체나 장 전체를 읽을 때처럼 독서 분량이 많을 때 효과적으로 사용할 수 있다. 이 독서법은 오랜 시대의 검증을 거치면서 살아남은 대표적인 독서방법이다. 그래서 SQ3R 독서법을 개관적인 내용, 실천의 요령 및 지도방법 등으로 나누어 좀더 자세하게 알아볼 것이다.

I. 책 / 장의 개관

1. 교재와 장의 사전개관

전체를 훑어 읽는 것을 사전개관(事前槪觀, pre-reading, skim reading, survey)이라 부른다. 독서하려는 책(교재)이 전체적으로 또는 장별로 어떤 체제로 구성되어 있는지를 알면 그 속에 실려 있는 내용을 보다 쉽게 이해할 수 있다. 그리고 나중에 기억하기도 쉽다. 다시 말하면 정독을 시작하기 전에 훑어 읽기를 통하여 전체에 대한 감(感)을 가져야 한다. 사전에 전체에 대한 감을 가지게 되면 이것이 '선행조직자'(advance organizer)의 구실을 하게 된다(Ausubel, 1960). 그러면 부분 부분들의 내용이 보다 쉽게 연결되기 때문에 이해가 쉽고, 따라서 기억도 잘된다.

저자는 글을 쓰기 시작하기 전에 책 전체나 각 장에서 다루려는 내용을 어떻게 배치(조직)할 것인지에 대하여 계획을 세운다. 만약 저자가 자신이 책 전체 또는 각 장에서 제시하려는 내용재료를 치밀한 계획에 따라 논리적인 순서로 배열하지 아니하면 독자는 저자의 생각(아이디어)을 읽고, 이해하고 그리고 기억하기가 매우 어려울 것이다.

인간은 일련의 정보가 주어지면 이들 간의 관계를 알고 싶어하는 자연스러운 경향성을 가지고 있다. 그리고 이러한 '연결'(관계)을 만들 수 있을 때 우리는 '이해'가 된다고 말한다. 그러므로 글이든 말이든 간에 메시지를 논리적인 순서에 따라 제시해야 이해가 쉽다.

책을 집필하는 저자는 자신의 생각을 논리적인 순서로 조직화하려고 애쓴다. 그리하여 독자가 자신의 메시지(아이디어, 전언, 내용)를 보다 더 쉽게 이해하고 기억할 수 있게 노력한다. 저자는 글쓰기를 하기 전에 전체에 대한 개요(outline)를 만들어 자신의 메시지를 조직화한다. 그럼에도 불구하고 저자는 개요의 형식으로 책이나 장을 출판하지는 아니한다. 그런 책이 있다면 얼마나 재미가 없을까? 어떻게 보면 독자가 직면하는 하나의 도전이기도 하고 즐거움이기도 한 것은 나타나 있지는 않지만 그래도 이면에서 전체의 구조를 이루고 있는 '저자의 개요'를 발견하는 일이라 말할 수도 있다. 저자의 개요는 결국 텍스트(글)의 조직을 이루는 '뼈대'가 된다.

2. 텍스트의 조직을 발견하는 방법

(1) 내용 목차

책/교재의 개요를 발견해 낼 수 있는 가장 효과적인 방법은 '내용 목차'를 들여다 보는 것이다. 내용 목차에는 책에서 다루고 있는 제목, 그리고, 때로는 하위제목들을 순서적으로 나열하고 있다. 교재에 있는 재료들은 대개가 제목에 따라서 또는 연대순으로 나열되어 있다.

내용 목차가 제목(토픽)에 따라 나열되어 있을 때는 다음과 같이 한다.

- 어떤 제목을 다루고 있는가?
- 왜 저자는 제목들을 그러한 순서로 나열하고 있는가?, 그리고
- 각 제목에 대하여 얼마만큼의 지면을 할애하고 있는가? 등을 주목해 본다.

반면에 내용 목차가, 역사서, 전기물, 일기, 사용 설명서 및 실험 요강 등에서처럼, 시간 순서(연대순)로 나열되어 있다면 '얼마 만큼의 시간을 다루고 있는가?' 그리고 '시간(시대) 구분을 어떻게 하고 있는가?' 등을 알아볼 필요가 있다.

(2) 서   문

저자는 책/교재의 전체적인 조직이 어떻게 되어 있는지에 대한 설명을 대개 서문(서론, 서언, 머리말)에서 하고 있다. 이러한 서문의 설명에 추가하여 내용 목차에서 보여 주고 있는 '개요'를 살펴보면 교재가 전체적으로 어떻게 구성되어 있는지를 상당히 분명하게 알 수가 있다. 그런데 내용 목차만 보면 다루는 내용들을 왜 그렇게 조직했는지를 알기는 어려울 때도 있다. 이러한 경우 책 전체의 조직에 대한 저자의

설명은 특히 유용할 수가 있다.

저자의 '서문'에는 책/교재의 조직계획에 대한 설명뿐만 아니라 기타의 정보도 포함되어 있는데 여기에는 다음의 것들이 들어갈 것이다.

(i) 저자가 이 책(교재)을 쓴 목적,

(ii) 다루려는 제목(토픽)의 리스트,

(iii) 논쟁적인 제복(토픽)을 다루는 경우는 개인적인 편견의 진술,

(iv) 특히 내용(재료)을 다루는 접근법이 전통적인 것과는 다른 경우 자신의 접근법을 사용한 이유,

(v) 저자 자신의 배경과 주제를 다루는 권위/자격,

(vi) 책/교재의 정보를 맥락화할 수 있는 배경정보, 그리고

(vii) 교재를 효과적으로 읽는 방법.

그러나 서문을 구석구석 알뜰하게 읽을 필요는 없다. 선택적으로 읽으면서 '감사의 말'과 같이 별로 도움이 되지 아니하는 부분은 건너뛰어라.

(3) 장(章)의 구성

대부분 책/교재의 장(章, chapter)은 ── 대개의 강의나 텍스트가 그런 것처럼 ── 아래와 같은 3개의 부분으로 이루어져 있다.

 I . 서론(서언, 도입)

   – 필요성

   – 목적

   – 주요 내용의 리스트

 II . 본론

   – 서론에서 언급한 재료(내용)를 본격적으로 전개

 III . 결론(또는 요약)

– 주요 내용들을 재진술 또는 핵심내용을 강조

장을 개관할 때는 이러한 3개 부분을 주목해 볼 필요가 있다. 그러나 'Ⅱ. 본론' 부분은 분량이 많을 수 있기 때문에 필요에 따라 다시 몇 개의 부분/절로 나누어질 수 있다. 그리고 '본론'이라 표현하기 보다는 각 부분/절의 중심내용의 주제를 가장 잘 표현할 수 있는 제목을 붙이는 것이 일반적이고 또한 보다 바람직하다. 그러므로 본론 부분이 여러 개로 나누어질 때는 본론 부분을 이루는 '제목'도 당연히 여러 개가 된다. 그러나 여기서 한 가지 유의해 둘 것은 '서론-본론-결론'(또는 요약) 형태의 조직은 주로 논설문(논증문과 설명문)의 경우에 해당되며 서사문(이야기 글)의 경우는 이와는 조직이 상당히 다를 수 있다는 것이다. 서사문의 조직에 대하여서는 3장에서 이미 다루었다. 다음의 보기 문장을 읽어보고 조직형태를 생각해 보라.

(보기 1) (가) 바람은 불어오는 방향에 따라 각각 동풍, 서풍, 남풍, 북풍이라고 부른다. 그런데 이것은 모두 한자어이다. 바람에 대한 우리말은 없을까?

(나) 그러면 옛 어른이 사용한 바람의 명칭에는 어떤 것들이 있는지 알아보자.

(다) 첫째, 샛바람은, 뱃사람들이 동쪽에서 불어오는 바람을 일컫는 말이다. 농부들은 샛바람이 불면 비가 올 것으로 예상한다.

(라) 둘째, 하늬바람은 서쪽에서 불어오는 바람이다. "하늬와 강바람이 함께 불어온다."는 시구가 있는데, 이것은 하늬바람이 불어오는 강에서 읊었는지도 모르겠다.

(마) 셋째, 마파람은 남쪽에서 불어오는 바람을 부른 말이다. 곧, 남풍을 뜻하는 것이다. 만물을 소생시키는 봄

에 불어오는 마파람은, 우리에게 희망을 안겨 주기도 한다.

(바) 넷째, 북쪽에서 불어오는 바람은 뒤바람이라 불렀다. 한자어로 삭풍이라고도 한다. 뒤바람은 겨울에 불어 오므로 사람의 활동을 움츠리게 하는 바람이다.

(사) 이 밖에도 북동쪽에서 불어오는 높새바람, 북서쪽에 서 불어오는 높하늬바람, 남동쪽에서 불어오는 든바 람, 남서쪽에서 불어오는 갈마바람 등이 있다.

(아) 우리 조상이 불러 왔던 바람의 이름들이 한자어에 밀 려 버렸다는 것은 너무도 서글픈 일이다. 잊혀지고 사 라진 우리의 말을 되살려 쓰는 일은 내일의 주인이 될 우리들이 할 일이다.

(자) '샛바람, 하늬바람, 마파람, 뒤바람, 높새바람, 높하 늬바람, 갈마바람' ─ 이 부드럽고 고운 말들을 되살려 쓰도록 노력하자.

---

* 위의 보기에서는 서론 단락은 (가)+(나)이고, 본론 단락은 (다)+(라)+ (마)+(바)+(사)이며, 그리고 요약(또는 결론) 단락은 (아)+(자)이다.

3. 왜 텍스트를 '개관'하는가?

책 전체나 장을 개관한다는 말은 전체를 훑어 읽어보고 전체적인 것에 대하여 느낌(感)을 가진다는 말이다. 개관을 하는 주목적은 먼저 전체구조를 앎으로써 지금부터 자세하게 독서하려는(정독) 것들을 보다 쉽게 이해하는 데 도움이 되고자 한다. 개관을 해 보면 저자의 목적이 나 관점뿐만 아니라 전체적인 내용과 전반적인 조직을 알 수가 있다. 전체를 개관해 보면 정독해 가기가 훨씬 더 쉬워진다. 개관은 이처럼 정독을 하기 위한 준비로서 필요하다.

그러나 다른 이유로 전체적인 개관을 할 때도 있다. 예컨대 문헌의 어떤 한 부분을 인용하기 위해서는 다른 부분까지를 전체적으로 훑어 보아야 한다. 또한, 서점에서 신간서적을 살려고 할 때도 몇 분 정도 걸려 전체를 개관해 보아야 하고, 그리고 그러한 개관에서 얻은 정보에 따라 책을 살 것인지를 결정하게 될 것이다.

보다 구체적으로 보면 '개관'을 하는 데는 다음과 같은 몇 가지의 이유가 있다.

(1) 개관을 하면 중심내용에 대한 정신적인 개관(정신적인 전체적인 그림)을 가질 수 있다. 그리고 책/교재나 장의 내용이 무엇에 대한 것인지를 미리 알고 있으면 무엇이 보다 더 중요한지를 알 수 있기 때문에 주의집중하고 이해하기가 쉽다.

(2) 개관을 하면 전체적인 조직을 보다 분명하게 알 수 있다. 예컨대 어렵거나 복잡한 텍스트(논문, 장)를 읽으면 머리가 뒤범벅이 될 수 있다. 이때 전체를 다시 들여다 보면 부분들이 전체구조에 연결되어 이해가 쉬워질 수 있다. 그러면 당신은 중심내용들을 더 잘 이해하고 보다 오랫동안 기억할 수 있게 된다. 또한 읽은 글의 어떤 부분을 책임있게 인용하여 사용할 수 있으려면 이처럼 전체에 대한 구조적인 이해를 먼저 할 필요가 있다.

(3) 간단하게라도 개관해 보라. 예컨대 시험 칠 준비가 되어 있지 않거나 읽어 보지 아니한 것을 가지고 시험 같은 것을 쳐야 한다면 대략으로라도 훑어 보라. 개관은 정독만큼은 효과가 있는 것이 아니지만 그래도 아예 읽지 아니한 것보다는 훨씬 더 낫다.

II. 개관의 요령

1. 책/교재의 개관의 요령

읽으려는 책/교재를 반드시 전체적으로 개관해 보라. 당신은 책/교재의 전체를 먼저 개관해 봄으로써, 책이 무엇에 대한 것이며, 그리고 다루고 있는 주요 제목에 어떤 것들이 있는지를 알게 되며, 저자가 책을 쓴 목적을 알 수 있고, 그리고, 마지막으로, 책의 내용을 대충이나마 전체적으로 파악할 수 있기 때문에 정독을 해 갈 때 도움이 된다.

그런데 책을 훑어 읽어 보고 개관하는 것도 좀더 자세히 말하면 두 가지의 단계로 생각해 볼 수 있다.

하나는 전체를 '훑어 살펴보기'하는 것인데 여기서는 '이 책은 전체적으로 보아 무엇에 대한 것인가?'라는 질문을 해야 한다. 이것은 서점에서 신간서적을 훑어 보고 '무슨 책'인지를 확인해 내는 것과 같은 사전개관이다. 이렇게 '훑어 살펴보기'하면 그 글의 '제목' 같은 것도 생각해 낼 수 있다.

두 번째 단계의 개관은 '훑어 맛보기'라 부를 수 있을 것 같다. 여기서는 '이 책은 전체적으로 보아 어떤 내용의 것인가?'라는 질문을 해야 한다. 이러한 질문에서 책/교재의 중심내용 같은 것을 확인해 낼 수 있다.

'훑어 읽어 보고 개관'하는 실제의 요령으로는 첫 번째 단계의 질문을 하면서 책/교재의 전체를 넘겨보고, 다시 돌아와서 두 번째 단계의 질문을 하면서 이전보다는 조금만 더 자세하게 훑어 읽을 수도 있고, 아니면 두 단계의 질문을 동시에 하면서 읽을 수도 있다. 여기서 우리는 책/교재를 처음부터 끝까지 읽어 가는 횟수, 즉 통과의 횟수가 많을수록 이해가 더 잘 된다고 말하는 독서의 '중다 통과'(multiple passes)의 원칙을 주목할 수도 있다.

아래에서는 15분 내지 20분 정도면 할 수 있는 개관의 요령을 5단계로 나누어 제시한다.

(1) 제목(토픽)을 읽어라.

제목을 읽어 보고 교재가 어떤 내용을 다룰 것 같은지, 그리고 저자는 어떠한 접근법을 취할 것 같은지를 생각해 보라. 그리고 제재(subject matter, 題材)에 대하여 자신은 얼마나 많이 알고 있는지를 생각해 보라.

(2) 내용 목차를 읽어라.

어떤 제목들을 다루고 있는지를 살펴보고 그리고 이들이 제시되는 순서를 주목하라. 가능하다면, 좀더 시간이 걸려서라도, 다루고 있는 제목들의 관계뿐만 아니라 왜 그런 순서로 제시하고 있는지를 생각해 보라.

(3) 서문을 읽어라.

읽는 데 도움될 수 있는 정보가 있는지를 찾으면서 빠르게 읽어 보라. 유용한 정보가 있으면 조심스럽게 읽어라.

(4) 교재의 첫 장과 마지막 장을 들여다 보라.

대개의 교재에서는 첫 장에서는 다루는 주제를 상당히 자세하게 소개하고 있고, 그리고 마지막 장에서는 지금까지 제시했던 내용들을 요약하고 있거나 특히 강조하고 싶은 것을 제시하고 있다. 이들 두 장의 제목을 살펴보고, 그리고 도입 단락과 마지막 단락을 읽어 보라.

(5) 책장을 뒤적여 가면서 골라 읽는다.

띄엄띄엄 책장을 뒤적여 보면서 중요한 논점을 살펴보라. 특히 요약하고 있는 부분을 자세히 읽어 보는 것이 좋다.

책을 체계적으로 훑어 보는 것은 책을 능동적으로 읽게 만든다. 정신 차리고 주의를 기울이지 않으면 그렇게 할 수가 없다. 책을 훑어 읽을 때 당신은 책의 주제나 구성과 견해(입장)를 찾아내려는 탐정가가 되어야 한다.

2. 장(章)의 개관

한 개의 장을 개관하는 데는 대개 보아 5~10분 정도면 충분하다. 책을 이루고 있는 장을 정독하기 전에 먼저 장의 전체를 개관해 보면 다음과 같은 장점이 있다.

(ⅰ) 장의 조직을 전체적으로 이해할 수 있고,

(ⅱ) 주요 제목(토픽)과 이들이 제시되는 순서를 알 수 있고,

(ⅲ) 장을 이루고 있는 절들의 의미와 전체적인 관계를 알 수 있고,

(ⅳ) 장의 주제에 대하여 이미 알고 있는 바를 머리 속에서 재생하여 활성화해 볼 수 있다.

그리고 장의 내용을 개관할 때는 다음과 같은 여섯 개의 단계를 이용할 수가 있다.

(1) 제목을 읽어라.

제목은 장이 다루고 있는 주제를 말해 준다. 그 주제에 대하여 당신이 이미 알고 있는 바를 재생(기억)해 보면 새로운 재료를 이해하는 데 도움된다. 장이 무엇에 대한 것인지를 알려고 노력하라. '주제'

(theme)란 저자가 우리에게 '충고'하고 싶은 핵심내용을 말한다. 그러나 제목(토픽)이 반드시 주제인 것은 아니고 때로는 제재일 수도 있고 때로는 결론을 나타내 주는 단어 또는 구일 수도 있다.

(2) 장의 '도입'과 '목표'를 읽어라.

장에서는 학습목표를 서론으로 제시할 때가 많다. 이러한 정보들을 잘 읽어보면 각 장의 중심내용이 무엇인지를 미리 알 수 있다. 학습목표가 적혀 있지 않으면 훑어 보면서 첫 번째 문장을 읽든지 하여 목표를 나타내는 문장을 찾아보라. 학습목표를 찾았으면 거기에다 밑줄을 긋고 그것을 분명하게 기억토록 노력한다.

(3) 장의 요약을 읽어라.

장의 요약은 장에서 다룬 중요한 내용들을 간략하게 재진술하고 있다. 그러므로 '장의 요약'은 장을 사전에 개관하기 위하여 먼저 읽어 보아야 한다. 그러나 장을 모두 읽고 난 다음에는 이해를 최종적으로 체크하기 위하여 '요약' 부분을 다시 자세하게 읽어야 한다. '용어'를 정리한 것이나 '장의 질문' 같은 것도 요약의 구실을 할 수가 있다.

(4) 절의 제목과 하위 항목들을 모두 읽어라.

장은 몇 개의 절(節)로 이루어져 있다. 절의 제목과 기타 항(項)들은 대개가 고딕체로 되어 있는데 이들을 쭉 읽어 보면 중심내용과 이들의 제시 순서를 발견해 내기가 쉽다. 절과 항이 나누어져 있지 아니하면 각 단락의 첫째 문장을 읽어 보라.

(5) 시각적인 재료를 공부하라.

장에 포함되어 있는 도표, 그림 등의 시각적인 재료들을 모두 스터디(study)하라. 그러면 중심내용을 확인해 낼 수 있을 뿐만 아니라 그것들을 보다 더 깊게 이해할 수 있다.

(6) 이탤릭체로 되어 있거나 밑줄이 쳐져 있는 어휘(단어)에 동
    그라미 치든지 표시하라. 이들은 당신이 저자를 이해하는 데
    핵심적인 것이다. 그러므로 이들을 눈에 띄게 표시해 두면
    효과적이다.

III.   SQ3R 독서법

　　교재를 어떻게 읽을 것인가? 교재 전체나 장의 전체를 읽는 경우처
럼 읽을 분량이 많을 때는 분량이 적을 때보다 독서방법이 다소간 달라
질 것이다. 왜냐하면 분량이 많으면 먼저 읽었던 부분을 계속하여 기억
하기가 어려우며, 또한 전체적인 조직에 대한 이해를 하기가 쉽지 않기
때문일 것이다.

　　교재(교과서) 읽기 기술에는 Robinson의 SQ3R(서베이 Q3R, 1946;
1961), Farquhar & Krumboltz의 3S기법(Triple S, Farquhar & Krumboltz,
1960), Thomas & Robinson의 PQ4R(Thomas & Robinson, 1973) 및 Walter
& Sibert의 SQ4R(Walter & Sibert, 1981) 등이 있지만 이들 가운데서도
Robinson SQ3R이 가장 기본적이며 기타의 대부분은 이를 다소간에 변
형시킨 것이라 말할 수 있다. 아래에서는 SQ3R 독서법을 중심으로 교
재/장의 독서의 방법을 알아본다.

　　SQ3R 독서법(서베이 Q3R 독서법, Robinson, 1946; 1961)은 책/교재
전체나 장의 전체를 읽는 경우에서처럼 독서 분량이 많을 때 특히 효과
적인 독서방법이다. 왜냐하면 이 독서법은 교육 심리학 분야의 중요한
관련의 실험들을 분석하여 새로운 독서방법을 개발하는 데 적용했기

때문이다.

주로 분석하고 활용한 실험들은 (ⅰ) 중요한 요점을 선별하고 이해하는 기술 및 (ⅱ) 망각을 지연시키는 방법의 두 가지 유목으로 나누어볼 수 있다. '중요한 요점을 선별하고 이해하는 기술'에서는 대충 읽는 시독(試讀)의 가치, 사전 질문이 지니는 가치 및 개요와 기타 관련기법들의 가치를 중요시하고 있다. 그리고 '망각을 지연시키는 방법'으로는 흥미와 기억하려는 의도, 주요 구절과 핵심구절의 선택, 암송(recital) 및 분산학습의 가치 등을 강조하고 있다(김영채, 1983). 다시 말하면 SQ3R 독서법은 이러한 실험결과들을 최선으로 반영하고 있다. 보다 구체적으로 보면 이 독서법은 사전개관하고, 적극적으로 질문하고, 그리고 요약하고 복습하는 독서 활동을 근간으로 하고 있다. 독자는 텍스트를 훑어 읽어 사전개관해 봄으로써 읽으려는 내용에 대하여 예측을 해보게 하고, 제목(토픽)에 대한 질문을 생성해 봄으로써 독서를 하는 목표를 확인해 보게 하며, 그리고 생성한 질문에 대한 해답을 탐색해 보게 함으로써 독서를 적극적으로 하게 만든다. 그리고 요약을 해 봄으로써 이해를 감시조정하며, 그리고 복습 활동을 통하여 자신의 이해를 평가할 수 있다.

1. 내   용

여기서는 SQ3R 독서법의 개관적인 내용과 이를 부연 설명하는 내용을 나누어 제시해 본다. 이들은 각기 〈표 4-1〉과 〈표 4-2〉와 같다.

〈표 4-1〉에서 제시하고 있는 바와 같은 SQ3R 독서법은 조심스럽게 배우고 가르쳐야 한다. 왜냐하면 지금까지 해 오던 독서습관이 SQ3R 독서법이 요구하는 새로운 방법을 쉽게 간섭할 수 있기 때문이다. 〈표 4-2〉는 SQ3R 독서법을 익혀 갈 때 참고가 될 수 있는 구체적인 요령들을 정리한 것이다.

표 4-1	SQ3R 독서법의 5단계

개관(S) 1. 읽으려는 장(章) 속에 있는 제목들은 훑어 읽으면서 전개될 몇 개의 핵심내용들을 찾아본다. 1분 이상 걸리면 안 되고 3~6 개의 핵심내용을 찾아낸다. 만약 그것이 마지막에 있는 요약 하는 장이라면, 거기에는 이미 앞에서 전개한 내용들을 나열 하고 있을 것이다. 이것을 미리 개관해 보면 정독을 하면서 내용들을 조직화하는 데 도움될 것이다.

질문(Q) 2. 이제 읽기 시작한다. 첫 번째 제목을 의문형으로 바꾼다. 그 렇게 하면 호기심이 생기고 그래서 이해도 향상될 것이다. 그렇게 하면 이미 알고 있던 정보도 머리 속에 떠오르게 되 기 때문에 장의 내용을 보다 빠르게 이해할 수 있을 것이다. 또한 중요한 내용들이 두드러질 수 있게 만들 것이다. 제목 을 의문형으로 바꾸는 것은 바로 쉽게 할 수가 있다. 그리고 질문에 대한 대답을 찾으면서 독서하려면 독자는 의식적인 노력을 해야 한다.

읽기(R) 3. 앞에서 제기한 질문에 대답하기 위하여 장을 정독한다. 다 시 말하면 첫 번째 제목을 의문형으로 바꾼 것에 대한 대답 을 찾으면서 읽는다. 이것은 수동적으로 한줄 한줄을 그냥 지나가는 것이 아니라 적극적으로 대답을 탐색하는 독서이 어야 한다.

암송(R) 4. 첫 번째 절을 모두 읽었으면 이제 책에서 눈을 떼고 당신이 제기했던 질문에 대한 대답을 암송해 본다(낮게 소리 내면서 좀 자세하게 말로 해 본다). 자신의 단어를 사용하고 보기도 들어 보라. 만약 그렇게 할 수 있다면, 당신은 책에 있는 것을 알 게 된 것이다. 만약 책을 보지 않고 그렇게 암송할 수 없다면 읽었던 절을 다시 훑어 읽어 보라. 기억에서 암송을 해 내는 한 가지의 효과적인 방법은 '단서 되는 구'들을 개요의 형태 로 종이 위에다 적어 보는 것이다. 개요는 요점만 적어서 간 단해야 한다.

앞서의 단계 2, 3 및 4를 다음에서 계속되는 각각의 절을 가지고도 반복하라. 다시 말하면, 다음의 절의 제목을 의문형으로 바꾸고, 이 질문에 대답하기 위하여 적극적으로 읽고, 그리고 개요의 형태로 '단서의 구'들을 요점으로 적으면서 질문에 대한 대답을 암송한다. 이런 방식으로 전체 단원이 끝날 때까지 읽기를 계속한다.

복습(R) 5. 이렇게 하여 장의 절들을 모두 읽고 나면, 노트를 들여다 보고 요점 사항과 이들의 상호관계에 대하여 전체적인 이해를 해야 한다. 그리고 각 제목에 달린 주요한 하위사항들을 암송해 봄으로써 내용에 대한 기억을 체크해야 한다. 기억을 체크할 때는 노트를 덮어 놓고 핵심사항을 회상하여 암송해 보는 식으로 할 수가 있다. 그리고는 각각의 중심사항을 들여다 보면서 그 밑에 나열되어 있는 하위사항들을 연결(관련)시켜 기억해 보아야 한다.

표 4-2   **SQ3R 독서법의 구체적인 요령**

(1) S(개관)와 관련하여: 훑어 읽는 개관은 1분 정도로 짧게 해야 한다. 많은 학생들은 책을 잡으면 처음부터 밑줄 그으며 열심히 정독하는 나쁜 습관을 가지고 있다. 개관을 할 때는 '제목'(토픽)들을 들여다 보고 단원(장)이 무엇에 대한 것인지를 짐작해 보려는 의식적인 노력을 해야 한다. 연습을 할 때는 친근한 토픽을 다루고 있는 읽을거리를 사용한다(예컨대, 신문, 일반잡지, 이전에 읽었던 교재 등). 그런 다음 '절'들을 훑어 읽으면서 어떤 이야기를 하고 있는지에 대하여 추측을 해 본다. 그리고 추측을 얼마나 잘 했는지를 체크해 본다.

(2) Q(질문)및 R(읽기)과 관련하여: 제목(토픽)을 '질문'으로 바꾸는 것은 읽으려는 재료에 스스로를 집중시키고자 하는 의식적인 노력이여야 한다. 독자는 '무엇을' 알기 위하여 하는 독서인지를 분명하게 의식해야지 한 줄씩 그냥 수동적으로 읽어서는 안 된다. 소설을 읽는 습관으로 학습교재를 읽으면 문제가 생긴다. 소설은 그냥 여흥적인 재

미로 읽거나 또는 시간을 보내거나 근심 걱정을 잊기 위하여 읽는다. 소설의 내용은 쉽게 이해되고, 쉽게 기억되고, 그리고 무의식적으로도 조직화되는 경향이 있다. 그러나 전문서적이나 학습교재의 경우는 다르다. 독자는 자기가 무엇을 찾고 있는지를 알아야 하고, 그것을 실제로 찾아야 하고, 그리고 읽었던 제목에 대하여 가지게 되는 자신의 생각을 조직화해야 한다.

(3) R(암송)과 관련하여: 읽기를 시작하면 빠르게 읽기를 계속해 가고 싶은 경향이 있다. 그러나 우리는 각 절의 끝에 가서는 멈추어서 그 절을 읽기 시작할 때 물었던 질문에 대하여 대답할 수 있는지를 확인해야 한다. 그렇게 하면 이해를 체크할 수 있을 뿐만 아니라 기억이 더 잘 된다. 그리고 적극적이고 탐구적인 자세로 독서할 것을 스스로에게 격려할 수가 있다. 자기 암송은 대답을 정신적으로 복습해서 할 수도 있고 그것을 노트에다 적으면서 할 수도 있다. 그러나 노트에 적어 보면서 이와 동시에 암송하는 것이 보다 효과적이다. 암송을 위한 노트를 하는 요령은 다음과 같다:

첫째, 전체의 절을 모두 읽을 때까지는 노트하지 아니하고,

둘째, 노트는 책을 보고 하는 것이 아니라 기억을 회상하면서 해야 하며, 그리고,

마지막은, 노트는 책을 베끼는 것이 아니라 독자 자신의 말(단어)로 간단하게 해야 한다는 것이다. 암송 노트는 어떤 내용이 포함되어 있는지를 알 수 있을 정도로 단서되는 단어와 구만을 사용하여 간단히 만든다.

(4) R(복습)과 관련하여: 독서를 끝낸 바로 다음에 하는 복습은 대개 보아 5분 이내로 짧아야 한다. 이것은 전체를 다시 읽는 재독(再讀)보다는 확실히 시간이 적게 걸린다. 개요한 것을 들여다 보고 전체적인 그림을 그릴 수 있어야 하지만 복습의 목적은 여기에 한정되지 아니한다. 복습은 망각을 방지하는 데도 중요한 몫을 한다.

2. 지도요령

다음에 제시하고 있는 〈표 4-3〉은 학생들에게 이 독서법을 구체적으로 지도하거나 사용할 때의 요령들을 정리한 것이다.

표 4-3	SQ3R 독서법의 지도요령

(1) 처음 연습할 때는 쉬운 텍스트를 가지고 두 명씩 짝을 지어서 한다. 먼저 사용요령을 설명하고 이를 분명하게 이해할 수 있게 되면 그때부터는 개별적으로 연습한다.

　가. 개관(Survey) – 읽으려는 텍스트를 개관한다.

　　• 글의 제목(토픽)에 대하여 생각해 보라.

　　　– 이 제목(토픽)에 대하여 내가 알고 있는 것은 무엇인가?

　　　– 알고 싶은 것은 무엇인가?

　　• 하위항목의 제목들을 훑어 읽어보라/만약에 그러한 하위제목들이 없으면 각 단락의 첫째 문장을 대충 훑어 읽어 보라.

　　• 도표와 그래픽들을 들여다 보라.

　　• 마지막 단락 또는 '요약'을 읽어보라/장의 경우는 '서론'과 '요약'을 반드시 읽는다.

　나. 질문(Question) – 제목(토픽)을 질문으로 바꾼다.

　　• 글의 제목(토픽)을 질문으로 바꾸어 보라.

　　　– 이 질문은 바로 당신이 이 글을 읽는 목적이 된다.

　　• 개관을 할 때 어떤 질문이 머리 속에 떠올랐다면 그것도 노트해 두라.

　　• 하위항목의 제목(토픽)도 질문으로 바꾸어 보라.

　　• 도표나 그래픽을 질문으로 바꾸어 보라.

　　• 생소한 단어를 적어보고 이들의 의미를 짐작해 보라.

　다. 읽기(Read) – 적극적으로 읽는다.

　　• 질문에 대한 대답을 찾으면서 읽는다.

　　• 의미가 분명하지 아니한 진술이나 단락에 대하여서는 추가적

인 질문을 해 보라.

- 생소한 단어에 대하여서는 그것의 앞뒤에 있을 수 있는 맥락 단서를 사용하여 의미를 짐작해 보라.

라. 암송(Recite) – 읽은 것을 되뇌어 생각하고 이야기해 본다.

- 텍스트를 눈으로 들여다 보지 아니하고 읽었던 내용을 되뇌어 말해 보라.
- 질문에 대한 대답을 소리 내어 말하거나 글로 써 보라.
- 질문에 대하여 대답을 하지 않았거나, 하지 못한 것이 있으면 다시 읽어 보라.
  - 첫 번째 절에서 제기했던 질문에 대하여 찾아낸 대답을 암송해 본다. 제대로 이해가 되었으면 이제는 다음의 절에서 제목(토픽)을 질문으로 바꾸고 —— 이에 대한 대답을 찾고 —— 찾아낸 대답을 암송해 보는 과정을 다시 거친다. 나머지 모든 절에 대하여서도 같은 Q–R–R의 과정을 거치면서 독서한다.

마. 복습(Review) – 전체적인 내용을 복습한다. 요점들을 체크하고 이들의 전체적인 조직이 파악될 수 있게 복습한다.

- 글의 제목을 질문으로 바꾸면 그것은 글을 읽는 목적이 된다고 하였다.
- 대답한 것과 글의 이곳 저곳을 다시 두루 살펴보면서 알게 된 정보들을 전체적으로 조직화해 보라.
- 중심내용과 세부내용을 연결하는 시각적인 그래픽을 그려보라. 그리고 요약의 글을 써 보라.
- 텍스트를 읽고 난 다음의 소감을 소집단으로 나누어 협의해 보고 당신의 생활과는 어떻게 관련되는지를 말해 보라.

특히 책/교재를 읽거나 분량이 적지 아니한 장(章)을 읽을 때는 우선 전체가 무엇에 대한 것이며 대략적인 내용은 어떤 것인지에 대하여 감(感)을 가져야 한다. 그러면 이것이 선행조직자가 되어 부분

들의 내용들이 보다 쉽게 연결되어 이해될 수 있다. 이것이 바로 독자가 전체를 훑어 읽어 보고 사전개관하는 목적이다. 훑어 읽기는 '이 책/교재는 전체적으로 무엇에 대한 것인가?'라고 질문하면서 '훑어 살펴보기' 할 수도 있고, 이에서 더 나아가 '이 책은 전체적으로 보아 어떤 내용의 것인가?'를 물으면서 '훑어 맛보기' 할 수도 있다. 책 전체를 개관할 때는 제목(토픽), 목차 및 서문을 읽는다. 그리고 첫 장과 마지막 장을 들여다 본다. 한 개의 장을 개관해 볼 때는 제목, 장의 '도입'과 '목표'를 읽고 그리고 장의 요약을 읽는다. 하위항목들도 모두 읽고 그림이나 도표 등도 공부해야 한다.

지금까지 개발되어 있는 몇 가지의 독서법 가운데 가장 대표적인 것은 SQ3R 독서법(서베이 Q3R 독서법)이다. 이는 책/교재나 장 전체를 읽을 때처럼 분량이 많을 때 특히 효과적인 독서방법이다. 그리고 이 독서법은 '중요한 요점을 선별하고 이해하는 기술'과 '망각을 지연시키는 방법' 등을 강조하기 위하여 독서를 할 때 사전개관하고, 적극적으로 질문을 하고 거기에 대한 대답을 찾으면서 읽고, 그리고 요약하고 복습하는 독서 활동이 뼈대를 이루고 있다. SQ3R은 차례대로 S(서베이, Survey), Q(질문), R(읽기), R(암송) 및 R(복습)을 나타내는 약성어이다.

텍스트의 이해전략

텍스트의 이해전략

이 장에서는 텍스트의 이해를 위한 전략을 다룬다. 먼저 독서의 일반적인 원칙을 알아본다. 다음으로 텍스트의 조직형태를 중심내용을 나타내는 중심문장의 위치에 따라 분석해 본 다음 텍스트 이해를 위한 핵심적인 '바른 질문'을 상세하게 음미해 볼 것이다. 이들 '바른 질문'은 제목, 중심내용(요지) 및 뒷받침하는 세부내용(근거, 증거, 이유)을 찾는 것이기 때문에 거시구조적 이해를 위한 핵심적인 질문이 된다.

I. 이해의 일반적 전략

텍스트의 내용을 깊게 이해할 수 있으려면 그 텍스트를 쓴 저자의 생각에 접근하고, 그것을 자신의 것으로 내면화하고, 그래서 저자가 가졌던 생각과 비슷한 생각을 가질 수 있어야 한다. 텍스트를 이해하기 위한 여러 가지 방법(사고방법)들을 통칭하여 우리는 이해전략(com-prehension strategies)이라 부른다. 그러나 우리의 '사고', '사고방법'은 복합적이고 더욱이 우리들 자신의 머리 속에서 일어나는 것이기 때문에 이해 전략이 몇 개가 되는지에 대하여서는 사람따라 의견이 상당히 다를 수 있을 것이다.

그리고 독자가 어떤 텍스트(글)를 읽을 때 이들 이해전략 가운데 어느 것을 집중해서 사용할 것인지를 아는 것은 간단해 보이지 아니한다. 이론적으로 보면 이해전략의 선택은 텍스트의 내용/성질과 독자 자신의 능력, 수준, 독서 목표/요구 등을 모두 고려해야 한다. 그리고 실제에서 보면 텍스트와 자신의 독서목표에 맞는 이해전략을 사용할 줄 알아야 한다. 그리고 적절한 전략을 자동적으로 선택하여 사용할 수 있으려면 각기의 이해전략을 반복하여 연습해야 한다.

1. 이해를 위한 일반적 원리와 지도

(1) 일반적인 독서원리

우선 거의 모든 텍스트에서 사용할 수 있는 이해전략의 일반적인 원리들을 몇 가지로 정리해 보면 다음과 같다(Cunningham & Allington, 2003).

(ⅰ) 관련된 배경지식(이전의 사전지식)을 활성화시키고 이를 읽으려는 독서재료에 관련(연결)시킨다.

(ⅱ) 무엇을 배우게 되며 그리고 무엇이 일어날 것 같은지를 예상해 본다.

(ⅲ) 내용을 머리 속에서 '심상'(정신적인 그림)으로 그림을 그려 본다.

(ⅳ) 읽으면서 이해가 되는지를 스스로 감시·추적하고 필요한 경우 바로 잡아 교정한다.

(ⅴ) 문제가 생기면 이를 해결해 가는 전략을 사용한다. 예컨대

읽어도 무슨 뜻인지 알 수가 없을 때는 다시 독서하거나, 시각적인 그래픽을 그려 보거나, 또는 남의(선생님이나 친구 등) 도움을 요청할 줄 안다.

(vi) 중요한 내용들을 찾아내고 이들이 서로 어떻게 연결(관련)되어 있는지를 확인한다.

(vii) 지금까지 읽은 것을 기초하여 어떤 결론을 내려보거나 논리적인 추론을 해 본다.

(viii) 자기의 마음에서 '어떤 생각이 드는 지를' 정리해 본다. 좋아하는가, 동의하는가, 재미있었는가, 그것이 정말로 일어날 수 있을까? 등을 물어본다.

(ix) 읽은 것을 이미 알고 있는 것과 비교/대조해 본다.

(x) 읽은 내용을 요약해 본다.

(2) 특수한 텍스트에 따른 독서원리

앞에서 익힌 이해전략들은 어떠한 텍스트를 읽든 간에 적용될 수 있는 '일반적인' 것들이다. 그러나 텍스트에 따라 특별히 요구되는 독서의 원리에는 다시 몇 가지가 있는데 이들을 정리해 보면 다음과 같다:

(i) 비유적인 언어를 이해하고 그것을 사용하여 분명한 이미지(image)를 만들어 본다(예, 문학작품을 읽을 때).

(ii) 이야기의 구성(줄거리)을 따라가 보고 누구에게 무슨 일이 왜 일어났는지를 생각해 본다(예, 소설이나 역사물을 읽을 때).

(iii) 주인공의 성격을 파악하고 주인공이 왜 그런 행동을 했는지를 생각해 본다(예, 서사문이나 사건 보고서 등을 읽을 때).

(iv) 도표, 그림, 지도 및 기타 시각적인 재료에서 여러 가지의 정보들을 추출해 낸다(예, 과학 잡지를 읽을 때).

(ⅴ) 저자가 객관적인지 또는 어떤 편견을 가지고 있는지를 확
인해 본다(예, 연구보고서나 사업계획서를 읽을 때).

2. 읽기의 활동과 지도

독서 지도를 계획할 때는 학생들이 지금 읽고 있는 텍스트를 이해
하는 것 뿐만 아니라 자기 혼자서 독서를 할 때도 더 나은 ── 보다
전략적인 ── 독자가 되게 하는 데 도움이 될 수 있는 이해전략을 선
택해서 사용해야 한다.

독서 지도는 학생들이 읽기를 시작하기 전에 하는 지도(독서 전 지
도), 읽는 도중에 하는 지도(독서 중 지도) 및 읽기를 마치고 난 다음에
하는 지도(독서 후 지도) 등으로 나누어 볼 수 있다. 독서 전 지도에는
시범을 보여 주는 모델링(modeling), 예시, 설명, 소리 내어 생각하기
및 가능한 한 많은 생각을 해 보게 하는 브레인스토밍 기법
(brainstorming) 등이 있다. 텍스트가 어렵거나 이해가 잘 안 되면 독서
중에도 도움을 주는 지도가 필요하고, 그리고 독서를 마친 다음에는 추
수적인 지도를 할 수 있어야 한다. 독서 지도에는 다양한 유형의 이해
전략을 사용해야 하는데 거기에는 적어도 세 가지의 이유가 있다.

(1) 이해란 텍스트의 의미를 효과적으로 구성하기 위한 '사고'이며,
그리고 사고에는 많은 복합적인 과정(過程)들이 포함되어 있다.
이러한 다양한 사고(사고방법, 사고기능)들을 모두 한꺼번에 가
르칠 수는 없다.
(2) 텍스트는 논설문과 서사문(이야기 글)으로 대별해 볼 수 있다(3
장 참고). 그리고 이들을 이해하는 데는 각기 상이한 종류의 이
해 전략이 요구된다.
(3) 학생들은 서로 여러 면으로 다르며, 그래서 재미있어 하거나

주의를 기울려 쉽게 이해하는 독서재료도 여러 면으로 다를 수 있다. 본서에서는 이해를 위한 독서 지도를 '논설문의 지도'와 '서사문(이야기 글)의 지도' 등으로 나누어 상세하게 설명한다 (각기 7장과 8장 참고).

II. 텍스트의 조직형태와 이해전략

여기서는 하나의 단락, 몇 개의 단락, 또는 장(章)이나 절(節)의 텍스트(글)를 거시 구조적으로 이해하는 핵심적인 전략/요령을 알아본다. 텍스트를 읽을 때는 먼저 '단락'을 이해하는 데 집중해야 하고, 다음으로 이보다 더 긴 절의 내용을 이해할 수 있어야 한다. 그러면 어떠한 길이의 텍스트라도 쉽게 전체적으로 이해할 수가 있다. 장(章)은 몇 개의 절(節)로 이루어져 있고 절은 다시 몇 개의 단락으로 구성되어 있기 때문이다.

1. 텍스트의 조직형태

텍스트는 어떤 '주제'(theme)를 가지고 있으며 그 주제에 대한 '중심내용'(핵심 아이디어, main idea)과 이것을 '뒷받침하는 세부내용' (supporting materials)으로 이루어져 있다. 이런 의미에서 보면 텍스트란 하나의 정보 꾸러미(information package)라 말할 수 있다.

그러나 한 개의 단락이 아니라 몇 개의 단락으로 이루어져 있는 글에서는(보다 긴 절이나 장) '중심내용'은 다시 몇 개의 '하위 중심내용' (submain idea)으로 나누어진다. 그리고 각각의 하위 중심내용들은 다시 자신의 '중심내용'을 가지고 있고 그리고 거기에 대하여 '뒷받침하는 세부내용'이 제시되는 형태로 조직되어 있다. 그러므로 '하위 중심내

표 5-1	텍스트의 조직형태

제 목

Ⅰ. 중심내용(가장 추상적이고, 일반적인)

　　1. 하위 중심내용(1) (보다 구체적인)

　　　(1) 뒷받침하는 재료/세부내용(가장 구체적인)

　　　(2) …

　　　　　·

　　　　　·

　　　　　·

　　2. 하위 중심내용(2)

　　　(1) …

　　　　　·

　　　　　·

　　　　　·

Ⅱ. 중심내용

　　1. 하위 중심내용(1)

　　　　　·

　　　　　·

　　　　　·

─────────────────────────

* '중심내용'은 전체 텍스트에서 핵심적인 내용(아이디어)이다.

용'들은 전체의 중심내용을 뒷받침하는 1차적인 세부내용이고, 하위 중심내용을 뒷받침하는 세부내용은 전체의 중심내용의 2차적인 세부내용이 된다. 조직형태는 〈표 5-1〉과 같이 시각화해 볼 수 있다.

　이제 텍스트의 조직형태를 아래와 같이 좀더 자세하게 정리해 볼 수도 있다. 그러나 여기에서 다루는 '텍스트'는 '논설문'이며 '이야기글'(서사문)은 3장의 Ⅲ절과 8장에서 별도로 다룬다.

(1) 1개 단락의 글은 대개가 '제목-중심내용-뒷받침하는 세부내용'으로 조직되어 있다. 반면에 몇 개 단락의 글 또는 절의 내용은 '제목-중심내용-하위 중심내용-뒷받침하는 세부내용'으로 조직되어 있다.

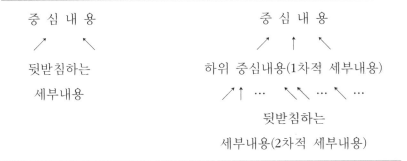

(2) 논증문(주장문)의 경우는 '중심내용'은 '결론'(주장)이고 '하위 중심내용'과 이를 '뒷받침하는 세부내용'은 모두가 그러한 '주장'(결론)을 뒷받침하는 내용(증거, 근거, 전재)들이다. 다만 '하위 중심내용'은 직접적으로 주장을 뒷받침하고 있는 '세부내용'인 반면에 '뒷받침하는 세부내용'은 이러한 '직접적인 세부내용'를 다시 뒷받침하는 2차적인 것이다.

(3) 논설문 가운데서도 설명문의 경우는 '중심내용'은 '핵심'(요지, gist)이고, '하위 중심내용'과 '뒷받침하는 세부내용'들은 모두가 '핵심내용'에 관련한 주요 내용들이다. 그러나 '하위 중심내용'은 '핵심'에 1차적으로 관련되어 있는데 대하여 이를 '뒷받침하는 세부내용'은 다시 각기의 '하위 중심내용'에 관련되어 있다. 〈표 5-2〉에서는 텍스트의 조직형태에 대한 보기도 같이 제시하고 있다.

| 표 5-2 | 텍스트의 조직형태의 예시 |

개 요	보 기

Ⅰ. 중심내용
 	
  1. 하위 중심내용
    (1) 뒷받침하는
        세부내용
        …
  2. 하위 중심내용
    (1) 뒷받침하는
        세부내용
        …
	• 공부를 잘 하려면 두 가지 유형의 어휘를 익혀야 한다.
	  – 이들 가운데 하나는 전문적인 어휘이다.
	    · 생물공부를 하는 데는 DNA가 무슨 뜻인지를 알아야 한다.
	  – 일반적인 어휘도 개발해야 한다.
	    · 누군가가 당신을 '비범한' 사람이라 부른다면 '비범한'이 무슨 의미인지를 알 필요가 있다.

Ⅱ. 중심내용
  1. 하위 중심내용
    (1) 뒷받침하는
        세부내용
    (2)
    (3)
 	
  2. 하위 중심내용
	• 그런데 이들 두 가지 유형의 어휘를 익힐 수 있는 방법이 필요하다.
	  – 아주 비효과적인 한 가지 방법은 건성으로 읽거나 흘려듣는 것이다.
	    · 효과적인 어휘 학습방법에는 다음과 같은 3단계를 이용한다.
	    · 의미를 잘 모르는 단어를 의식적으로 찾아본다.
	        …

(연습문제 1) : 다음의 각 묶음에는 1개의 제목, 1개의 중심내용, 및 2개의 세부내용(근거, 증거, 이유)이 나열되어 있다. 각기를 확인해 보라.

묶음 1:

_____ a. 강아지는 어릴수록 시간과 정성이 더 많이 요구되므로 나이를 고려해 보라.

_____ b. 개 선택하기.

_____ c. 개를 선택할 때는 고려해 보아야 할 몇 가지의 요소가 있다.

_____ d. 개가 다 자랐을 때의 몸집의 크기도 중요하다.

묶음 2:

_____ a. 첫째 단계는 알코올을 해독시키는 것이다.

_____ b. 알코올 중독의 성공적 치료

_____ c. 마지막으로 알코올 중독자 치료 모임에 참가하는 것도 큰 도움이 될 수 있다.

_____ d. 알코올 중독을 성공적으로 치료하는 데는 몇 개의 단계가 있다.

묶음 3:

_____ a. 카탈로그로 쇼핑하는 것은 백화점에 가서 쇼핑하는 것만큼 만족스럽지 못하다.

_____ b. 물건을 싸기 전에 실물을 볼 수가 없다.

_____ c. 카탈로그로 쇼핑하는 것과 백화점에서 쇼핑하는 것을 비교해 보면 어떨까?

_____ d. 카탈로그로 판매하는 사람들은 자기가 팔고 있는 상품도 잘 모르는 것 같다.

묶음 4:

_____ a. 나는 축구선수가 되고 싶다.

_____ b. 몸도 튼튼해져서 좋다.

_____ c. 축구를 하면 기분이 좋다.

_____ d. 나의 소망

(연습문제 2) : 다음에 있는 3개의 단락들이 서로 어떻게 관련되어
있는지를 '중심내용'과 '하위 중심내용'에 따라 분석해 보라.

(1) 과학 문명의 발달로 우리는 풍부한 자연자원을 손쉽게 이용할 수
있게 되었다. 그러나 급속한 자연자원의 이용은 자연 파괴를 가
속화시켰으며, 그 결과가 인류의 생존을 위협할 정도에 이르렀
다. 모든 문명의 이기(利器)와 시설로부터 나오는 각종 폐기물은
지구상의 생태계(生態系)를 위협하는 오염원(汚染源)이 되고 있다.

(2) 인구의 급증과 그로 인한 생필품 등의 수요 급증은 산업시설의
확충을 가져왔다. 그런데 산업 시설의 확충은 결과적으로 수질
오염의 한 원인이 되고 있다. 산업시설에서 배출되는 폐유, 폐
수 등과 대도시에서 배출되는 생활 하수에 섞인 독성 물질은 수
중 생물을 거쳐, 결국은 인간의 체 내에 축점됨으로써 사람에게
해를 입히게 된다.

(3) 산업단지의 대기 속에는 인체에 해로운 대기 오염원이 섞여 있
다. 이러한 대기 오염원은 동물체에 호흡기 질환, 안(眼) 질환,
피부 질환 및 암을 유발시키고, 식물체에는 개화기와 결실기에
피해를 준다. 그뿐만 아니라, 철, 시멘트 등의 시설물을 부각시
키고, 악취를 내기도 한다.

* 연습문제 1에 있는 묶음 1, 2, 3 및 4를 차례대로 보면 '제목'은 각기
b, b, c 및 d이고, 중심내용은 각기 c, d, a, 및 a이다. 그리고 나머지
는 모두가 세부내용들이다.
연습문제 2의 텍스트(글)에서는 단락(1)에서 추론해 볼 수 있을 중심내용
은 '문명의 이기와 시설로부터 나오는 각종 폐기물이 심각한 오염원이
산업시설의 확충으로 수질오염이 되고 있다'이며 단락 (3)의 중심내용은
'산업단지의 대기 속에 대기 오염원이 섞여 있다'는 것이다. 그리고 단
락 (2)와 단락 (3)의 중심내용은 단락 (1)의 중심내용을 보다 자세하게
설명해 주는 것이기 때문에(즉 오염원을 일으키는 문명의 이기와 시설을
보다 세부적으로 산업 시설의 확충과 산업단지의 대기로 구체화하고 있
다). 이들은 결국 단락 (1)의 하위 중심내용이 될 것이다. 그러므로 이

텍스트(글)은 전체적으로 보아 중심내용–하위 중심내용–뒷받침하는 세부내용의 조직을 보이는 셈이다.

2. 이해를 위한 '바른 질문'

먼저 전체가 '무엇에 대하여' 어떤 식으로 조직되어 있는지를 알아보기 위하여 개략적으로 훑어 읽으라. 읽을거리가 한 단락이든, 한 절이든, 또는 한 장 전체이든 상관없이 언제나 전체를 개관(미리 읽어보기)해 보라. 책/교재 전체나 장을 어떻게 개관하며 왜 개관해 보아야 하는지에 대하여서는 4장에서 이미 알아보았다.

읽을거리를 훑어 읽어 전체의 조직을 파악할 수 있으면, 이제 부터는 글을 자세하게 정독(精讀)해야 한다. 정독을 할 때는 글을 깊게 이해할 수 있기 위하여 다음과 같은 '바른 질문'을 차례대로 제기하고 거기에 대한 대답을 찾아야 한다. 그런 다음, 발견한 '대답'을 가지고 전체를 다시 복습해야 하며 이를 위해서는 글의 내용과 독서목적에 적합한 방법을 선택하여 사용한다(7장과 8장 참고). 이해를 위한 핵심적인 '바른 질문'은 다음과 같다.

(1) 이 글은 무엇에(누구에) 대한 것인가?

　　– 제목(토픽)을 찾는다.

(2) 중심내용은 무엇인가? 저자가 당신에게 정말로 말하고 싶어하는 것은 무엇인가? 핵심(요지)은 무엇인가?

　　– 중심내용을 찾는다.
　　이것은 논설문(논증문과 설명문)의 경우는 '결론'(주장)을 찾는 것이고, 서사문(이야기 글)의 경우는 핵심내용(요지)을 찾는 것이다.

- 논설문의 경우는 '결론'(주장)을 찾아 낸 다음에 이를 기초하여 '이슈'(논점)를 찾는다. 이 논설문은 어떤 '이슈'에 대한 것인가? 어떤 '이슈'를 다루고 있는가?

- 서사문(이야기 글)의 경우는 핵심내용(요지)을 찾는다고 하였다. 핵심내용(요지)은 이야기의 발단(어떤 문제·갈등이 생겼는가?), 사건이 전개된 줄거리 및 결과(엔딩)들을 요약한 것이다.

(3) 뒷받침하는 세부내용(근거)은 무엇인가?

- 논설문의 경우는 뒷받침하는 이유(증거, 근거, 전제)를 찾는다. 서사문(이야기 글)의 경우는 '주요 관련내용'을 확인해 낸다.

(4) 적절한 '복습'의 방법은 무엇인가?

- 시각적인 그래픽 중에는 어떤 것이 적합한가?
- '독서 후 대화'의 방법은?
- 복습의 구체적인 방법은?

이들과 관련된 구체적인 방법은 7장과 8장에서 자세히 다루고 있다. 이러한 방법을 통하여 독자는 글의 내용을 구조적으로 깊게 이해할 수 있을 뿐만 아니라 저자가 그 글을 쓴 의도(목적), 자세, 감정, 편견 등도 확인해 낼 수가 있어야 한다.

III. 바른 질문과 핵심이해 전략

1. '제목' 찾기

첫 번째 질문인 '이 글은 무엇에(누구에) 대한 것인가?'는 바로 글의 제목(토픽)을 찾는 것이다. 텍스트(글)는 언제나 '무엇에 대한' 것이다. 제목을 찾기 위해서는 글의 전체를 조심스럽게 '개관' 해 보아야 한다.

제목은 글이 무엇에 대한 것인가, 다시 말하면 그 글이 어떤 주제 또는 어떤 제재(題材, subject)에 대한 것인지를 말해 준다. 그리고 대개의 경우, 제목은 한 개의 단어, 몇 개의 단어 또는 하나의 구로 표현할 수 있다. 그러나 강조하기 위하여 완전문장을 사용하는 경우도 간혹은 있다.

(1) 독자가 발견하는 제목은 저자가 써놓은 것과는 얼마든지 다를 수 있다. 그리고 한 가지가 아니라 여러 가지의 제목(토픽)이 가능할 수 있다.

(2) 어떤 제목을 부칠 것인가? '좋은 제목'일수록 텍스트의 내용을 보다 쉽게 짐작해 볼 수 있게 해 준다.

(연습문제 1) : 다음의 각기에는 일반적인 제목 1개와 그러한 제목에 속하는 구체적 내용 4개가 나열되어 있다. 각기에서 일반적인 제목이 될 수 있는 것을 골라 보라.

(i) 깡통, 병, 용기, 항아리, 가방
(ii) 공포, 과학픽션, 영화, 코메디, 탐정소설

(iii) 현미경, 망원경, 쌍안경, 확대경, 줌렌즈

(연습문제 2) : 다음의 각기에는 일반적인 제목의 한 부분을 이루고 있는 세부내용들이 나열되어 있다. 각 리스트에 대한 제목으로 적절한 것은?

(ⅰ) 제목: _____

해머, 톱, 송곳, 집게

(ⅱ) 제목: _____

가솔린, 석탄, 알코올, 나무

(ⅲ) 제목: _____

코미디언, 배우, 마술사, 어릿광대

(연습문제 3) : 다음의 4개 글의 각기에 대하여 제목을 붙여 보라. 가능하면 몇 개를 적어 보고 가장 그럴 듯한 것을 골라 보라.

(ⅰ) 병을 치료할 때 의사는 하얀 가운을 입는다. 공장에서 일하는 사람들은 작업복을 입는다. 학생들이 운동을 할 때에는 체육복을 입는다. 그리고 네 거리에서 교통정리를 하고 있는 경찰관은 눈에 잘 띄는 경찰관 제복을 입고 일한다.

---

2. '중심내용' 찾기

'중심내용은 무엇인가? 저자가 당신에게 정말로 말하고 싶어하는 것은 무엇인가? 핵심(요지)은 무엇인가?'란 질문에 대하여 대답을 찾는다. 중심내용(핵심내용, 핵심 아이디어, main idea)은 저자가 제목(토픽)에 대하여 말하고자 하는 핵심적인 메시지이며, 독자에게 전하고 싶어하는 중심적인 내용이다. 그것은 텍스트의 결론(주장)이거나 핵심내용이다. 대개의 경우 글의 중심내용은 단락에 들어 있는 문장 속에 진술되어 있는데 우리는 이 문장을 중심문장(토픽 문장, topic sentence)이라 부른다. 중심내용을 나타내는 중심문장은 마치 '우산'과 같은 것으로 다른 내용들은 모두가 그 밑에 포섭되어 있다. 다시 말하면 다른 내용들은 모두가 그 중심내용을 뒷받침하거나 발전(전개)시키기 위한 세부내용들이다. 중심내용을 진술하는 중심문장은 전체의 글의 핵심이 무엇인지를 가장 잘 표현해 준다.

(1) 이슈의 확인

중심내용은 논설문(논증문과 설명문)의 경우는 결론(주장)이며 서사문(이야기 글)의 경우는 핵심내용(요지)이라고 하였다. 그런데 논설문의 경우는 '결론'(주장)을 찾아내고 나면 그 글이 다루고 있는 '이슈'가 무엇인지를 찾아야 한다. 다시 말하면 '이 글은 어떤 이슈(논점)에 대한 것인가?' 또는 '이 글은 어떤 이슈를 다루고 있는가?'라고 질문해야 한다.

이슈(issue, 논점)란 논의(토론)나 말씨름이 벌어지게 하는 어떤 쟁점이다. 그러므로 논증문이나 설명문은 항시 어떤 이슈에 대한 것이다. 그러므로 이슈를 확인해 내어야(특히 논증문(주장문)에서) 논의와 사고의 초점이 분명해진다. 그리고 논증문은 규범적 이슈를, 설명문은 묘사적 이슈를 다룬다는 것도 다시 주목해 볼 필요도 있다.

(ⅰ) 텍스트에서 이슈가 진술되어 있으면 그것을 찾는 것은 매우 간단할 수 있다. 이런 경우 저자는 텍스트의 시작부분이나 제목에서 이슈가 무엇인지를 바로 말해 주고 있다. 보기는 다음과 같다.

· '내가 제기하는 문제는 우리의 세금이 너무 높다는 것이다'.
· '속도 제한 완화: 이것은 옳은 처사인가?'

· '학교에서 성교육을 반드시 해야 하는가?'

· 심청이는 효녀일까요? 먼저 결론부터 말하면 심청이는 효녀가
아니라고 생각합니다. 〈효경〉에서 몸과 머리털과 살갗은 부모
에게서 받은 것이라서 감히 상하게 하지 않는 것이 효도의 시
작이라고 했습니다. 그런데 심청이는 어떻게 했습니까? 부모
가 준 몸을 팔지 않았습니까? 그것도 아버지 몰래 말입니다.

(ii) 텍스트에 외현적으로 진술되어 있지 아니할 때는 먼저 '결
론'을 찾아내고, 그것을 가지고 이슈가 무엇인지를 추론(짐
작)해 보아야 한다.

(2) 중심내용의 위치와 확인

먼저 중심내용을 찾아내는(확인해 내는) 요령부터 알아본 다음, 중
심내용을 담고 있는 중심문장의 위치에 대하여 살펴볼 것이다.

(ⅰ) 단락을 끝까지 훑어 읽는다. 그런 다음 '이 단락의 대부분
은 무엇에 대한 것인가?'라고 묻는다. 이 물음에서 우리는
텍스트의 가능한 '제목'을 생각해 내게 된다.

(ⅱ) 전체 문단의 의미를 핵심적으로 나타내는 문장을 찾는다.
이것은 중심내용을 포함하고 있는 중심문장을 찾는 것이다.

(ⅲ) 다른 모든 문장들은 모두가 이 핵심문장을 뒷받침하거나
발전(전개)시키기 위한 것이다.

텍스트에서 중심문장이 어느 위치에 있느냐에 따라 단락의 구조는
5가지 유형으로 나누어 볼 수 있다. 아래에서는 이러한 5가지 유형을
그림으로 보여 주고 있다(보다 길게 그려져 있는 선이 중심문장을 나타
냄). 그리고 논증문과 설명문만을 가지고(서사문은 제외하고) 이들 5가지
유형의 보기도 같이 제시해 본다.

중심문장의 위치	단락의 구조
(i) 단락의 첫 문장	1. _____ _____ _____ _____ _____
(ii) 단락의 가운데	2. _____ _____ _____ _____
(iii) 단락의 끝 문장	3. _____ _____ _____ _____
(iv) 진술되어 있지 않음: 이때는 추론해야 한다.	4. _____ _____ _____ _____
(v) 분리형: 중심내용 이 나누어져 있고, 각 부분에서는 용 어를 달리하여 중 심내용을 명료화 하고 있다.	5. _____ 또는 _____ 또는 _____ _____ _____ _____ _____ _____ _____ _____ _____ _____ _____

가. 단락의 첫 문장에 있는 경우

단락의 첫 번째 문장이 중심내용을 진술하고 있는 경우가 가장 많다(대개 보아 모든 글의 약 70~75% 정도). 단락에 있는 다른 세부내용들은 모두가 이 첫 번째 문장을 뒷받침하거나 풀어서 발전시키기 위한 것이다.

(보기 1) 드디어 심리학자들이 이혼의 핵심이유를 찾아내었다. 어떤 가정에서는 여러 번 이혼하는 일이 없다는 것을 주목하고, 이들은 이혼에는 타고난 유전인자가 핵심적인 역할을 한다는 것을 발견하였다. 전체적인 이혼율은 20%이지만, 심리학자들은 일란성 쌍생아 중 한 명이 이혼을 경험한 적이 있는 경우 다른 쌍둥이의 이혼율은 45%임을 발견하였다. 유전인자가 이혼의 일차적 이유라는 또 다른 지지적인 증거는 쌍둥이 부모의 이혼율에서 찾아볼 수 있다. 이들의 부모가 이혼한 경험이 있을 때, 각 쌍둥이의 이혼율은 10% 더 증가하였다.

(보기 2) 우리는 알고 싶거나 필요한 정보가 있을 때, 여러 가지 자료를 통하여 정보를 찾습니다. 예를 들어, 가족과 함께 여행을 떠나고 싶으면, 여행지를 소개한 책이나 인터넷을 통하여 적당한 여행지를 찾습니다. 공부하다가 모르는 용어가 나오면, 백과사전을 찾아 그 내용을 알아보기도 합니다. 이와 같이 여러 가지 자료를 통하여 원하는 정보를 찾아 읽으면, 알고 싶은 것에 대하여 더욱 정확하고 자세한 내용을 알 수 있습니다.

(보기 3) 지표의 변화를 일으키는 힘에는 두 종류가 있다. 하나는 지표면을 높여 주는 힘인 건설적인 힘이고, 다른 하나는 지표면을 깎아내는 힘인 파괴적인 힘이다. 건설적인 힘이 나타나는 형태에는 세 종류가 있다. 지층이 어긋날 때 생기는 뒤틀리는 형태와 바위가 파괴될 때에 생기는 단층 형태와 화산 형태가 있다. 파괴적인 힘에도 여러 가지가 있다. 지표에서 흙을 운반해 가는 비와, 둑을 따라 바위를 운반하는 강물, 지표를 깎아 버리는 빙하의 흐름, 흙, 모래, 자갈을 운반하는 바람의 힘이다.

위에서 '보기 1'은 논증문(주장문)이고 '보기 2'와 '보기 3'은 설명문이다. '보기 1'에서 가능한 제목은 '이혼', 또는 '이혼의 이유'이다. 그리고 이슈는 '이혼의 원인은 무엇인가?'이며, 결론은 '이혼의 핵심 이유는 타고난 유전인자이다'란 것이다. '보기 2'의 제목은 '정보' 또는 '정보 찾기'일 것이다. 이슈는 '필요한 정보를 찾아야 하는가?' 이고 결론은 '여러 가지 자료를 통하여 정보를 찾습니다'이다. '보기 3'의 제목은 '지표의 변화' 또는 '지표의 변화를 일으키는 힘'이고, 이슈는 '지표의 변화를 일으키는 힘은 무엇인가?'이며, 그리고 '결론'은 '지표의 변화를 일으키는 힘에는 두 종류가 있다'이다. 나머지 부분은 모두가 뒷받침하는 세부내용들이다. 실제에서는 '보기 2'와 '보기 3'과 같은 설명문에서는 굳이 이슈를 찾아 낼 필요가 없을 때가 많다.

나. 단락의 가운데 있는 경우

중심문장이 단락의 가운데 어디쯤에 있을 때는 그에 앞서서 중심내용을 이전의 단락에 연결시키기 위한 서론적인 문장(단락), 독자의 관심을 끌기 위한 문장(단락), 또는 중심내용에 대한 배경을 제시하기 위한 문장(단락) 등이 나타난다.

(보기 1) (1) 가난한 나라에서 공원이나 보호구역을 만들려고 하면 결국은 중요한 자연자원을 사용하지 못하게 된다. (2) 그러한 자연자원은 가난과 기아와 싸워가는 데 도움이 될 수도

있다. (3) 어떠한 환경론자가 가난한 나라에서 공원과 보호구역의 설치를 권고하는 계획을 만들어 내었다. (4) 이 계획에 의하면 가난한 나라가 공원과 보호구역을 설치하는데 부유한 나라가 재정지원을 해야 한다. (5) 가난한 나라는 재정지원 받은 돈을 자신들의 뜻에 따라 —— 공원을 보호하는데, 농업이나 산업을 개발하는데, 또는 교육에 —— 사용한다. (6) 그 대가로 아프리카, 아시아 및 미주에 있는 48개 열대 국가들은 값비싼 공원체제를 유지하기로 동의한다. (7) 만약 그들이 보호구역을 유지하지 못하면 재정지원을 받지 못하게 된다.

(보기 2) 중심문장은 말 그대로 그 문장에서 가장 중요한 문장으로 그 문단의 기준점이 된다. 뒷받침 문장은 중심문장을 쉽게 풀이하고 또는 부각시키기 위한 문장이다. 이들 중심문장과 뒷받침하는 문장이 적절히 결합될 때, 하나의 좋은 문단이 만들어지게 된다. 문단은 흔히 중심문장과 이를 뒷받침하는 문장으로 구성된다. 좋은 문단을 구성하기 위해서는 우선 중심문장을 적절히 쓸 수 있어야 한다. 그리고 이 중심문장을 적절히 뒷받침할 수 있는 문장을 구성할 수 있어야 한다. 그리고 이들을 적절히 연결지을 수 있어야 한다.

'보기 1'은 논증문(주장문)이며 가능한 제목은 '가난한 나라의 공원과 보호구역 설치'이고, 이슈는 '가난한 나라에서 이들을 설치해야 하는가?'이고, 결론은 '3'번 문장이다. '보기 2'의 가능한 제목은 '문단의 구성'이고, 이슈는 '문단은 어떻게 구성되는가?'이고 그리고 결론은 '문단은 흔히 중심문장과 이를 뒷받침하는 문장으로 구성된다'이다.

다. 단락의 끝 문장에 있는 경우

중심문장이 단락의 끝에 있을 때는 이전의 문장들은 모두가 이 중심문장을 이끌어 내기 위한 것들이다. 그런데 중심문장이 단락의 처음에 있고 끝에 다시 나타나 있을 수도 있다. 이런 경우는 저자가 단락을 시작하면서 중심내용을 제시한 다음, 다시 단락의 끝에 가서 그것을 재진술하는(그러나 대개 단어를 바꾸어 사용하면서) 경우이다.

(보기 1) 탁아 센터와 아기 돌보기는 보다 많은 수의 여성들이 직업 세계에 뛰어 들어감에 따라 점차 인기를 더해 가고 있다. 어머니들은 가정 밖에서 일하는 것이 즐거울지는 몰라도 낮 시간 동안 다른 누군가가 자기 아기를 돌보게 함으로써 아기에게는 해를 끼치고 있다.

현재의 일부 여인들의 경향은 아기를 낳자마자 직장으로 돌아오는 것이다. 직장에서 이렇게 빨리 일자리로 돌아오도록 요구할지는 몰라도 여인들은 이러한 경향을 재평가해 보아야 한다. 아기를 가지는 것이 제일가는 책임이며 여인들은 아기가 제일이란 것을 인식해야 한다.

어린 아기들이 정서적 및 신체적으로 발달하는 데 가장 필요한 사랑과 주목을 누가 제공해 줄 수 있을까? 아기 보는 사람이 아기에 대하여 애정을 가질 수도 있겠지만 어머니만이 아기에게 무조건적인 사랑과 격려를 줄 수가 있다. 또한 아기들은 탁아 센터에서 개인적인 주목을 충분하게 받지 못한다.

직장은 가사에 필요한 돈을 추가적으로 제공해 주기는 하겠지만 어머니들은 자기 자식이 돈보다 훨씬 더 가치 있다는 것을 인식해야 한다. 그러므로, 어머니들은 아기와 함께 가정에 머물러 있어야 한다.

(보기 2) 침엽수는 소나무나 삼나무와 같이 잎이 바늘 모양으로 긴 나무로, 대개는 탄력성이 있기 때문에 건축의 재료로 쓰인

다. 활엽수는 느티나무, 오동나무, 옻나무와 같이 넙적한 나무로, 화려한 무늬가 있다. 그리고, 그 무늬는 나무에 따라 고유한 특성이 있으므로, 가구의 제작과 실내장식용으로 쓰인다. 나무는 크게 침엽수와 활엽수로 나누어진다.

'보기 1'의 가능한 제목은 '어머니와 직장' 또는 '어머니와 애기 돌보기'이고, 이슈는 '어머니들은 밖에서 일해야 하는가?'이고, 그리고 결론은 마지막 문장인데 내용은 '어머니들은 아기와 함께 가정에 머물러 있어야 한다'이다. '보기 2'의 가능한 제목은 '나무' 또는 '나무의 종류'이고, 이슈는 '나무는 어떻게 나눠볼 수 있는가?'이고, 그리고 결론은 마지막 문장에 있다.

라. 진술되어 있지 않는 경우

어떤 글에는 중심문장이 없을 수도 있다. 그러나 중심문장이 없다는 말이 중심내용이 없다는 말은 아니다. 다만 저자는 세부내용들을 제시하고 그 속에서 중심내용이 은밀하게 저절로 드러나기를 기대하는 것이다. 이러한 경우 독자는 세부적인 내용들을 살펴보고 그 속에 내재되어 있는 중심내용을 짐작해 내어야 한다.

이러한 글에서는 다른 것들을 모두 포섭할 만한 '우산' 같은 문장이 없다. 이런 경우는 독자는 "이러한 세부적인 내용들을 가지고 이야기 하고 싶어하는 중심내용은 무엇일까?"라고 물어 보아야 한다. 또는 글을 모두 읽고 난 다음 "… 그래, 그러면?"이라는 질문을 해 보라. 그리하여 중심내용을 짐작해 보라. 중심내용을 추론해서 진술해야 할 때는 너무 좁아서 포괄하지 못하는 세부내용이 있어서도 안 되지만, 반대로 너무 광범위해서도 안 된다.

(보기 1) 김: 자네는 책을 사용해도 좋은 소위 오픈북 시험을 쳐본 적이 있는가?

이: 아니요, 그렇지만 그런 시험은 쉬울 것 같아요.

김: 쉽다고 생각하는군.

이: 그런 오픈북 시험에서는 책에서 정답만 찾아내기만 하면 되는 것이지요?

김: 그렇게 간단하지가 않아요. 오픈북 시험이란 바로 논술형시험이란 말인데 그런 시험에서는 많은 재료를 가지고 거기서 문제가 요구하는 적절한 내용을 발견해야 하지요. 그래서 공부를 잘하지 못했으면 펴 놓은 책이 아무런 도움이 안 되지요.

(보기 2) 책은 잡지나 추리 소설을 읽듯이 재미로 읽는 것이 있고, 요리책이나 지도책을 읽듯이 실제적인 적용을 위해서 읽는 것이 있다. 독서 과제나 신문을 읽듯이 일반적인 지식을 얻기 위해서 읽는 것이 있다. 전화번호부나 교과서의 색인을 읽듯이 부분적인 정보를 얻기 위해서 읽는 것도 있고, 사설이나 각종 의견서를 읽듯이 비평이나 평가를 하기 위해서 읽는 것도 있다.

'보기 1'의 가능한 제목은 '오픈북 시험'이고, 이슈는 '그것은 쉬운가?'이며, 그리고 결론은 '오픈북 시험은 생각처럼 쉽지 않다'이다. '보기 2'의 제목은 '책 읽기의 종류' 정도이고, 이슈는 '책 읽기에는 어떤 종류가 있는가?'이고, 그리고 결론은 '책 읽기에는 여러 가지 종류가 있다'이다.

마. 중심문장이 분리되어 있는 경우

중심문장이 두개 이상으로 나누어져 있고, 각 부분에서는 중심내용을 다른 표현으로 자세하게 설명하고 있는 경우도 있다. 이런 텍스트의 조직형태를 분리형이라 부른다.

(보기 1) 리포트를 사는 것은 잘못이 아니다. 많은 학생들은 학교

시스템이 썩었음을 알기 때문에 리포트를 사고 있다. 학생들에게 리포트는 우스개로 보이고 있다. 왜냐하면 매달 지루하게 종이 위에다 그려 넣어야 하고, 바른 문장을 사용하고, 문단과 아이디어를 조직화하고, 사용할 논증을 생각하고, 이런 기계적인 일이 모두 관례로 벌어지도록 요구하고 있고 … 이같이 하는 것은 교육이 아니다. 진정한 교육이란 환희, 정상의 체험이다. 리포트를 사는 것이 무엇이 잘못인가? 잘못이 아니다.

(보기 2) 인류는 불을 발견한 이래, 맑은 대기를 유독한 기체와 매연으로 오염시키게 되었다. 특히, 석탄을 연료로 쓰기 시작한 14세기부터는 오염도 하나의 사회 문제가 되었으며, 또한 공장에서의 연료 소모의 증가, 도시 인구의 팽창 및 차량의 출현 등은 시간을 거듭하면서 더욱 대기오염을 악화시켰다. 인간의 대기오염이 점차 더 심각해지고 있음을 우리는 알아야 한다. 1970년대 이후 우리나라는 산업의 고도성장 및 인구의 도시 집중으로 오염 물질의 종류가 다양화되었다. 따라서 오염 물질의 배출량도 극대화되었으며, 특히 산업구조의 대형화 및 국민소득의 성장으로 에너지의 소비가 급증함으로써, 대기오염 물질의 발생량 또한 증가하였고, 이에 따른 인체 및 동식물에 대한 피해가 심각하게 우려되고 있다. 인간의 대기오염 문제는 매우 심각해지고 있다.

'보기 1'에서는 중심문장이 첫 번째와 끝에서 반복되고 있고 '보기 2'에서는 첫째 문장, 가운데 있는 '인간의 대기오염이 … 알아야 한다'는 문장 및 마지막 문장에 나누어 제시되고 있다. '보기 1'의 제목은 '리포트' 또는 '진정한 교육'이며, 이슈는 '리포트를 사는 것은 맞는가?'이다. 그리고 결론은 '리포트를 사는 것은 변호할 수 있는

일이다'이고, 그리고 이유는 '리포트에 관한 관례는 교육이 아니다. 진정한 교육은 환희, 정상의 체험이다'란 것이다. '보기 2'에서는 '대기오염'이 제목이고, 이슈는 '대기오염이 어떻게 되고 있는가?'이며, 결론은 '인류는 불을 발견한 이래 대기오염이 악화되고 다양화되고 있다'이다.

(3) 몇 개 단락으로 된 글에서 중심내용 찾기

앞에서는 1개 단락에서 '중심문장'을 찾아보았다. 이런 텍스트는 '중심내용' – '뒷받침하는 세부내용(근거)'의 형태로 조직되어 있다. 그러나 몇 개의 단락으로 이루어져 있는 절(節)에서는 '뒷받침하는 세부내용'이 좀더 복잡할 수 있다.

구체적으로 보면 이런 글은 중심내용을 1차적으로 뒷받침하는 것과, 그러한 1차적인 뒷받침 내용을 다시 뒷받침하는 2차적인 세부내용들이 시퀀스적인 형태로 이루어져 있다. 이때 1차적인 세부내용을 '하위 중심내용'(subidea), 그리고 2차적인 것을 그냥 '뒷받침하는 세부내용'이라 부른다. 이런 텍스트는 '중심내용' – '하위 중심내용' – '뒷받침하는 세부내용'의 형태로 조직되어 있음을 주목해야 한다. 다시 말하면 절의 전체는 중심내용을 핵심으로('우산'으로) 하고 있다. 그러나 각기의 단락은 중심내용을 보다 구체적으로 진술하는 '하위 중심내용'에 대한 것이며 다른 문장들은 모두가 이들 '하위 중심내용'을 뒷받침하고 있다. 다음의 보기에서 '중심문장'에 동그라미 치고, 각 단락에 있는 '하위 중심내용'에 밑줄을 그어 보라.

물건 구매에서 아동이 차지하는 역할은 나이가 들면서 점차 진화해 간다. 아주 어렸을 때는 장난감을 사거나 과자 같은 것을 구입할 때 크게 영향을 미친다. 외식할 때도 작용을 하는 것 같다. 부모가 외식을 하기로 결정하면 아동은 어느 식당에 갈 것인지를 결정할 때가 많다.

그러나 점차 나이가 들면 이들은 의복을 살 때에 보다 더 큰 영향을 미친다. 10대 초기에서 후기로 접어들면 용돈의 규모도 늘어난다. 10대 소년들은 주로 과자, 음료수, 오락 등에 용돈을 많이 쓰고, 이와는 달리 10대 소녀들은 대부분의 용돈을 옷이나 선물사는 데 지출하고 있다.

위의 보기에서는 첫 번째 문장, 즉 "물건 구매에서 아동이 … 진화해 간다"가 전체적인 중심문장이다. 다시 말하면 이 글은 아동기에서 10대로 넘어 갈 때의 물건구매의 변화를 다루고 있다. 그리고 각기의 단락은 이 '중심내용'을 뒷받침하는 보다 구체적인 '하위 중심내용'들을 다루고 있다. 다음과 같이 정리해 볼 수 있다.

아동의 물건구매의 진화	중심내용
어린 아동의 물건구매	하위 중심내용
(뒷받침하는 세부내용)	(단락 1)
10대 아동의 물건구매	하위 중심내용
(뒷받침하는 세부내용)	(단락 2)

보다 복합적인 글에서는 '중심내용'을 핵심으로 하여 '하위 중심내용'과 '뒷받침하는 세부내용'들을 포괄하는 모든 세부내용들이 논리적인 시퀀스로 연결되어 있을 수도 있다. 예를 들면 다음과 같다. 여기서 제시하고 있는 다이아그램은 중심내용 (2)를 다른 문장들이 어떻게 위계적으로 뒷받침하고 있는지를 보여주고 있다.

(1) 의사는 돈이 없는 사람에게 의료 서비스를 공짜로 해 줘야 하는 도덕적 의무를 가지고 있는가?
(2) "예, 가지고 있습니다."

(3) 첫째, 우리 사회는 대부분의 의료행위를 의사들에게 제한시켰기 때문에 의사는 의료행위를 하고 있다.

(4) 그러므로 의사들은 돈이 없는 사람에게 의료 서비스를 공짜로 해 줘야 하는 책임 같은 것이 있음을 인정해야 한다.

(5) 둘째, 의사가 의료 서비스를 공짜로 제공해야 하는 도덕적 책임은 그들이 가지고 있는 특수한 역할 때문에 생긴다.

(6) 의사를 연관공이나 자동차 수리공 또는 기타의 기술자와 비교해서는 안 된다.

(7) 자동차 수리와는 달리, 사람들의 건강문제는 연기하거나 협상할 수 있는 것이 아니다.

(8) 의사가 보수를 받지 않고 다른 사람을 돕는 것은 의사가 진정한 의사가 될 수 있기 위하여 그리고 의료 서비스가 다른 이익 추구적인 기업활동과는 다른 것으로 인정받기 위해서는 필수적인 것이다.

두 개의 단락으로 이루어진 이 텍스트에서는 문장 (1)과 (2)가 중심문장이다. 그리고 첫 번째 단락에서는 문장 (4)이 '하위 중심내용'이며

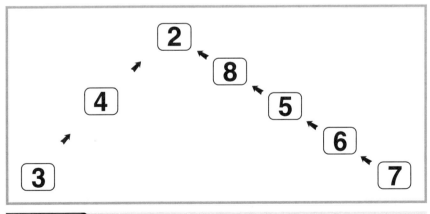

그림 5-1 　중심내용과 세부내용의 위계적인 조직

(1차적인 주요 '이유') '의사는 사회에 빚을 지고 있다'라고 의역해 볼 수 있다. 이것을 뒷받침하는 것이 문장 (3)이다. 두 번째 단락의 '하위 중심내용'(두 번째의 주요 이유)은 문장 (8)이며 '의사의 역할은 특수하다'라고 의역해 볼 수 있다. (8)는 (5)에 의하여, (5)는 다시 (6)에 의하여, 그리고 문장 (6)은 다시 문장 (7)에 의하여 뒷받침되고 있다. 이들을 보여 주고 있는 것이 〈그림 5-1〉이다. 요약하면 중심내용 밑에 있는 '하위 중심내용'이란, 달리 말하면, 중심내용을 뒷받침하는 1차적인 내용이라 말할 수 있다. 그리고 중심내용과 뒷받침하는 세부내용은 복잡하게 위계적일 수 있음도 알 수 있다.

3. '뒷받침하는 세부내용'의 확인

서사문(이야기 글)에서 뒷받침하는 세부내용(supporting details or materials)은 중심내용을 펼치고, 그리고 분명하고, 재미있고, 그리고 기억하기 쉽게 만들기 위하여 사용된다. 그리고 논증문(주장문)에서는 결론(주장)이라는 중심내용을 '증명'하기 위하여 사용된다. 중심내용은 보다 일반적인 것이기 때문에 이를 뒷받침하는 세부내용이 없으면 독자는 그것을 완전하게 이해하기가 어렵다.

뒷받침하는 세부내용에는 이유, 보기, 사실(통계치), 자세한 재진술, 권위자의 이야기 등이 포함된다. 그러나 뒷받침의 세부내용을 찾아내기가 어려울 수도 있다. 이때 독자가 할 수 있는 한 가지 방법은 중심내용을 의문문으로 바꾸어 보고 거기에 대한 대답을 찾으면서 읽는 것이다. 의문문은 '누가, 무엇을, 왜 언제, 어떻게' 등의 단어로 시작할 것이다. 예컨대 다음과 같은 중심문장이 있다 해 보자.

가난한 사람들의 건강문제가 심각하므로 이들을 위한 집중적인 노력이 필요하다.

그러면 이런 의문문을 떠 올려 볼 수 있다. '어떤 노력이 필요하지?', '가난한 사람들의 건강문제가 어떻게 심각하지?' 등. 이러한 질문에 대답하고 있는 것이 바로 '뒷받침하는 세부내용' 들이다.

그런데 뒷받침하는 세부내용과 중심내용을 혼동하는 경우가 있을 수 있다. 읽기에서 흔히 범하는 '독서(경청) 오류' 중의 하나는 세부적인 내용은 기억하지만 그것이 뒷받침하고 있는 중심내용은 잊어버린다는 것이다. 다시 말하면 '중심'은 잊어버리고 지엽적인 것만 기억한다는 것이다. 왜 그럴까? 중심내용은 보다 일반적이고 추상적인 반면, 뒷받침하는 세부내용은 대개가 재미있고, 이해하기 쉽고, 일상경험에 가까워 친근감이 드는 것이기 때문이다. 그리고 세부내용은 상상해 보거나 느껴보기가 훨씬 쉽다.

그러므로 읽기를 할 때는 언제나 자세한 세부내용들에 파묻히지 아니하고 그것들이 서로는 어떻게 관련되어 있는지를 알아야 할 뿐만 아니라 세부내용들이 어떤 중심내용을 뒷받침하고 있는지를 구조적으로 이해해야 한다. 숲들을 보지만 동시에 산 전체도 보아야 한다는 말과 같은 것이다.

(연습문제) 다음의 글에서 이슈, 결론(주장)과 뒷받침하는 세부내용을 확인해 보라. 그리고 글의 제목도 붙여보라.

경험한 일을 말하고 들으면서 경험의 폭을 넓힐 수 있고, 상대방을 더 잘 이해할 수 있으며, 즐거움을 느낄 수도 있다. 그러면 일상적인 대화는 어떻게 해야 하는가? 경험한 일을 말할 때에는 듣는 사람이 그 상황을 잘 이해할 수 있도록 조직하여 말하는 것이 좋다.

민희: 종수야, 왜 그렇게 절뚝거려? 어디 아프니?

종수: 나 오늘 아침에 정말 어이없는 일을 당했어. 내 실수이긴 하지만.

민희: 뭔데?

종수: 어제 저녁에 방에서 바나나를 먹었는데, 껍질을 치우기가 귀찮아서 그냥 방바닥에 던져 놓고 잤거든. 아침에, 늦겠다는 엄마 말씀에 잠이 깨어 얼른 화장실로 가려는데, 그만 그 껍질을 밟아 뒤로 벌렁 넘어지고 말았지 뭐야.

민희: 하하, 그래?

종수: 그런데다 서둘러 화장실에 들어가다가 신발이 미끄러져서 또 넘어졌다고. 아, 정말 …….

이 대화는 종수가 경험한 일을 친구 민희에게 말하는 장면이다. 그런데 민희의 물음에 대해 종수가 "넘어져서 그랬다."라고만 대답을 했다면 민희는 종수가 경험한 일의 상황을 잘 이해하지 못했을 것이고 대화도 더 이상 이어지지 못했을 것이다. 그래서 종수는 어제 저녁에 있었던 일부터 시작해서 등교하기 전까지의 일을 차례로 말하고 있다.

* 이슈는 '일상적인 대화는 어떻게 해야 하는가?'이고, 그리고 '경험한 일을 말할 때에는 … 말하는 것이 좋다'가 중심문장이며 이것이 결론이다. 뒷받침하는 세부내용으로는 대화의 보기와 이에 대한 설명을 사용하고 있다. 제목으로는 '대화의 요령', 또는 '대화와 조직' 등이 가능할 것이다.

IV. 기타 유형의 단락과 접속어

1. 기타 3가지의 단락유형

지금까지는 '중심내용 단락'과 '하위 중심내용 단락'에 대하여 알아 보았다. 이들 이외에도 기타의 단락에는 다음과 같은 3가지 유형이 더 있다.

(i) 서론 단락(introductory): 장이나 절의 시작 부분에 있으며 앞으로 전개하려는 중심내용을 소개한다.

(ii) 요약 단락(summary): 끝부분에서 지금까지 이야기 했던 중심내용들을 요약하여 재진술한다.

(iii) 접속 단락(transition): 지금까지 논의했던 중심내용을 요약한 다음 이어서 다루려는 단락을 도입하고 있다.

서론 단락과 요약 단락은 글 전체의 조직과 흐름을 파악할 때 중요하기 때문에 정독을 시작하기 전에 반드시 개관해 보아야 한다. 뿐만 아니라 독서 후에 다시 전체를 구조적으로 복습할 때도 도움된다.

참고로 한 가지만 더 언급해 두었으면 한다. 4장에서 다루고 있는 '책 전체와 장(章)의 개관'에서 장은 '서론', '본론'과 '요약'으로 구성되어 있다고 했음을 상기해 보고자 한다. 그러면 여기서 말하는 '서론'은 서론 문단으로 그리고 '요약'은 요약 문단으로 되어 있음을 알 수 있다. 그리고 소위 '본론'이라 부르는 것은 하나 또는 몇 개의 '중심내용 단락' 및 '하위 중심내용 단락'들로 이루어진 것임을 알 수 있다. 이들 3가지 유형의 단락의 보기는 다음과 같다.

(1) 서론 단락

"이 장에서는 먼저 글을 깊게 이해한다는 것의 의미를 알아본다. 그런 다음 핵심 아이디어와 그를 뒷받침하는 이유를 발견하고 구조화하는 이해의 전략을 음미해 볼 것이다. 그리고 의역, 구조화, 맥락화 및 자기 질문하기 등의 추가적인 이해전략을 알아본 다음 효과적인 독서의 전략을 간단하게 언급해 볼 것이다."

(2) 요약 단락

"이 장에서는 창의적 사고의 기본적인 능력을 8가지로 나누어 알아보았다. 여기서 '기본적'이라 함은 창의적 문제해결의 전체 시퀀스에서 작용하는 여러 가지 형태의 창의적 사고를 몇 가지로 나누어 정리해 본 것이라 말할 수 있다. 여기에는 판단을 유보하고 통제할 줄 아는 능력에서 논리적 사고 능력에 이르는 일곱 가지와 마지막으로 새로운 가치를 창조할 줄 아는 능력이 포함되었다."

(3) 접속 단락

"지금까지 우리는 다른 사람의 이야기를 정확하게 이해하려면 경청하는 사람이 되어야 한다는 것을 이야기 하였다. 이런 기능에 익숙해지면 다른 사람과 보다 정확하게 커뮤니케이션 할 수 있다. 그러나 경청이 도움되는 또 다른 경우가 있다. 이상하게 들릴지 모르지만 다른 사람의 이야기를 귀 기울려 들어 주면 그 사람이 자신의 문제를 스스로 해결해 가도록 하는 데 도움될 수 있다."

2. 접 속 어

접속 단락에 대하여서는 이미 앞에서 언급한 바 있다. 이러한 '접속 단락'을 쉽게 찾아낼 줄 알면 독서속도와 이해가 크게 항상 된다. 접속 단락을 만나면 반드시 '멈추어 그것을 잘 읽어야' 한다. 왜냐하면 접속 단락은 지금까지 다룬 것을 말하고 그리고 다음에서 다루려는 것을 말해 주기 때문이다. 읽으면서 이들을 가지고 머리 속에 '정신적인 개요'를 만들어라. 그런 다음 이들 내용을 텍스트의 가장자리에다 '간단한 개요'로 요약해야 한다. 이렇게 '개요'를 만들고 나면 읽은 것을 깊게 이해할 수 있고, 보다 쉽게 기억할 수 있을 것이다.

접속 단락은 다루는 내용(아이디어)이 다음에서 달라지는 것을 보여 주는데 이 때 어떤 내용에서 다른 어떤 내용으로 달라짐을 신호해 주는 단어나 구를 접속어(transitions)라 부른다. 접속어에는 다음과 같은 6가지가 있다.

(i) '추가'가 됨을 보여 주는 단어:

동일한 흐름의 생각에다 계속하여 두 개 또는 그 이상의 아이디어를 추가적으로 제시함을 말해 준다.

－"역시, 다음으로, 첫째로, 마지막으로, 다른, 또 다른, 더욱이, 둘째로, 이에 추가하여"

(ii) '시간'을 보여 주는 단어:

시간 관계를 보여 준다. 다시 말하면 어떤 것이 다른 어떤 것과 시간적으로 보아 '언제' 일어났는지를 말해 준다.

－"첫째, 다음으로, …이므로, 반면에, 흔히, 그런 다음, 이전에, 이제는, 동안에, 후에, 까지, 즉시적으로, 곧 바로, 가끔"

(iii) '대비'(contrast)를 보여 주는 단어:

새로 제시할 내용은 이전의 것과는 다른 것임을 신호해 준다.

－"그러나, 달리, 반대로, 이지만, 어떻든, 대신에, 에도 불구하고, 다른 한편으로, 불구하고"

(ⅳ) '비교'(comparison)를 보여 주는 단어:

두 내용 사이의 유사점을 보여 준다.

－"처럼, 유사하게, 비슷하게, 이므로, 마찬가지로, 동일하게, 같은 방법(방식)으로"

(ⅴ) '예시'를 보여 주는 단어:

어떤 내용을 발전시키거나 분명하게 위하여 보기를 제시할 것임을 나타낸다.

－"예컨대, 보기를 들면, 예를 들면, …와 같은, …포함하여, 예시하면"

(ⅵ) 원인과 효과(결과)를 보여 주는 단어:

효과나 결과(결말)를 묘사할 것임을 보여 준다.

－"그리하여, 결과(적)로, 그래서, 만약에 … 그러면, 때문에, 결말은, 이므로, 따라서, 그래서"

연습으로 다음의 (보기)에서 접속 단락, 서론 단락, 이슈(쟁점), 본론 단락, 결론(요약) 단락 및 적절한 제목을 찾아보라.

(보기 1) (1) 지금까지 우리는 중학생으로서의 인격을 닦기 위해 일반적으로 갖추어야 할 정신자세에 대해서 알아 보았다.

(2) 그런데 시대에 따라 인격을 이루는 여러 가지 정신자세 중에서 강조하는 순서가 달라지기도 한다.

(3) 우리가 21세기의 새로운 시대에 맞는 인격을 갖추기 위해서 더 노력해야 할 점은 무엇일까?

(4) 먼저, 자연을 사랑하는 사람이 되어야 한다. 자연은 인류 공동의 재산으로, 우리와 후손들이 살아가야 하는 터전이다. 지금까지 우리는 자연을 무분별하게 개발함으로써 자연 환경을 오염시키고 파괴하여 쾌적한 삶이

위협받게 되었다.

(5) 다음으로, 인류를 위해 열심히 노력하는 사람이 되어야 한다. 우리는 혼자서는 살아갈 수 없다. 다른 사람과 서로 도움을 주고 받으며 살아가야 한다. 정보와 통신이 더욱더 발달하는 앞으로의 사회에서는 이웃을 뛰어넘어 세계의 모든 인류와 서로 도움을 주고받으며 살아가야 한다.

(6) 마지막으로, 정의를 실현하기 위해 노력하는 사람이 되어야 한다. 정의는 우리가 실현해야 할 중요한 가치이다. 정의로운 사회에서 우리의 꿈과 이상을 실현하여 올바른 삶을 살기 위해서는 정의가 실현되어야 한다. 모든 사람이 공정하게 대우받는 정의로운 사회를 만들기 위해 노력하는 사람이 새로운 시대를 이끌 인격자이다.

(7) 지금까지는 21세기에서 강조되는 인격을 살펴보았다. 여기서는 자연을 사랑하는 사람이 되는 것, 인류를 위해 열심히 노력하는 사람이 되는 것, 그리고 정의를 실현하기 위해 노력하는 사람이 되는 것 등이 포함되어 있다.

---

* (보기)에서 보면 접속 단락은 (1), 서론 단락은 (2)+(3), 결론(주장)은 (2), 이슈(쟁점)는 (3), 본론 단락은 (4)+(5)+(6), 그리고 결론(요약) 단락은 (7)이다. 가능한 '제목'으로는 '새로운 시대에 맞는 인격' 또는 '시대와 정신자세의 변화' 등이 가능할 것 같이 보인다.

3. 그러면 어떻게 독서할 것인가?

우리가 독서하는 모든 텍스트는 중심내용, 하위 중심내용(1차적 세부내용) 및 뒷받침하는 세부내용(2차적 세부내용, 근거) 등으로 이루어져 있다. 이러한 세 가지 유형의 재료('접속 단락'을 추가시킬 수 있다)를 쉽게 확인해 낼 수 있다면 이제 당신은 아무리 어렵게 보이는 글이라도 읽어갈 수 있는 기본 능력을 갖춘 셈이 된다. 하나 더 필요하다면 잘 모르는 단어를 찾아볼 수 있는 '사전' 정도일 것이다. 다음의 요령으로 독서를 하는 것이 효과적이다.

(i) 먼저 글을 훑어 읽으면서 개관해 본다. 어떤 성질의 글이며, 전체가 어떤 식으로 조직되어 있는 지를 확인한다.

(ii) 정독하기 시작한다. 그런데 독서를 해 가다보면 어떤 어휘나 개념은 모르거나 알쏭달쏭 할 수가 있을 것이다. 이런 경우, 어렵더라도, 읽기 시작한 글을 끝까지 읽어라. 이해가 잘 안 되는 구절이나 모르는 단어에는 동그라미나 줄을 쳐서 표시를 하라. 그리고 읽기를 계속하라. 어떨 때는 그런 것들의 의미를 '짐작' 하면서 계속 읽어가라.

(iii) 일단 끝까지 읽기를 마쳤으면, 의미를 몰랐던 단어나 이해가 되지 않던 구절로 되돌아 가서 다시 읽어보라. 이해가 훨씬 더 쉬워질 것이다.

(iv) 마지막으로, 전체의 글을 다시 읽으라. 다시 읽어 가면서 텍스트의 제목(토픽)이 무엇인지를 생각해 내고, 그리고 중심내용을 찾고 이것이 뒷받침하는 세부내용이 어떻게 설명되고 펼쳐지고 있는지에 주목하라. 그리고 중요한 내용을 확인해 내기 위한 '접속어' 들을 조심스럽게 읽도록 한다.

(v) 읽는 동안 핵심내용들을 요약의 형태로 노트하거나 시각적인 그래픽을 이용하여 정리하면 이해와 집중에 크게 도움될 것이다. 글 속에 나타나 있는 저자의 생각에 빠져들어 가는 것이 깊은 이해다. 이제 7장과 8장에서 설명하고 있는 여러 가지 방

법들 가운데 적절한 것을 골라서 효과적으로 사용할 수 있을 것이다.

(vi) 깊은 이해를 기초로, 특히 주장문(논증문)의 경우는 저자의 주장(결론)이 그럴 듯한지, 건전한지, 우리가 수용할 만 한지를 따지고 판단할 수 있어야 한다. 나는 왜 동의할 수 있는가? 왜 동의할 수 없는가? 이런 바른 질문에 대답할 수 있어야 한다. 이러한 질문과 여기에 대한 대답은 10장에서 다시 다룬다. 그리고 글을 이해하고 판단하면서 이를 토대로 자신의 생각을 발전시켜 갈 수도 있어야 한다. 이를 우리는 창의적 독서라 하며 이에 대하여서는 11장에서 좀더 자세하게 다루고 있다.

텍스트를 이해한다는 것은 저자가 텍스트에서 제시하고 있는 내용을 독자 자신의 것으로 내면화하고, 그래서 저자가 했던 생각과 비슷한 생각을 하게 되는 것을 말한다. 이러한 독서(글 읽기)를 할 수 있기 위하여 독자가 지켜야 할 독서원리를 먼저 정리해 보았다. 이러한 일반적인 독서원리는 거의 모든 텍스트에서 사용할 수 있는데, 거기에는 관련의 배경지식을 활성화(의식화)하고 머리 속에 정신적인 그림(심상)을 그려보는 것 등 10가지가 포함되어 있다. 텍스트의 조직형태는 3장에서처럼 중심문장을 뒷받침하는 세부내용의 '성질'에 따라 나누어 볼 수도 있다. 그러나 이 장에서처럼 중심문장의 위치가 어디냐에 따라서 구분해 볼 수도 있다. 중심문장은 단락의 첫째에, 가운데에 또는 끝에 있을 때도 있다. 또한 몇 개의 부분으로 나누어져 있을 수도 있고 아예 나타나 있지 않을 수도 있다. 그리고 전체의 텍스트는 '중심내용-뒷받침하는 세부내용(근거)' 또는 '중심내용-하위 중심내용-뒷받침하는 세부내용(근거)'로 이루어져 있다. 이러한 텍스트를 거시 구조적으로 이해하기 위해서는 반드시 물어보고 그것에 대한 대답을 찾아야 하는 바른 질문이

네 가지 있다.

이들은 (ⅰ) 이 글은 무엇에(누구에) 대한 것인가, (ⅱ) 중심내용은 무엇인가 (ⅲ) 뒷받침하는 세부내용(근거)은 무엇인가 및 (ⅳ) 적절한 '복습'의 방법은 무엇인가 등이다. 이러한 질문을 통하여 독자는 텍스트(글)의 제목, 중심내용(요지) 및 뒷받침하는 세부내용(근거, 증거, 이유)을 확인해 낸다. 그런 다음 공부한 내용을 확인하고 심화시키기 위한 '복습'을 하게 된다.

어휘의 습득, 요약 및 정리

어휘의 습득, 요약 및 정리

이 장에서는 먼저 새로운 단어를 어떻게 익히며 어휘지도를 어떻게 할 수 있는 지를 다룬다. 다음으로 텍스트의 핵심을 찾아 짧게 재진술하는 요약의 규칙과 함께 실제의 요령을 살펴본다. 마지막으로 노트정리하고 중요한 부분에 밑줄 긋기 하거나 메모하기에 대하여 익히게 될 것이다.

I. 어휘의 발달과 지도

1. 어휘(단어)와 선행지식

어휘(vocabulary)란 어떤 개념(concept)을 나타내는 단어이다. 보다 정확히 말하면 '개념단어'라 부를 수 있다('어휘'는 의미를 나타내고, '단어'는 의미보다는 음 또는 문자의 구성을 나타낸다). '개념'은 우리가 관찰한 것을 기초로 하여 거기에서 공통적인 특징을 가지고 있는 어떤

'형태'(pattern)를 만들어 낸 것을 말한다. 다시 말하면 '개념'이란 공통적인 특징을 가지고 있는 어떤 대상, 사건 또는 아이디어들의 유목 (class)을 기초로 추상화(일반화)해 낸 정신적 구인이다. 그러한 '형태'에는 어떤 종류의 명칭(이름)이라도 붙일 수 있지만 대개의 경우 우리는 언어 관례로 정해져 있는 '단어'를 사용한다. 이러한 단어를 우리는 '어휘'라 부른다.

우리가 가지고 있는 지식은 크게 보면 사실(fact), 개념 및 일반적 법칙(law, principle)의 세 가지로 이루어져 있다. '사실'이란 직접적 또는 간접적인 관찰에서 얻는 것이며 모든 지식의 기본 단위이다(그러나 'truth'라는 의미의 '사실'과는 엄격하게 구별해야 한다). 그리고 이미 언급해 둔 바와 같이, 일련의 관찰에서 공통적인 속성들을 추상화하여 어떤 정신적 구인(mental construct)을 만들어 낸 것이 개념, 즉 어휘(단어) 이다. 또한 여러 개념들은 서로 떨어져 있는 단편적인 것이 아니라 그물모양으로 위계적으로, 그리고 의미상으로 서로 관련되어 조직형태를 이루고 있다(글의 조직형태에 대하여서는 3장을 참고할 수 있다). 마지막으로 일반적 법칙이란 두 개 또는 몇 개의 개념들이 서로 연결되어 보다 큰 어떤 형태를 이루고 있는 것을 말한다. 이러한 관련(조직)의 형태는 어떤 것의 원인-결과를 기술하거나, 설명하거나, 또는 예측하는 것 등일 수 있다. 요약하면 모든 지식이란 어휘(단어)로 이루어져 있으며, 이들은 구조적으로 연결되어 있다. 어휘(단어)는 모든 지식과 모든 사고(思考)의 구성단위이다. 그래서 어휘의 습득은 중요해진다.

그런데 텍스트를 얼마나 쉽게 이해할 수 있는지는 독자의 선행지식에 의하여 크게 결정된다. '선행지식'(prior knowledge)이란 배경지식, 또는 이전까지의 지식 등으로 불릴 수 있다. 선행지식이 이해에 결정적인 이유는 이해란 '새로운 정보'가 선행지식과 연결되고 통합되는 것을 의미하기 때문이다. 통합시킬 수 있는 선행지식이 부족할수록 지식을 통합(이해)하기는 그만큼 어려워진다. 다시 요약해 보면 관련의 어휘(지식)를 얼마나 많이 습득했느냐는 것은 텍스트 이해에서 미리 갖추어야 할 기본이라 말할 수 있다. 아래에서는 '새로운 단어 익히기'와 '어휘의 발달과 지도'의 두 가지로 나누어 살펴볼 것이다.

2. 새로운 단어 익히기

의미를 모르거나 분명하지 아니한 새로운 단어(어휘)를 익힐 때도 이전의 선행지식을 활성화시키고 여기에 연결시키면 알기가 쉽고 친숙함을 느낄 수 있다. 그리고 기억이 잘 된다. 이를 위한 몇 가지 방법은 다음과 같다.

(1) 문맥을 이용하여 '단어'의 의미를 짐작(추측, 추론)해 본다. 글을 읽다가 생소한 '단어'를 만나게 되면 앞뒤에 있는 단어나 문단의 내용을 살펴보고 거기에서 단어의 '의미'를 짐작해 보아야 한다. 만약 그 단어가 크게 중요한 것이 아니고, 그리고 전체적인 의미가 통한다면 짐작한 의미로 충분할 수도 있다.

단어의 의미를 짐작해 보는데 도움될 수 있는 문맥, 즉 문단의 맥락단서에는 다음과 같은 4가지 유형이 있다:

- (단어의 전후에 있는) 보기(예).
- 동의어(비슷한 말).
- 반대어,
- 문장이나 문단의 내용의 흐름이나 일반적인 감각(느낌, sense)

그리고 단어의 의미를 짐작하기 위하여 문맥의 단서를 어떻게 활용할 수 있는지에 대하여서는 다음의 Ⅱ절에서 좀더 자세히 다룬다.

(2) 새로운 단어가 완전히 낯선 것이라 하더라도 다음과 같은 질문을 해 본다. 그러면 이전의 지식을 얼마간이라도 활성화시킬 수 있을 것이다.

- ××× 단어를 들어 본 적이 있는가?
- ××× 단어를 보고/듣고 연상되는(떠오르는) 것은?
- 생각나는 다른 단어는?

(3) 사전(辭典)에서 단어의 의미를 찾아본다. 특히 텍스트의 내용 전개에서 중요한 단어는 반드시 사전을 찾아보아야 한다. 그리고 사전에서 말하고 있는 정의를 자기가 짐작해 보았거나 연상해 본 의미와 비교해 본다. 가능하면 참고서보다는 '사전'을 찾아봄으로써 의미를 자세히 익힌다.

(4) 단어의 의미를 '정교화'한다. 단어를 익힐 때 가능하면 여러 가지의 감각기관과 활동을 사용하는 것을 강조한다. '여러 가지의 감각기관'에는 예컨대 시각적인 것, 청각적인 것, 신체 운동적인 것, 또는 심상적인(정신적으로 그림 그리기) 것 등이 포함될 것이다. 단어의 의미를 정교화하는 데는 새로운 단어와 그것의 정의를 소리 내고, 그래픽으로 그려보고, 감정을 넣어 말해 보고, 글로 써 보거나 행위로 표현해 보는 것 등을 사용할 수도 있다. 이들은 중다 지능이론(다중 지능이론, multiple intelligence)의 원리에서 보면 당연한 것들이다. 보다 구체적으로 보면

- 비슷한 말, 반대 말, 또는 보기를 들어 본다.
- 적용해 본다―그 단어를 사용하는 작문을 한다.
- 시각적인 그래픽을 사용하여 설명해 본다.
- '소리'를 내서 설명해 본다.
- 글로 써 보거나 행위로 연출해 본다.

3. 어휘(단어) 발달의 지도원리

학생들에게 어휘(단어)의 습득을 지도하는 것은 크게 보아 두 가지의 경우이다. 하나는 독서하려는 제목(토픽)과 관련하여 학생들의 사전지식(事前知識)을 활성화시키거나 또는 단원 수업에 앞서 주요 개념들을 직접 가르치는 경우이다. 두 번째는 학생들이 독서를 하는 동안 텍스트의 맥락 속에서 어휘를 배우도록 하는 경우이다. 아래에서는 이들 두 가지 경우로 나누어 어휘 지도를 살펴본다.

이해에서 사전지식이 중요하다는 것은 대개 보면 사전의 어휘습득 수준이 결정적임을 의미할 수 있다. 그러면 어휘 지도를 어떻게 효과적으로 할 수 있을까? 그런데 어휘란 어떤 '개념'을 나타내는 단어라는 것과 개념이란 공통적인 특징을 가지고 있는 어떤 형태의 대상, 사건 또는 아이디어를 가리키는 것임을 다시 유의해 볼 필요가 있다. 그러면 일련의 관찰한 것을 기초로 하여 어떻게 하여 그런 '개념'이 형성되는가? 개념이 형성되는 과정, 즉 개념 학습(concept learning)의 과정을 알아야 우리는 비로소 어휘발달의 지도를 어떻게 해야 할지에 대한 시사를 얻을 수 있다. 개념 학습의 과정을 정리해 보면 다음과 같다.

(1) 개념 학습의 과정

가. 개념의 좋은 보기들을(examples) 든다. 그리고 이러한 보기들이 가지고 있는 속성(또는 '형식')을 같이 찾아보고 설명한다. 개념의 학습에는 좋은 보기를 들어주는 것이 아주 중요하다. 보기에는 실물, 동작, 사진이나 슬라이드, 또는 모형(model)뿐만 아니라 유추(잘 모르는 것을 설명하기 위하여 익히 알고 있는 어떤 것에 비유) 등이 포함될 수 있다.

나. 보기들을 통하여 이들이 공통적으로 가지고 있는 속성을 찾아보고 이들을 '어떤 형태(pattern)'로 일반화시킬 수 있는지를 생각해 보게 한다. 그리고 이렇게 일반화시킨 '형태'를 지칭하는 것이 바로 '어휘'

(단어)라는 것을 설명한다.

다. 가르치려는 어휘에 대한 이해를 상당 정도 할 수 있게 된 다음에 비로소 그 개념의 '보기'가 아닌 '비보기'(非例, non-examples)들을 천천히 제시한다. 이러한 과정을 통하여 어휘(단어)의 의미를 다듬고 점차 정교화시켜 가게 된다. 비보기는 어떤 개념을 다른 개념과 구분하고 변별하는 데 중요하다. 그러므로 비보기는 개념 학습의 후반에 도입해야 한다.

(2) 어휘 지도의 방법

지금까지 알아본 개념 학습(어휘 학습)의 인지과정을 기초하여 어휘 지도의 방법을 몇 가지로 정리해 보면 다음과 같다.

가. 어휘 지도는 가능한 한 귀납적인 과정(inductive)을 거쳐야 한다. 왜냐하면 어휘지도는 바로 개념 학습을 지도하는 것이며, 개념의 학습은 귀납적인 과정을 통하여(연역적인 과정이 아닌) 가장 잘 이루어지기 때문이다. 어휘(개념)는 여러 보기들을 들여다 보고 그들이 가지고 있는 공통속성을 발견함으로써 가장 효과적으로 습득할 수 있다.

나. 다른 중요한 개념(단어, 용어)과 연결시켜 지도한다. 동의어나 반대말 또는 비슷한 말을 가능한 한 자주 사용함으로써 개념들을 정교하게 변별시켜 가도록 한다.

다. 독서 재료의 여러 장면에서 습득하려는 어휘를 반복적으로 사용하는 것을 격려한다.

라. 학습자가 능동적으로 참여하게 하고 그리고 어휘학습의 전략을 의도적으로 사용하여 연습하게 한다. 그리고 자신이 생각해 낸 의미를 사전(辭典)에 있는 '정의'와 비교해 보게 한다.

II. 어휘 지도의 실제

1. 문맥단서의 활용

많은 어휘들은 앞서와 같은 직접적인 어휘 지도를 통하여 배우는 것은 아니다. 여러 연구들은 어휘를 늘리는 가장 효과적인 방법은 독서 활동 속에서 어휘의 의미를 익히는 것임을 지적하고 있다.

그리고 효과적이고 숙련된 독자일수록 잘 모르는 어휘라도 문맥단서를 사용하여 어휘의 의미를 파악해 낼 줄 안다. 대부분의 경우 우리는 읽는 글에서 의미를 잘 알지 못하는 한두 개의 단어는 불가피하게 만나게 된다. 그러나 그 때마다 사전을 뒤적여 보는 것은 비현실적일 수 있다.

우리는 학생들에게 문맥의 단서를 활용하여 어휘의 의미를 파악하는 전략을 외현적으로 가르쳐야 한다. 다시 말하면, 새로운 어휘가 도입될 때마다 그러한 단서를 활용해 보도록 힌트를 줌으로써 그러한 전략을 자동적으로 사용할 수 있게 해야 한다.

가. 여러 가지의 문맥단서의 유형을 활용토록 지도한다.

다음의 〈표 6-1〉에서 제시하고 있는 문맥단서의 유형을 참고하면 도움이 될 것이다(Dulin, 1970).

나. 어휘의 요소를 이해하고 활용토록 지도한다. 어휘의 요소에는 어근, 접두사, 접미사 등이 있는데 이들을 이용하여 새로운 어휘의 의미를 이해할 수 있다. 예컨대 '보기-비보기'에서 사용한 '비'와 같은 것이며, 영어 등 외국어 어휘 학습에서는 특히 중요해 보인다.

표 6-1	문맥단서의 유형	
유 형	정의와 예문	단 서
비슷한 말과 반대말 관련짓기	사전적(辭典的)인 정의는 대개 저자가 제시하고 있다. 예: "민주주의―국민에 의한 통치는 그리스인들에 의해서 발달했다."	반점('…', "…"), 줄표(―)
대 조	그것이 무엇인지를 말하기 위해서 필자는 무엇이 그렇지 않는지를 말한다. 예: "평소 그의 활기찬 모습과는 달리, 오늘 그는 꽤 낙심한 것처럼 보인다."	~대신, ~와는 달리, ~보다, 오히려 등.
직접 묘사	저자는 독자를 위해 실제로 그림을 그리듯이 자세하게 묘사한다. 예: "얼굴이 추하고, 날개를 퍼덕거리고 있고, 넓따란 갈고리 발톱을 가지고 있는 교회 한 구석의 그 괴물상은 사실상 놀라운 조각품이었다."	즉, 짧게 말해서, 요약하면, 그래서, 사실상 등.
원인과 결과	저자는 그 어휘와 관련한 이유를 말하거나 결과를 설명한다. 예: "준비한 음식으로 모든 저녁 식사 초대 손님들을 감동시키기 위하여, 그녀는 요리법을 연구했다."	~때문에, 위하여(위해), 그러므로, 그리하여 등.
언어 경험	독자는 어휘의 의미를 이해하기 위해서 배경지식을 사용한다. 예: "그녀는 걸어가면서, 재빨리 웃옷을 입고, 자연스럽게 축 늘어뜨리고, 벨트를 매고, 거울을 보고는 일하러 나갔다."	배경 지식을 사용하는 독자 자체가 단서임.
복합적인 방법	학생들은 어휘를 이해하기 위해 이상의 몇 가지의 전략들을 같이 사용한다. 예: "기구가 점점 더 낮게 가라앉았다. 기구가 너무 무거운가봐. 필요 없는 것은 다 버려! 먼저 무거운 것부터 버리고, 기구가 가벼워지면 우리는 다시 하늘 높이 날 수 있을거야."	독자와 그들의 경험, 배경지식, 직접 설명, 원인-결과 등

2. 핵심단어 그림 그리기

이 기법은 독서 전 전략으로 사용할 수도 있고, 또는 독서 후 전략으로 사용할 수도 있다. 독서 전 전략으로는 제목(토픽)을 제시할 때 또는 글 속에 나타나는 핵심적인 단어를 먼저 공부할 때 사용한다. 독서 후 전략으로는 익힌 핵심단어를 보다 심화시키고 정교화시키고자 할 때 이 기법을 사용할 수 있다. 어떻든 이 기법에서는 가르치려는 핵심단어와 관련 있는 단어들을 떠올려 이들 사이의 관계를 시각적으로 나타낸다. 방법은 다음과 같다.

(i) '핵심단어 그림그리기' 전략을 사용하는 방법을 시범적으로 보여 준다. 방금 학습을 마친 어떤 단원을 예로 사용한다. 거기에 있는 1개의 핵심 단어를 칠판에 적는다. 그리고 몇 개의 관련 있는 개념과 서술적인 단어들을 적는다(이들은 단원에 있는 것일 수도 있고 제목에 대한 일반지식에서 나온 것일 수도 있다). 이러한 리스트를 만들면서 당신 머리 속의 생각의 흐름, 즉 사고과정을 가능한 한 자세하게 소리 내어 설명한다. 어떻게 해서 핵심단어에서 그것과 관련된 다른 단어(개념)와 서술적인 단어들이 생각났으며 이들 간의 관계는 어떻다고 생각되는지를 소리 내어 말하면서 리스트를 만든다.

그렇게 한 다음 이들을 가지고 〈그림 6-1〉과 같은 그림을 그린다. 그럴려면 이들 단어들을 몇 개의 범주로 분류해야 한다. 이 때도 소리를 내면서 분류하고, 그리고 각 범주에다 이름을 붙인다. 이것을 어의도(語義圖, semantic map)라 부를 수도 있다. 〈그림 6-1〉에서 사용한 핵심단어는 '매'이다.

(ii) 학생이 이 기법을 사용하는 요령을 익혔으면, 이제 가르치려는 단원에 있는 핵심단어 1개를 용지나 칠판 위에 적는다. 학생들

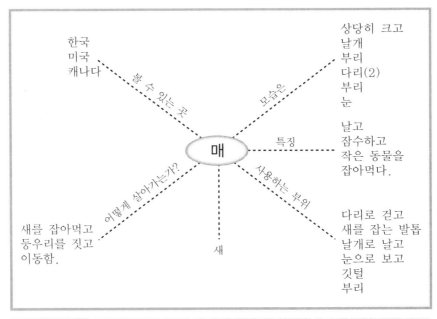

| 그림 6-1 | 핵심단어 그림 그리기/어의도 |

은 소집단으로 나뉘어 서로 협동하여 '핵심단어'와 관련 있는
단어들을 가능한 한 많이 생각해 보도록 한다. 다음으로 이들
을 몇 개의 집단(범주)으로 분류토록 한다.

(iii) 소집단별로 만든 '핵심단어 그림 그리기'를 가지고, 다시 학반
전체의 그림을 만들어 볼 수도 있다.

(iv) 글 읽기를 마치고 나면 거기에다 새로운 정보를 추가시킬 수도
있다. 이 때는 색깔이 다른 연필/분필을 사용하는 것이 효과적
이다.

3. 단어의 개념도

개념, 즉 단어의 정의를 알기 위하여 사전을 찾아보는 것만으로는
충분하지 않을 때가 많다. 아래의 절차에 따라 단어에 대한 '개념도'를

만들어 보면 단어(개념)의 의미를 보다 완전하게 이해할 수 있다.

(ⅰ) 어떤 단어를 제대로 정의하려면 다음의 3가지가 포함되어야 한다.
    － 무엇인가(정의)? 좀더 넓은 분류로 보면?
    － 어떤 특징적인 속성을 가지고 있는가? 다른 것들과 다른 점은?
    － '보기'는? 보기가 아닌 '비보기'는?
(ⅱ) 친근한 단어를 사용하여 '개념도'를 연습해 본다. 보기는 〈그림 6-2〉와 같다.
(ⅲ) 짝을 지워 그림을 완성케 한다. 사전을 찾아볼 수도 있으며 들

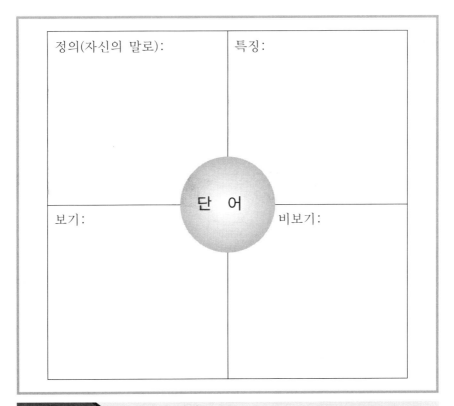

그림 6-2　단어의 개념도

거나 보았던 이전의 경험을 사용해 보도록 격려한다.
(ⅳ) 개념도가 완성되면 이제 거기에 있는 모든 내용들을 사용하여
개념의 정의를 적어 보게 한다.

Ⅲ.   요약하기

텍스트를 요약(summarizing)한다는 것은 긴 내용에서 핵심을 찾아 간단하고 짧게 재진술하는 것이다. 그러나 얼마나 간단하게 요약할 것인지는 장면의 요구에 따라 다를 수 있다. 요약을 할 때는 '어떤 것을 학습하는 최선의 방법은 그것을 적어보는 것이다'란 말을 기억해 볼 필요가 있다.

요약은 텍스트의 뼈대를 찾는 것이다. 달리 말하면 텍스트를 거시구조적으로 이해하는 한 가지 방법이다.

1. 요약을 위한 거시규칙

간단하게 재진술하기 위한 요약의 거시규칙은 다음과 같다.

(ⅰ) 본질적이지 아니한 정보는 탈락(제외)시킨다.
(ⅱ) 중심문장을 확인해 낸다. 그것이 없을 때는 구성해 낸다.
(ⅲ) 상위의 단어를 생성/구성해 낸다.
(ⅳ) 상위의 단어를 사용하여 텍스트의 내용을 일반화 한다.
(ⅴ) 서사문(이야기 글)의 경우는 이야기의 줄거리를 개요(outline)로 요약한다.

이들 거시규칙의 각기를 좀더 자세히 알아보면 다음과 같다.

(1) 본질적이지 아니한 정보는 탈락(제외) 시킨다.

훌륭한 요약을 하려면 부적절하거나, 중요하지 않거나, 덜 중요하거나, 또는 중심 내용이 아닌 세부내용들을 탈락(제외)시키는 것이 중요하다.

> "<u>충무공</u>은 마산에서 50리 떨어져 있는 충무의 <u>앞바다</u>에 <u>거북선</u>을 <u>결집시켰다</u>."

위의 글에서는 중요하다고 생각되는 단어(개념)를 찾아 밑줄 쳤다. 그러나 밑줄 대신에 동그라미 칠 수도 있으며, 보다 더 중요한 것에는 이중으로 체크하거나 동그라미를 두 번 할 수도 있을 것이다. 그러면 다음과 같이 요약할 수 있을 것이다.

> "충무공은 충무 앞바다에 거북선을 결집시켰다."
> "충무공은 거북선을 불러 모았다."

이제 아래의 단락을 어떻게 요약할 수 있는지를 생각해 보자.

> "<u>열대 우기 산림기후</u>에서 살면 <u>빠르게 변화</u>하고 있지만 그러면서도 <u>전혀 변화가 없는</u> 것 같은 역설적인 생활에 직면하게 된다. 어느 날이든 <u>아침이면 세찬 비가 계속해서 내린다</u>. <u>오후</u>가 되면 <u>태양</u>이 얼굴을 내밀고 견딜 수 없을 만큼 <u>덥고 습기 차다</u>. <u>아침</u>에는 <u>레인 코트</u>를 입고, <u>저녁</u>이면 <u>짧은 소매만</u> 걸치고 사는 생활에 당신은 익숙해질 수 있을까요? 그리고 <u>매일</u> 이런 일이 <u>되풀이</u> 된다. 일요일에서 토요일까지! 쉼 없이."

위의 문단에서 비본질적인 것을 탈락시키고 나면 대개 보아 밑줄 친 부분들이 남게 될 것이다. 밑줄 친 부분만을 가지고 다음과 같이 요약해 볼 수 있다.

"열대 우기 산림기후는 역설적이다. 아침에는 계속해서 비가 내리고 오후는 덥고 습기 차다. 이런 기후가 매일 되풀이 된다."

"열대의 우기 산림기후는 역설적이다."

(2) 중심문장을 확인해 낸다. 그것이 없을 때는 구성해 낸다.

중심문장(토픽문장, topic sentence)에는 단락의 중심내용이 포함되어 있다. 중심내용이란 '결론'과 같은 핵심적인 내용을 말한다. 그러므로 요약을 할 때는 반드시 중심문장을 포함시켜야 한다. 중심문장을 찾는 구체적인 방법에 대하여서는 5장을 참고하기 바란다. 그런데 만약 텍스트에 중심문장이 나타나 있지 않다면 스스로 중심문장을 구성해 내어야 한다. 다음의 텍스트에서 처럼 중심문장이 진술되어 있지 아니한 텍스트를 생각해 보라.

"1998년이 되자 주식은 나선형적인 모습으로 계속하여 치솟아 올랐다. 수많은 투자자들이 외상으로 주식을 샀다. 다시 말하면 사람들은 몇 만원의 돈만 지불하고 빚을 내어 주식을 사들였다. 시장에는 새로운 편의제품들이 쏟아져 나왔다. 누구나 냉장고, 라디오 및 자동차를 소유하고 있는 것 같이 보였다. 그러나 농부들은 재배한 농작물이 태풍을 맞아 큰 손실을 보고 있었다. 실업률은 증가하고 있었다."

이 글의 저자는 독자가 추리를 적절하게 해 낼 수 있으리라 믿고 있음이 분명하다. 저자는 "겉으로는 번창한 것 같지만 1990년대 후반의 경제는 건강한 것이 아니다"란 말을 하고 싶었을 것이다. 이 문단의 의미를 정확하게 이해하려면 독자는 스스로 중심문장을 구성해 냄으로써 세부내용을 간결하게 일반화할 수 있어야 한다. 이 단락을 좀더 길게 요약해 보면 다음과 같은 모습이 될 것이다.

"주가는 오르고 있어도 1990년대 후반의 경제는 건강한 모습이 아니다. 사람들은 빚을 내어 주식을 사고 있다. 실업률은 증가하고 있고 농작물 손실은 크다. 가게에는 팔리지 아니하는 신제품들로 가득 차 있다."

(3) 상위의 단어를 생성/구성해 낸다.

텍스트를 기억해 낼 때와 마찬가지로 요약을 할 때도 텍스트에 있는 내용을 더 높은 수준에서 그들을 포괄할 수 있는 상위의 단어를 생성/구성해 낼 필요가 있다. 이러한 상위 개념은 텍스트에는 제시되어 있지 않다. 예컨대 다음과 같은 단락을 읽어 보자.

"그는 행원을 무섭게 째려 보았다. 그는 자신의 명령에 따라 사람들이 우왕좌왕하는 모습을 보는 것을 즐겨하였다. 그는 손가락으로 가정부에게 소리 내며 손질하기를 좋아하였다. 아내에게 눈을 치켜세우는 것은 커피를 더 부우라는 신호였다. 그는 이발을 완벽하게 하라고 이발사 앞에서 지폐를 꺼내 쳐들어 보이기도 하였다."

이러한 텍스트를 읽으면 독자는 주인공의 행동을 한마디로 표현할 수 있는 '상위의 단어'(상위의 개념, '표현')를 구성해 내어야 한다. 상위의 단어는 텍스트의 내용을 포괄할 수 있는 거시적인 것이어야 한다. 예컨대 위의 단락에서는 '폭군', '독재자', '학대', '비인도적인' 등과 같은 것이다. 이렇게 상위 단어(상위 표현)를 구성하게 되면 텍스트의 내용이 서로 연결되기 때문에 이야기에 대한 이해가 향상된다.

대부분의 픽션(fiction)이 그런 것처럼, 저자가 주인공에 대하여 직접 언급하는 일은 별로 없고, 대신에 그의 행동과 대화를 통하여 주인공의 성격을 보여 주고 있을 때가 많다. 이런 경우 독자는 주인공의 세부적인 행동과 대화들을 가지고 주인공의 전체 모습을 '일반화' 해야 한

다. 위의 단락의 요약을 예시해 보면,

> "그는 '깡패' 같은 사람이었다. 자기에게 의지하고 있는 사람을 괴롭히고, 자기를 모시고 있는 사람을 기죽게 만들었다. 그는 가족도 학대하였다."
>
> "그는 깡패(같은 사람)였다.

텍스트 속에는 '깡패', '괴롭히다', '기죽게 하다', '학대하다' 등의 단어를 사용하지 않고 있다. 위의 텍스트의 내용을 요약하는 독자는 '그의' 여러 가지 행동들을 묶음하여 나타내기 위하여(범주화) 그러한 '상위 단어'(상위 개념)들을 만들어 내었다. 물론이지만 만들어 낸 상위 단어가 세부적인 내용을 보다 적절하게 포괄할수록 더 좋은 것이다. 이러한 상위 단어는 독자로 하여금 글을 한줄 한줄씩 따라 읽을 뿐만 아니라 '줄과 줄 사이', 소위 말하는 행간(行間)도 읽게 하기 때문에 텍스트의 내용을 훨씬 더 잘 이해토록 해 줄 것이다. 보다 더 간단한 보기 두 가지를 들어보면 다음과 같다.

(보기 1) (i) 철수는 추석 때 사과를 많이 먹었습니다. 그리고 배와 복숭아도 먹었습니다. 저녁 때는 오렌지와 대추도 발견하여 맛있게 먹었습니다.

(ii) 또한 철수는 바다에서 난 연어와 갈치를 먹었습니다. 바닷장어, 돔, 그리고 오징어를 먹었습니다.

(iii) 그뿐이 아니다. 철수는 소고기 요리, 바비큐한 돼지고기도 맛있게 먹었습니다.

⇒ (i) • 사과, 배, 복숭아, 오렌지, 대추 → 과일

• 철수는 추석 때 여러 가지 과일을 먹었다.

• 철수는 여러 가지 과일을 먹었다.

(ⅱ) • 연어, 갈치, 바닷장어, 돔, 오징어 → 해물(바다
　　　 고기)

　　　 • 철수는 여러 가지 해물을 먹었다.

(ⅲ) • 소고기, 돼지고기 → 육류

　　　 • 철수는 몇 가지의 육류도 먹었다.

(ⅰ)-(ⅱ)-(ⅲ) • 과일, 해물, 육류 → 음식

　　　　　　　 • 철수는 추석 때 여러 가지 음식을 먹
　　　　　　　　 었다.

(보기 2) (1) 10대가 된 워싱톤은 항해사가 되려는 희망을 포기하고
넓은 개척지대를 탐험하는 데 관심을 가지게 되었다.

(2) 넓은 들판을 측량하여 새로이 농장을 만들 수만 있다
면 모험을 찾아 집을 떠날 수 있는 기회를 가지고 싶
었다.

• 중심 문장은 (1)이다.

• 10대가 된 워싱톤은 항해사 대신에 넓은 개척 지대
를 탐험하는 탐험가가 되고 싶었다.

• 워싱톤은 탐험가가 되고 싶었다.

---

(4) 상위의 단어를 사용하여 텍스트의 내용을 일반화한다.

앞에서는 상위 단어를 생성해 내서 세부내용들을 포괄적으로 요약
하였다. 그러나 요약은 이에서 더 나아가 일반화하는 '일반적인 진술'
까지도 포함시킬 수 있다. 상위 단어를 사용하여 세부내용들을 일반화
할 때는(거시 구조적인 진술을 하면서) 중심내용이 부각되게 요약을 해
야 한다.

텍스트의 서두에서 요약을 해 두면 그것은 선행 조직자(advanced

organizer)의 구실을 하게 된다. 선행 조직자란 텍스트에 있는 정보들을 전체적으로 포섭할 수 있는 추상적 수준의 도입적인 요약을 말한다. 앞에서 요약의 예시로 제시했던 다음의 단락을 다시 들여다 보자.

- "그는 깡패 같은 사람이었다. 자기에게 의지하고 있는 사람을 괴롭히고, 자기를 모시고 있는 사람을 기죽게 만들었다. 그는 가족들도 학대하였다."

위에서와 같은 요약을 보다 상위적인 단어를 사용하여 다시 요약해 본다면, 예컨대 "그는 열등의식이 강하고 교육을 제대로 받지 못한 것 같다"라고 일반화의 요약을 할 수도 있을 것이다.

결국 요약과정은 거시규칙에 따르는 것이다. 거시규칙은 텍스트의 미시구조가 가지고 있는 보다 세부적인 내용을 압축시켜 동일한 내용을 핵심적으로 진술하게 한다. 그리하여 텍스트의 핵심적인 요지(gist)를 파악해 내게 한다. 그러나 거시구조에는 여러 수준이 있을 수 있기 때문에 거시규칙은 규칙의 구속조건이 충족될 때까지 계속하여 순환적으로 적용시킬 수 있다.

(연습문제) 다음의 두 개 묶음에 있는 진술들을 각기 하나의 문장으로 요약해 보라.

(1) ＿＿＿＿＿＿＿＿＿＿＿＿＿＿＿＿＿＿＿＿

- (그는) 더러워진 옷은 깨끗하게 빨아 입습니다.
- 지퍼나 단추는 잘 채웁니다.
- 덥다고 옷을 풀어 헤치거나 걷어 올리지 않습니다.
- 바지가 흘러내리지 않도록 허리띠를 잘 맵니다.

(2) ＿＿＿＿＿＿＿＿＿＿＿＿＿＿＿＿＿＿＿＿

- 가족끼리 서로 아껴 주고 도와 줍니다.

- 웃어른을 공경합니다.
- 부모님께서 편찮으시면 간호하여 드립니다.
- 부모님의 심부름을 잘 합니다.
- 집에 손님이 오시면 인사를 합니다.
- 자기 할 일을 스스로 합니다.
- 밖에 나갈 때에는 부모님께 말씀드리고 나갑니다.
- 친구 집에서 놀다가 시간이 늦어지면 부모님께 연락을 합니다.

---

*묶음 (1)은 '(그는) 옷차림을 단정히 한다'로, 그리고 묶음 (2)는 '(그는) 부모님께 예의바르게 행동한다'라고 요약할 수 있을 것이다.

(5) 서사문(이야기 글)의 경우는 이야기의 줄거리를 개요(outline)로 요약한다.

앞에서 알아본 요약의 두 번째의 거시규칙은 '중심문장을 확인해 낸다. 그것이 없으면 구성해 낸다'라고 하였다. 그런데 중요한 것은 이 규칙은 주로 '논설문'(논증문과 설명문)의 경우에 해당된다는 것이다. 그러면 서사문(이야기 글)은 어떻게 요약할 수 있는가? 이야기 글은 이야기의 줄거리를 개요적으로 요약해야 한다. 이미 3장에서 알아본 바와 같이 서사문(이야기 글)은 소위 '이야기 문법'이라 부르는 몇 가지 요소들로 되어 있는데, 거기에는 장면(배경, 시간-장소-등장인물), 문제(갈등, 사건), 구성(줄거리) 및 해결(결말, 엔딩) 등이 포함되어 있다. 그러므로 서사문(이야기 글)을 요약할 때는 이들 요소들을 압축시켜야 한다. 다시 말하면 서사문(이야기 글)은 어떤 '배경'에서(시간, 장소), 어떤 주인공이, 어떤 발단(문제, 사건)이 있어서, 어떤 일련의 사건들이 벌어졌으며, 그리고 결말/끝이 어떻게 되었는지를 요약해야 한다.

2. '요약'을 위한 그래픽

개인적으로 또는 집단에서 텍스트를 요약하는 한 가지 방법은 아래와 같이 시각적인 그래픽을 사용하는 것이다. 그러나 어떤 정보를 요약하려면 독자는 먼저 '핵심개념'과 '하위적인 내용'을 구별할 수 있어야 한다. 또한 정보를 압축할 줄 아는 능력이 요구된다. 그러므로 요약을 하는 것은 매우 정교한 기능이며 동시에 텍스트의 이해에는 매우 결정적인 기능이다. 사용방법은 다음과 같다.

(ⅰ) 먼저 텍스트 문단을 개관해 보고 그리하여 글을 읽으면서 초점을 두어야 할 주요 토픽을 확인해 낸다. 예컨대 글의 제목이 '딱따구리'이고 하위의 제목에 '특징', '먹이', '집' 및 '재미있는 사실' 등이 있다면 학생은 이러한 하위 제목의 영역별로 요약을 해야 한다.

(ⅱ) 〈그림 6-3〉과 같이 A4 크기의 용지를 4부분으로 나누거나 또는 칠판을 4부분으로 나눈다. 〈그림 6-3〉는 '딱따구리' 단원을 사용하여 요약의 양식을 예시한 것이다.

(ⅲ) 글을 읽고 난 다음에 알게 된 정보를 각 부분(범주)에다 기록한다. 이때는 문장형태로 기록한다. 수업시간에서 집단으로 할 때는 논의를 하기 위하여 먼저 기록을 하거나 또는 기록을 하면서 서로 논의를 하게 한다. 학생들은 어느 개념이 가장 중요한지를 이해해야 하며 또한 그러한 개념을 분명하게 진술할 줄 알아야 한다.

(ⅳ) '요약' 양식이 완성되면 전체적으로 읽어 보고, 논의하고, 그래서 구조적으로 설명하고 요약해 보게 한다.

제목: 딱따구리

요약을 위한 조직화 양식	
특징 :	먹이 :
집 :	재미있는 사실 :

그림 6-3 개인/집단의 요약을 위한 그래픽 용지

IV. 노트 정리, 밑줄 긋기와 메모하기

먼저 효과적인 노트 정리(note-taking)의 요령부터 간단하게 알아볼 것이다. 수업을 잘 하는 교사는 교재에 이미 있는 내용을 단순히 반복하는 것이 아니다. 이들은 교재에 있는 내용을 충분히 그리고 구조적으로 설명하고 더욱 자세한 내용을 보충해서 설명한다. 그러므로 수업 노트를 잘하면 (ⅰ) 교사(교수)가 제시하는 것을 이해하는 데 필요하고, 그리고 (ⅱ) 나중에 시험 공부하는 데도 도움이 된다. 그러나 노트를 효과적으로 잘 하려면 읽거나 듣는 것을 능동적으로 그리고 선택적으로 잘 이해해야 한다.

1. 노트 정리의 요령

효과적인 노트 작성을 위한 몇 가지의 규칙은 다음과 같다.

(ⅰ) 과목별로 별도의 노트를 만들며, 날짜를 기록한다.

(ⅱ) 두 쪽 가운데 오른쪽 페이지(쪽)만을 사용하여 노트한다. 왼쪽의 페이지는 나중에 추가적인 보충자료를 노트할 때 사용한다. 보충자료를 노트할 때는 교사가 수업한 내용과 구분될 수 있게 한다.

(ⅲ) 가능하면 중요한 점과 덜 중요한 점이 구별될 수 있도록 자신이 알아볼 수 있는 개요형태(outline)로 기록한다. 그리고 완전 문장보다는 자기가 알아볼 수 있을 정도의 간단한 단어나 구의 형태로 기입한다.

(ⅳ) 글로 써서 '개요형태'로 노트하기보다는 '시각적인 그래픽'(다

이아그램)을 사용하여(예, 마인드 맵) 전체 내용을 파악하기 쉽게 노트할 수도 있다.

(v) 교사(교수)의 말을 그대로 적지 말고 자신이 이해한 바를 자신

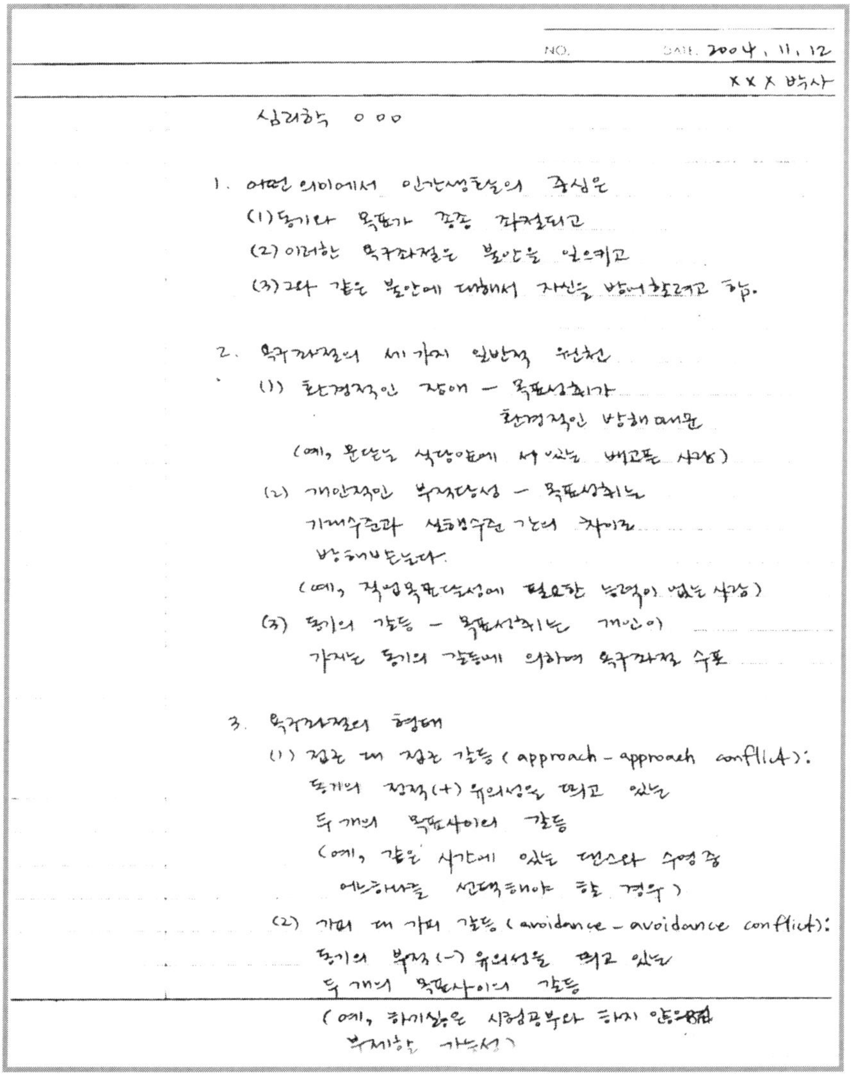
NO. DATE 2004. 11. 12

XXX 박사

심리학 ○○○

1. 어떤 의미에서 인간생활의 중심은
(1) 동기와 목표가 종종 좌절되고
(2) 이러한 욕구좌절은 불안을 일으키고
(3) 그와 같은 불안에 대해서 자신을 방어하려고 함.

2. 욕구좌절의 세 가지 일반적 원천
(1) 환경적인 장애 — 목표성취가 환경적인 방해 때문
(예, 문닫는 식당앞에 서 있는 배고픈 사람)
(2) 개인적인 부적당성 — 목표성취는 기대수준과 실행수준 간의 차이로 방해받는다.
(예, 직업목표달성에 필요한 능력이 없는 사람)
(3) 동기의 갈등 — 목표성취는 개인이 가지는 동기의 갈등에 의하여 욕구좌절 수포

3. 욕구좌절의 형태
(1) 접근 대 접근 갈등 (approach - approach conflict):
동기의 정적(+) 유의성을 띠고 있는 두 개의 목표사이의 갈등
(예, 같은 시간에 있는 댄스와 수영 중 어느하나를 선택해야 할 경우)
(2) 회피 대 회피 갈등 (avoidance - avoidance conflict):
동기의 부적(-) 유의성을 띠고 있는 두 개의 목표사이의 갈등
(예, 하기싫은 시험공부와 하지 않음 낙제할 가능성)

그림 6-4 노트 정리의 예시

의 말로 기록한다. 다만 용어의 정의 같은 것은 그대로 정확하
게 기록한다.

(vi) 교사(교수)가 설명을 반복하거나, 설명을 보충하거나, 또는 칠
판에 적으면서 강조하는 대목에는 특별히 주목한다. 교사(교
수)가 강조한 내용을 별표와 같은 기호를 사용하거나 밑줄을
쳐서 표시한다.

(vii) 중요한 내용을 강조하는 언어적인 단서에 주목한다. 예컨대
'주요한 3가지 이유(원인)', '결과적으로', '그러므로', '요약
하면' 또는 '결론적으로' 등은 중요한 언어적 단서들이다.

(viii) 수업 직후 노트한 것을 정리하고 복습한다. 따라가지 못해서
여백으로 비워 둔 곳을 채워 넣고 잘못된 곳을 수정한다. 그리
고 나중에도 쉽게 이해가 될 수 있게 노트한 것을 전체적으로
다시 읽어 본다.

다음에 있는 〈그림 6-4〉는 노트 정리한 것이 한 가지 보기이다.
여기에서 보면 크게 보아 두 가지의 특징을 발견할 수 있는데 하나는
노트를 가능한 한 내용 중심으로 하고 있는 것이고, 다른 한 가지는 강
의내용의 전체적인 조직(구조)가 시각적으로 상당히 잘 드러나고 있다
는 것이다.

2. 밑줄 긋기와 메모하기의 요령

읽은 것을 밑줄 긋기(underlining) 또는 메모(memo)하는 것은 보다
중요한 내용을 선택하거나 내용을 압축하기 위한 것이다. 사실 텍스트
에 나타나 있는 내용들이 모두가 같은 정도로 중요한 것이 아니다. 어
떤 것은 보다 더 핵심적이고 다른 어떤 것은 다소간 지엽적인 것이다.
이런 것을 잘 선택해 낼 수 있다면 텍스트를 이해하고 기억하는 데 크

게 도움 된다. 밑줄 긋기와 메모하기의 요령은 다음과 같다.

(ⅰ) 선택적이어야 한다. 중요한 것을 선택해야 한다. 그리고 중요한 것과 보다 더 중요한 것도 차이 나게 표시해야 한다.

(ⅱ) 적극적으로 표시하고 가능하면 자기 자신의 말(언어)로 표현한다.

(ⅲ) 조직적인 형태를 가지게 한다. 다시 말하면 밑줄 긋거나 메모한 것이 전체적인 구조를 가지도록 한다.

(ⅳ) 보다 세부적인 기법에는 다음의 것들을 생각해 볼 수 있다. 교사는 이러한 기법들을 '소리 내어 생각'하면서 시범을 보이고 보기를 제시할 수 있어야 한다. 그리고 학생들이 연습할 때 구체적으로 피드백해 주어야 한다.

- 연필을 사용한다 ― 처음 중요하다고 생각한 것이 나중에 다시 보면 전혀 그렇지 않을 수 있고 그 반대의 경우도 얼마든지 있을 수 있기 때문이다. 변경될 여지가 없는 장면에서의 노트나 메모는 다른 필기용구를 사용해도 무방할 것이다.
- 중요한 내용에 동그라미를 치거나 밑줄을 긋는다. 그리고 보다 더 중요한 핵심내용(중심내용)에는 동그라미나 밑줄을 추가시킬 수 있다. 또는 *표의 수를 달리하여 표현할 수도 있다.
- 바깥 여백에 번호를 붙일 수도 있다.
- 여백에는 전체 문단(문장)의 요약이나 중심단어들을 기록한다.
- 이해가 잘 안 되는 곳에는 의문표시를 한다.
- 읽으면서 떠 오른 자신의 아이디어를 페이지의 위나 아래쪽에 적는다.
- 중요한 아이디어와 이를 뒷받침하는 재료에 밑줄을 치고 여백에 간단한 요약을 쓴다. 이러한 중심단어는 복습과 암송을 할 때 이용할 수 있다.

텍스트를 읽다 보면 거의 언제나 생소하거나 의미가 알쏭달쏭한 어휘(단어)를 만나게 된다. 어떨 때는 대충 짐작하고 넘어갈 수도 있지만 반대로 다른 어떤 때는 어휘의 의미를 자세히 알아보는 것이 필수적일 수도 있다. 생소한 단어의 의미를 알려면 문맥에 따라 의미를 짐작해 보거나 사전(辭典)을 찾아보아야 한다. 그리고 짐작해 보거나 사전에서 찾아본 단어는 여러 가지 방식으로 정교화해야 한다. 정교화하는 데는 비슷한 말, 반대말 또는 보기를 예시해 보거나, 소리 내어 설명해 보거나, 그래픽으로 그려 보거나, 행위로 연출해 보거나, 또는 적용해서 글을 지어 보는 방법 등이 있다.

어휘 습득이나 어휘 지도를 할 때는 개념 학습의 원리를 유의해야 한다. 개념 학습의 원리에는 먼저 좋은 '보기'를 들어 준 다음 공통적인 속성을 찾아 어떤 일반적인 '형태'를 만들어 보게 한다. 그런 다음 천천히 '비보기'를 제시하는 것 등이 포함되어 있다. 그러므로 어휘 지도할 때는 귀납적인 과정으로 해야 하며, 관련의 다른 중요한 단어(개념)에 연결시켜 정교화하고, 자주 사용하고, 그리고 어휘 학습의 전략을 의도적으로 연습해 보게 해야 한다. 그리고 어휘(단어)의 의미를 문맥(문장 맥락)의 단서를 이용하여 짐작해 보는 연습을 하고 그리고 핵심단어 그림 그리기 기법 등을 사용하는 것도 권장할 만하다.

요약하기란 텍스트의 핵심내용을 찾아 간략하게 재진술하는 것이며, 이 때 적용되는 것이 요약의 거시규칙이다. 여기에는 본질적이지 아니한 정보는 탈락시키고, 중심문장을 확인해 내거나 그것이 없을 때는 구성해 내고, 상위의 단어를 구성하고, 그리고 상위 단어를 사용하여 내용을 일반화하는 것 등이 포함되어 있다.

마지막으로 노트 정리, 밑줄 긋기와 메모하기에 대하여 알아 보았다. 노트정리의 요령에는 과목별 노트를 만들고, 중요한 내용만 노트하고 덜 중요한 것과 구분되게 하며, 개요의 형태로 정리하고, 그리고 수업 직후에는 노트 정리한 것을 다시 체크하고 복습하는 것 등이 중요하다. 밑줄 긋기와 메모할 때는 가능하면 연필로 하고, 자신의 말로 적극적으로 하며, 그리고 중요한 내용이 형태적으로도 두드러지게 하는 것 등이 중요하다.

논설문 이해를 위한 활동들

논설문 이해를 위한 활동들

이 장에서는 논설문을 깊게 이해하기 위한 활동 몇 가지를 알아보기로 한다. 이미 5장에서 우리는 텍스트 이해를 위한 일반적인 전략과 반드시 묻고 대답해야 하는 핵심적인 '바른 질문'에 대하여 알아보았다. 그리고 6장에서는 생소하거나 애매한 단어를 습득하는 요령에 대하여 살펴본 바 있다. 이 장에서 제시하고 있는 활동에는 K-W-L 기법, 지시적 독서-사고 활동, 협동적인 독서 기법, 집단요약의 기법, 웹 지도와 마인드 맵 및 몇 가지의 그래픽 조직자들이 포함되어 있다.

I. K-W-L 기법

이 장은 주로 '논설문'의 이해를 깊게 하기 위한 활동들을 살펴볼 것이기 때문에 먼저 논설문의 특징을 다시 주목해 보고자 한다. 논설문은 어느 것이나 정보를 전달해 주기 위한 정보적인 글이며 그래서 이를 정보문(情報文)이라 부르기도 한다.

- 논설문에는 어떤 결론(주장)을 설득하기 위한 논증문(주장문)과 어떤 정보를 알려 주거나 설명하기 위한 설명문이 포함된다. 그리고 설명문에는 저자가 관찰한 것을 '묘사'(description)하는 글과 어떤 것에 대하여 저자 자신이 알고 있는 것을 '설명'하는 글이 포함된다.
- '논설문＝중심내용＋뒷받침하는 세부내용'(근거, 증거, 이유)의 형태로 조직되어 있다.

  'KWL'은 우리가 이미 알고 있는 것'(what we Know), '알고 싶은 것'(what we Want to find out) 및 '알게 된 것'(what we have Learned)의 약자이다. 이 지도방법은 정보적 텍스트를 가지고 학생들이 사고하도록 지도할 때 특히 효과적이며, 그리고 융통성 있고 인기 있는 방법이다(Ogle, 1989). 이 기법은 특히 '설명문'을 읽을 때 특히 적절하다.

(1) 〈그림 7-1〉에서 예시하고 있는 바와 같은 'K-W-L 양식'을 사용하거나 또는 학급에서 읽기할 때는 이와 비슷하게 칠판을 3부분으로 나누어 사용한다.
(2) 텍스트의 제목(토픽)을 읽어 보고 이에 대하여 알고 있거나, 알고 있다고 생각되는 것들을 브레인스토밍하여 요점들을 간결하게 기록한다.

  예컨대 교실에서 '제주도'에 관한 텍스트를 읽을 계획이라 가정해 보자. 교사는 먼저 우리나라 지도를 펴서 제주도를 가르치면서 거기에 갔던 경험이 있는 사람이 있는지를 질문하는 데서 시작할 수 있다. 학생들은 먼저 '제주도'에 대하여 알고 있는 것을 브레인스토밍한다. 브레인스토밍 기법에서는 판단을 유보하고 가능한 많은 아이디어들을 자유스럽게 생성해 내게 한다. 그리고 교사는 학생들의 반응을 첫 번째 세로란에 있는 'K' 밑에 기록한다.

제 주 도		
K(이미 알고 있는 것):	**W**(알고 싶은 것):	**L**(알게 된 것):
섬 남쪽 해녀 관광지	무엇이 유명할까? 얼마나 클까? 무엇이 있을까?	

* K(이미 알고 있는 것): 제목에 대하여 이미 알고 있거나 또는 알고 있다고 생각되는 것들을 브레인스토밍하여 기록함.

W(알고 싶은 것): 제목을 보면서, 그리고 제목에 대하여 브레인스토밍해 보면서 궁금해지는 것, 알고 싶은 생각이 드는 질문들을 기록함.

L(알게 된 것): 제기한 질문에 대한 대답뿐만 아니라 알게 된 기타의 중요한 정보도 기록함.

그림 7-1   K-W-L 활동지

(3) 다음으로 그런 식으로 하여 이미 알고 있는 것들을 브레인스토밍해 가다보니 궁금해지는 것, 또는 알아보고 싶다는 생각이 드

는 것들을 'W' 밑에 기입한다.

(4) 이제 본문을 목적적으로 읽는다. 다시 말하면 자기가 제기한 질 문에 대한 대답을 발견해 내려는 목적을 가지고 노력하면서 읽 는다.

읽기를 마치고 나면 텍스트의 주요 요점을 "L(알게 된 것)"란에 기록한다. 질문에 대한 대답뿐만 아니라 알게 된 기타의 중요한 정보도 같이 기록한다. 때로는 자신이 안다고 생각한 것이 잘못 되고 부정확하다는 것을 확인할 때도 있는데, 이때는 "K(이미 알 고 있는것)"의 해당 부분에 두 줄을 긋고 바른 내용으로 고친다.

(5) 그림이 완성되면 다시 텍스트를 읽어 보면서 명료화하고, 확인 하고, 또는 부족한 부분을 보충한다. 적절한 부분을 읽게 하고 자신의 생각을 설명해 보도록 도와 준다. 도표에 있는 모든 정 보들이 정확하고 완전한 것이 되게 하고 나면 교사는 이 텍스트 에서 얼마나 배웠으며, 도표가 얼마나 도움이 되었는지를 반성 해 보게 한다. 어떤 질문에 대한 대답은 텍스트에 없는 것은 불 가피할 수 있다. 이러한 경우에는 그런 질문에 대한 대답을 찾 기 위하여 추가의 자료를 찾아보게 하면, 추수적인 독서 활동과 정보수집이 자연스럽게 이루어지게 될 것이다.

II.　관리적 독서-사고 활동

　　Stauffer(1969)가 개발한 '관리적 독서-사고' 지도 활동'(directed reading/thinking activity, DR/TA) 기법은 앞에서 이미 알아 본 K-W-L 기법과 비슷하다. 이 기법은 지금까지 가지고 있던 이전(사전) 지식을 활성화시키고, 예측하고, 그리고 예측한 것의 정확성을 체크하게 함으

관리적 독서-사고 활동
알고 있는 것 :
알게 될 것 같은 것 :
알게 된 것 :

그림 7-2   관리적 독서-사고 활동양식

로써 독서를 적극적으로 할 수 있게 한다. 아래에서는 이를 다소 수정한 사용방법을 알아본다.

(1) 제목, 장이나 절 등의 하위 제목 및 도표 등을 주목해 봄으로써 텍스트를 전체적으로 훑어 읽어 보게(사전개관) 한다.

(2) 이렇게 사전개관(事前槪觀)해 본 결과를 가지고 〈그림 7-2〉에 있는 바와 같은 DR/TA 양식에 있는 '알고 있는 것'(토픽에 대한 이전의 지식), 및 '알게 될 것 같은 것'(예측과 가설 형성) 항목에 기입한다. '알고 있는 것'이란 항목에는 제목 등과 관련하여 자신이 지금까지 알고 있거나, 알고 있다고 생각되는 것을, 그리고 '배우게 될 것 같은 것'(예측과 가설 형성)이란 항목에는 텍스트를 자세히 정독하면 어떤 것들을 알게 될 것 같은 생각이 드는지를 적는다. 이러한 활동을 하면 학생들이 읽으려는 '제목'(토픽)에 집중하게 된다. 특히 첫 번째 항목('배우게 될 것')에 대하여 같이 협의하는 활동을 해 보면 그 제목(토픽)에 대하여 학생들이 가지고 있는 잘못된 생각이나 오해 같은 것도 찾아낼 수 있게 된다. 두 번째 항목('알게 될 것 같은 것')의 활동을 하게 되면 읽으려는 것에 대하여 가설이나 예상(예측)을 해 보게 되며, 이것은 다시 독서의 목적을 분명히 하도록 하는 데 도움된다.

(3) 이제 텍스트를 자세히 읽도록 한다. 그리고 읽은 내용을 가지고 이전에 생성했던 가설을 확인 또는 기각하거나, 또는 수집한 새로운 정보를 토대로 이전의 가설을 자세하게 다듬을 수도 있다.

(4) 마지막으로, DR/TA의 제일 끝에 있는 항목, 즉 '알게 된 것'을 완성해 보게 함으로써 읽기를 마친다. 이런 활동을 하면 읽기를 더 깊게 할 뿐만 아니라 지금까지 갖고 있던 생각(지식)을 바로잡는 데도 도움된다.

III.   협동적인 독서 기법

읽고 이해하는 활동을 두 명 또는 그 이상의 집단이 협동적으로 할
수 있다. 특히 두 사람이 짝을 지워서 하면 효과적이다. 한 사람이 다
른 사람에게 글을 '소리 내어 읽고', 그리고 상대방 사람은 그것을 경
청하면서 중심내용을 요약한다. 그러면 서로의 지식과 이해가 커질 것
이다. 사용방법은 다음과 같다.

(1) 짝을 만든다(또는 '독서자'와 '경청자'의 두 편을 만든다).

(2) 독서자는 선정한 글의 한 부분(1단락, 몇 단락, 글의 절반 또는
전체)을 소리 내어 읽는다.

(3) 읽기가 끝나면, 귀 기울여 듣던 경청자는 그 글의 중심내용을
요약해 내고 그것을 뒷받침하는 세부내용을 이야기한다. 글의
내용을 분명히 하기 위하여 독서자에게 질문을 할 수도 있다
(또는 독서자가 '중심내용'을 요약해 내고, 경청자는 탐색하고 명료
화하는 질문을 하는 것으로 역할을 달리 할 수도 있다).

(4) 이제 독서자와 경청자가 역할을 바꾼다(경청자가 소집단인 경우
는 이들 가운데서 1명을 선정). 새로운 독서자가 다음 부분의 글
을 읽는다.

(5) 새로운 경청자가 이 부분의 중심내용을 요약해 내고 세부사항
을 설명해 봄으로써 이해를 분명히 한다.

(6) 이런 식으로 역할을 교대하여 글을 끝까지 읽는다.

(7) 전체 글을 모두 읽고 나면 학생들은 협동하여 중심내용을 요약
해 내고, 그리고 뒷받침하는 세부내용을 논의한다. 그리고 가능
하면 읽은 내용을 시각적인 그래픽으로 제시해 본다.

IV.   집단 요약의 기법

학반에서 읽은 내용을 집단적으로 같이 요약해 보게 하면(group summarizing) 읽은 정보를 복습하고 기억하는 데 도움된다. 읽은 정보를 요약하려면 독자는 핵심적인 개념과 하위적인 것을 구분할 수 있어야 하며 그리고 정보를 압축할 줄 알아야 한다. 사용방법은 다음과 같다.

(1) 텍스트를 훑어 읽는다(사전개관). 그러면서 읽을 때 어떤 토픽을 집중하여 읽을 것인지를 확인해 낸다. 예컨대 제목이 '산양'(山 羊)이고 하위 제목에 '특징', '먹이', '사는 곳' 및 '재미있는 사실' 등이 있다면, 이러한 하위 제목을 집중하여 읽어야 하고, 그것이 바로 요약할 때 사용하는 영역이 될 것이다.

(2) 다음으로, 칠판이나 용지를 영역의 수에 따라 나눈다. 〈그림 7-3〉 보기의 경우는 4부분으로 나누고 각기에다 '특징', '먹 이', '사는 곳' 및 '흥미로운 사실들'이라는 이름(명칭)을 붙인 다. 이러한 하위영역의 이름에 따라 독서의 목적이 좀더 분명해 지게 될 것이다.

(3) 이제 텍스트를 읽기 한다. 읽기가 끝이 나면 각 부분에 대하여 알게 된 것을 적어 보게 한다. 원하는 사람이 나서서 적도록 한 다. 적을 때는 내용을 가능한 한 간결하지만 완전문장으로 적도 록 한다. 이 과정에서는 학반(집단) 협의가 핵심적이다. 학생들 은 어떤 개념(어떤 정보)이 가장 중요하며, 그리고 이들을 어떻 게 분명하게 진술할 수 있는지를 이해할 필요가 있다.

(4) 지금까지 기록한 정보들을 가지고 학반 전체의 요약을 만든다. 요약은 각 토픽마다에 대하여 한다. 그런 다음 이들을 가지고

제목 :	
특징 :	특징 :
사는 곳 :	흥미로운 사실들 :

| 그림 7-3 | 집단요약용 양식 |

제목(토픽) 전체에 대하여 요약적인 설명을 해보게 한다. 양식
의 보기는 〈그림 7-3〉과 같다.

V. 웨브 지도와 마인드 맵

1. 웨브 지도

웨브 지도(web map)는 내용/정보들을 시각적으로 그리고 전체적으

로 조직화할 때(조직화하여 제시하거나 이해코자 할 때) 유용하게 사용할 수 있는 기법이다. 만들기가 쉽기 때문에 초등학교 수준에서 시작하여 누구나 편리하게 할 수 있다. '웨브 지도'는 내용/정보를 서로 떨어져 단편적인 것이 아니라 연결된 전체로 이해하기 위한 그래픽(graphic) 방법이다. 그러므로 읽을거리가 제목(토픽)과 여러 가지의 하위 내용(하위 토픽적인)들을 포함하고 있을 때 이들 내용/정보를 전체적으로 이해하는 데 특히 효과적이다. 웨브 지도의 한 가지 형태는 '마인드 맵'(maind map)인데 이것에 대하여서는 다음에서 별도로 다룰 것이다.

웨브 지도란 문자 그대로 전체를 '거미줄'처럼 연결(관련)시켜 제시하는 것이기 때문에 거미줄처럼 연결하여 전체 구조를 보여 주는 것이면 어떠한 형태의 것이라도 '웨브 지도'라 말할 수 있다. 그러나 제대로 된 '거미줄'은 어떤 중심이 있고 그 중심에서 가지(branch)들이 연결되어 있고, 그리고 일차적인 가지에서 이차적인 가지들이 뻗어져 있는 식으로 조직되어 있다. 그리고 웨브 지도는 전 독서 활동(pre-reading activities)으로서 선행지식을 활성화시키기 위해 사용할 수도 있고, 독서 후 활동으로서 내용을 정리하여 거시 구조적인 이해를 돕기 위하여 사용할 수도 있다.

전 독서 활동에서 사용하는 것의 보기를 들기 위하여 제목이 '새'인 텍스트를 읽으려 한다고 가정해 보자. 우선은 제목을 보고 어떤 것을 배우게 될 것인지를 생각해 볼 수 있을 것이다. 예컨대, '새들은 어떻게 날까, 어떤 것을 먹을까, 신체에는 어떤 기관들이 있을까?' 등을 묻고 거기에 대하여 학생 자신들이 이미 알고 있는 것들을 말해 보게 할 수 있다. 그런 다음 책을 읽으면 이제는 '새'에 대하여 더 많은 것을 알아보게 될 것이다. 제목을 보고 그것과 관련하여 자신들이 이미 알고 있던 것들을 말해 본 것과 읽으면서 새롭게 알게 된 것을 간단한 요점의 단어를 사용하여 거미망의 웨브 지도를 만들 수 있는데 〈그림 7-3〉은 이를 예시해 주고 있다. 그리고 다음에서 제시하고 있는 '현금 없는 사회'를 웨브 지도로 요약해 본 것이 〈그림 7-4〉이다. 그리고 개념(단어)들 간의 관계를 웨브 지도를 나타내는 것을 특히 개념도(concept map)라 부르기도 하는데 〈그림 7-5〉은 웨브 지도보다는 개념도라 부르는 것이 보다 적절해 보인다.

현금 없는 사회

　　Jung 씨 가족의 식사시간은 언제나 활기가 넘친다. 식구에는 어머니 Shih-li, 15세 된 Jen-hai, 12세 된 Ranna, 그리고 할머니와 할아버지가 있다. 그 날 저녁에는 할아버지는 안 계셨고 Ranna의 친구 Ashley가 초대되어 있었다.

　　"오늘 이상한 뉴스를 들었어!" 라고 어머니 Shin-li가 말문을 열었다. "Leabean시가 현금 없는 사회를 전면적으로 처음으로 테스트하는 데 선정되었대. 이 시에서 벌어지는 모든 거래는 예치해 둔 금액에 상응하는 카드, 크레디트 카드 또는 전자화폐를 사용한다고 하더라."

　　"그 말은 현금이나 수표는 사용하지 않는다는 뜻입니까?"라고 Ashley가 물었다. Shih-li가 그렇다고 고개를 끄덕이자 Ashley는 다음과 같이 말을 계속 하였다.

　　"우리 가족들이 혼돈을 일으키고 어려움을 겪겠어요. 아버지는 3년 동안이나 실직해 있고, 어머니는 아이들이 구입해야 하는 몇 가지 물건만을 살 수 있는 스마트카드를 은행에서 만들어 우리에게 주는데요. 엄마는 현금을 가지고 다니는 것보다 스마트카드를 사용하는 것이 훨씬 더 안전하다고 말해요. 그러나 우리 누나는 지난 주 화장품 사는 데 스마트카드를 다 써버리고 그것이 빈 카드인 것도 몰라서 혼이 난 적이 있어요. 내 동생은 너무 어려서 카드의 비밀장치인 PIN을 기억하지 못해서 쓰지 못하고 있어요."

"그런 것들은 정말 걱정이 되는군. 이 새로운 예비 검사가 가져 올 수 있는 도전들을 탐색해 보고 이들이 우리들 각자에게 어떠한 영향을 미치는 지를 알아볼 필요가 있어"라고 Shih-li는 말하였다.

가족들은 사람들이 지금까지 사용해 오던 여러 가지의 거래 수 단을 찾아보기 시작하였다.

- 현금과 수표: 금전이나 수표 거래는 가장 보편적인 거래수단 이다.
- 저금 액수만큼을 기록한 카드: 스마트카드와 같은 것으로 컴

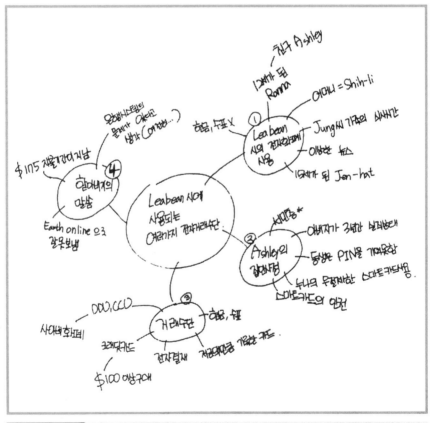

| 그림 7-4 | '현금 없는 사회'의 웹브 지도 |

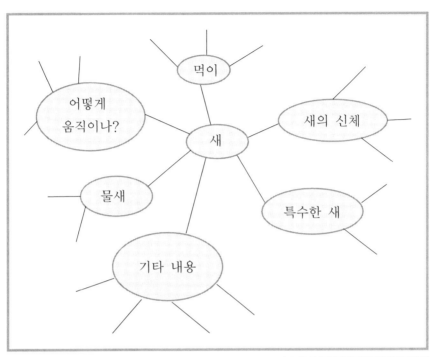

그림 7-5　웨브 지도의 보기

퓨터로 입력하며 PIN으로 비밀장치가 되어 있다. 일상의 품목을 구입하는 데 주로 사용된다.

- 크레디트 카드: 대개 $100 이상을 구매할 때 사용한다.
- 전자결재: 은행계좌에서 자동적으로 지불됨.
- DDU와 CCU: 사이버 세계에만 존재하는 화폐로서 은행에서 구입하며 전자우편으로 결재됨.

바로 그때, 할아버지가 들어 오셨다.

"늦어서 미안하구나. 그런데 오늘 일어났던 일을 들어보렴. 오늘 'Earth on Link'라는 회사로부터 전자 청구서를 받았는데 $175 지불하는 기간이 지났다는 거야. 나는 전자 청구서를 받은 즉시 우리 은행의 전자 화폐를 전자 청구서에 있는 은행으로 보냈지. 그런데 내가 보낸 은행은 'Earth on Line' 이었어. 은행을 잘못 안 거지. 요사이는 은행시스템이 거의 완벽하게 안전하고 거래를 규제하는 좋은 법도 있지만, 그래도 여전히 문제는 있는 것 같아!"라고 할아버지는 목소리를 높였다.

2. 마인드 맵

학생이나 일반인들에게 많이 알려져 있는 마인드 맵(mind map)도 내용을 시각적, 전체적으로 이해하고 요약하기 위한 것이기 때문에 웨브 지도의 일종이라 말할 수 있다. 마인드 맵은 Tony Buzan 형제(1995)가 개발한 창의적 사고 기법이며 한 줄씩 차례대로 써 내려가는 전통적인 '직선적 노트하기'나 '요약하기'(outlining)에 대한 대안으로 만들어진 것이다. 다시 말하면 이 기법은 '비직선적인' 노트 정리 방법이다 (비직선적인 노트 정리 방법으로 제안되고 있는 기타의 기법에는 웨브 지도, 거미줄식 작문(spider writing), 브레인 웨브(brain web) 또는 결집법 (clustering) 등이 있다). 이러한 비직선적 노트 방법의 목적은 요점을 효과적으로 기록하고, 전체를 서로 관련지워 조직화하고, 그리고 창의적인 사고를 격려하는 데 목적이 있다. 전통적인 노트방법은 핵심적인 내용과 지엽적인 것의 구분이 부각되지 아니하며, 내용을 전체적으로 이해하기가 어렵고, 그리고 핵심개념들이 연결되지 않고 여기 저기 흩어져 있는 심각한 단점을 가지고 있다. 마인드 맵을 효과적으로 사용할 수 있는 것은 크게 보아 두 가지 경우인데 하나는 읽은 내용을 정리할 때이고, 다른 하나는 창의적인 사고를 해야 하는 경우이다. 방법은 두 경우에서 크게 다른 것은 아니지만 아래에서는 이들을 나누어 설명해 보고자 한다.

(1) 이해와 정리를 위한 마인드 맵

효과적인 이해와 정리를 위하여 내용/정보를 시각적인 마인드 맵으로 만드는 방법은 다음과 같다. 그리고 〈그림 7-6〉은 초등학교 2학년의 '슬기로운 생활'에 나오는 '우리 이웃'이라는 단원을 마인드 맵한 것이다.

　(ⅰ) 용지의 한 가운데에 '원'이나 '상자'와 같은 것을 그린다. 그리고 여기에다 '제목'(토픽)을 나타내는 '중심 이미지'나 '핵심단어'를 기입한다. 어떤 문제/장면에서는 핵심적인

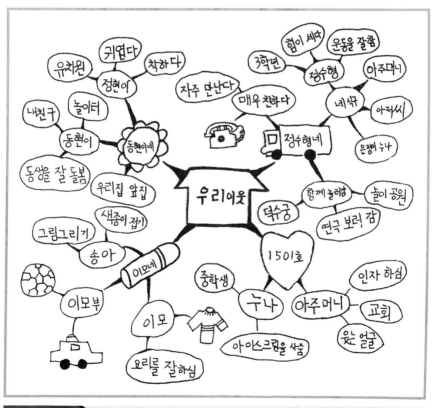

| 그림 7-6 | '우리 이웃'의 마인드 맵 |

단어(또는 이미지)가 몇 개 일 수도 있지만 그들 가운데서
도 가장 핵심적인 것을 선택하는 것이 중요하다.

(ii) 가운데 원(또는 박스)에 기입한 핵심단어(핵심 이미지)에서
몇 개의 '나무 가지'를 선(線)으로 연결하여 긋는다. 그리
고 그러한 '가지'에다 '주요 내용'을 기입한다. 한 개의
선(가지)에는 한 개의 주요 내용만을 기입한다. 여기서 말
하는 '주요 내용'이란 논설문의 경우는 '뒷받침하는 근거
(증거, 이유)'이며 이야기 글의 경우는 '관련의 주요 내용'
이 된다.

(iii) 다음으로 일차적인 가지에서 다시 이차적인 가지가 자라듯
이 중심의 원에서 그은 선(가지)에서 다시 선(가지)을 그어
거기에 관련된 주요 내용들을 기입하는 식으로 진행한다.

(iv) 선(가지)들은 서로 연결되어 있는 전체적인 구조를 이루게
한다.

(v) 아이디어를 부각시키고 서로의 연결관계를 강조하기 위하
여 색채, 시각적인 그림, 이미지 또는 기호 등을 다양하게
사용할 수 있다.

(vi) 아이디어/내용은 가능한 한 간결하게 단어나 짧은 구로 나
타낸다.

(vii) 예비적으로 마인드 맵을 만들어 보고 난 다음, 이를 기초
로 보다 다듬어진 마인드 맵을 새로 만들어 사용할 수도
있다.

(2) 창의적 사고를 위한 마인드 맵

다음으로 아래에서는 창의적인 사고를 해야 하는 경우에 마인드 맵
을 사용하는 보기를 예시해 본다. 대표적인 것은 작문을 하는 경우일
것이다.

토픽: 철수는 게으른 것이 문제야!

　　　어떻게 하면 그가 공장 일을 부지런하게 할 수 있을까? 걱정
이야.

(i) 종이의 중심에다 제목(토픽)을 나타내는 핵심단어(또는 '핵
　　심/중심 이미지')를 기입한다. 그것은 이 문제/장면에서 당
　　신이 중심적으로 생각해 보려는 것을 나타내는 한두 개의
　　단어(또는 구)여야 한다.

　　이 문제/장면에서 초점이 될 수 있는 것으로는 '근로자',
　　'철수', '나태의 문제', '관리자의 기대', '근로자의 사기'
　　등이 있을 수 있을 것이다. 어느 것을 초점으로 하느냐에
　　따라 이어져 나오는 사고과정은 전혀 다를 수 있다. 예컨
　　대 개인 '철수'를 초점으로 할 때와 '근로자의 사기'를 초
　　점으로 할 때 그 다음의 사고는 매우 다를 것이다. 〈그림
　　7-7〉은 '근로자의 사기'를 '핵심(중심)단어'로 선택하고
　　이것의 '이미지'도 간단하게 같이 제시하고 있다.

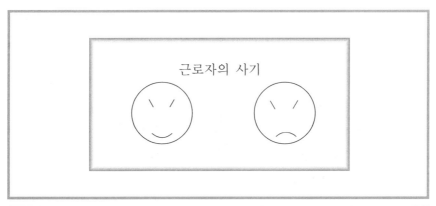

그림 7-7　마인드 맵의 초점

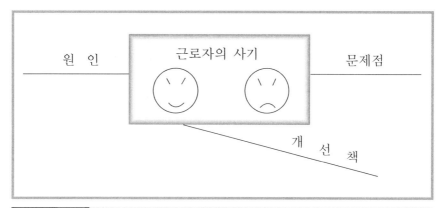

그림 7-8   중앙 초점에서 아이디어가 흘러나옴

(ⅱ) 핵심단어를 선택하여 가운데의 '상자'에 기입하고 나면 그
것에서 여러 가지의 생각(아이디어)들이 연상(결합)되어 떠오
르기 시작할 것이다. 이제 이러한 아이디어들을 간단한 요
점의 '단어'와 간단한 '구'를 사용하여 기록하고 이들을 선
을 그어 중심의 초점에다 연결시킨다. 이것이 〈그림 7-8〉
인데, 거기에는 원인, 문제점 및 개선책 등이 있다.

(ⅲ) 이제 이러한 가지(선)의 각기와 관련하여 다시 아이디어들
을 발산해 낸다. 그러면 이들 아이디어들을 핵심단어(또는
간단한 구)로 나타내고 그것을 선을 그어 해당 가지(선)에
연결시킨다. 이렇게 한 것이 〈그림 7-9〉이다.

이와 같이 마인드 맵을 만들 때는 머리 속에서 떠오른 생각들을 모
두 적어야 한다(맞다-틀린다, 관련 있다-없다, 좋다-나쁘다 등의 어떠한
판단도 하지 말아야 한다). 어떤 것은 전혀 관련이 없는 것 같이 보이더
라도 모두 적는 것이 중요하다. 그리고 생각의 흐름을 막지 않기 위하
여 단어나 구로 간단하게(자신은 알 수 있을 정도로) 기록하는 것이 중요
하다.

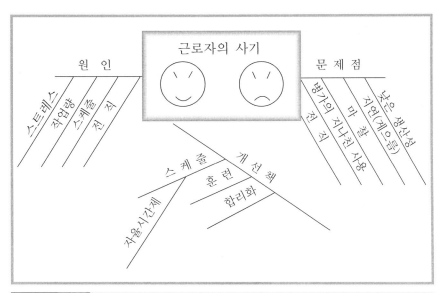

그림 7-9 　모든 아이디어들을 기록한 마인드 맵

이렇게 마인드 맵을 마치고 나면 여기서 나오는 내용들을 개요의 형태로 정리한다. 예컨대 작문의 경우는 그것을 기초하여 초고를 만들고, 그리고 수정과 퇴고의 과정을 거쳐 최종 원고를 만드는 것이 글쓰기의 전체과정이라 할 수 있다.

VI.　그래픽 조직자

그래픽 조직자(graphic organizer)란 내용을 시각적으로 제시함으로써 전체의 내용을 구조적으로 '조직'하고 이해하는 데 도움된다. 그래픽 조직자를 시각적 그래프(visual graph) 또는 시각적 다이어그램(visual diagram)이라 부르기도 한다.

1. 특징과 지도

그래픽 조직자(graphic orgenizers)는 사실(facts)과 개념들 사이의 관계를 시각적으로 제시함으로써 내용을 전체적으로 이해하는 데 유용하다. 이들은 학습과 기억을 위한 효과적인 도구로서 다음과 같은 장점을 가지고 있다.

- 추상적인 아이디어를 보다 구체적인 형태(모습)로 나타내기 때문에 이해하기가 쉽다.
- 사실과 개념들 간의 관계를 쉽게 알 수 있다.
- 아이디어들을 구조적으로 조직화할 수 있다.
- 심상(마음 속의 그림)을 함께 사용할 수 있기 때문에 정보를 저장하고 기억하기가 쉬워진다.

텍스트를 시각적으로 나타낼 수 있는 방법에는 여러 가지가 있을 수 있으며 구체적인 내용에 따라 적합한 그래픽을 사용할 줄 아는 것은 독자의 창의력에 달려 있을 것이다. 다음에는 몇 가지의 시각적인 그래픽 조직자들을 제시하고 있는데, 이들 각각은 보다 효과적으로 사용될 수 있는 장면이 다를 수 있다. 그래픽 조직자의 사용은 다음과 같은 절차를 거쳐서 가르쳐야 한다.

(ⅰ) 그래픽(조직자)의 목적과 유용한 점을 설명한다.
- 정보를 조직화하는 것의 중요성을 설명하고, 그리고
- 시각적 조직자를 사용하면 텍스트를 이해, 파지하고 재생하는 데 어떻게 도움이 되는지를 설명한다.
(ⅱ) 그래픽에는 여러 가지의 형태가 있을 수 있는데 구체적인 그래픽들을 하나씩 도입하면서 다음을 설명한다.
- 목적(예, 마인드 맵은 '창의적인 개요'를 만드는 데 목적이 있

음), 그리고

   – 양식/형태(예, 가운데 원을 그린 다음 거기에서 직선들이 뻗어 있음)

(ⅲ) 개별의 구체적인 그래픽에 대하여 사용방법을 설명하고 예시한다.

   – 친근한 정보를 사용하여 설명하고,

   – 그런 다음 점차로 새로운 정보를 사용하여 익힌다.

(ⅳ) 설명한 구체적인 그래픽을 학생이 적용해 보도록 한다.

   – 친근한 재료를 사용하여,

   – 그런 다음 점차로 새롭고 도전적인 재료를 사용한다.

(ⅴ) 학생들로 하여금 사용해 본 그래픽에 대하여 어떤 점이 좋았는지를 반성해 보게 한다. 그리고 다른 장면에서 사용하려면 어떤 점을 유의하는 것이 좋을 지에 대하여서도 생각해 보게 한다.

(ⅵ) 그래픽의 사용을 연습해 볼 수 있는 기회를 많이 제공한다.

(ⅶ) 학생들로 하여금 배운 그래픽 조직자 이외에 나름대로의 '그래픽'을 만들어 보도록 격려한다.

다음에서는 측면 행렬표, 자료 도표, 비교와 분류 그래픽 및 순서 그래픽 등에 대하여 알아보기로 한다. 순서 그래픽은 다시 간격 그래픽, 이행순서 그래픽 및 플로우 차트 그래픽으로 나누어 보았다.

2. 측면 행렬표

같은 범주에 속하는 몇 가지 항목/성원들을 비교/대조하는 텍스트를 조직화할 때 도움되는 것이 측면 행렬표(feature matrix)이다. 예컨대 '새'에 속하는 몇 가지 종류의 새들을 비교/대조한다면 웨브 지도보다는 측면 행렬표를 사용하면 전체 내용을 보다 더 효과적으로 조직화할

새						
종류 \ 범주	날기	헤엄치기	집짓기	알낳기	날개	털갈이
참 새						
팽 귄						
타 조						
앵무새						

그림 7-10　　측면 행렬표의 보기

수 있다. '비교/대조'(compare/contrast)한다는 것은 서로 '비교'하여 공통점을 찾아 내고, 그리고 '대조'(대비)하여 서로의 차이점을 찾아내는 것을 말한다. 이 기법은 초등학교 수준에서 특히 유용하게 사용할 수 있다. 보기는 〈그림 7-10〉과 같다.

측면 행렬표를 사용할 때는 글 읽기를 시작하기 전에 행렬표 위에 나열한 여러 가지 '새'들과 '새'가 가지고 있는 특징적인 측면들(범주)에 대하여 학생들과 같이 이야기를 나눈다. 학생들은 자신이 이미 알고 있는 것을 기초로 하여 어떤 새가 '날고, 헤엄치고, … 털갈이' 할 것 같은지를 예측해 본다. 글을 읽고 나면 각 측면 범주에 대하여 예/아니요, 또는 +/-로 칸을 메우게 한다. 측면 행렬표는 여러 가지 용도로 수정해서 사용할 수 있다.

3. 자료 도표

같은 범주에 속하는 몇 가지 성원들을 비교/대조할 때 사용할 수

태양계에 있는 행성			
이름	크기(1=가장 큰)	태양으로부터의 거리	지구상의 일수
지구	6	149,574만km	365
화성			
	1		
		588,894만km	60,188

그림 7-11 자료 도표의 보기

있는 또 다른 그래픽 조직자에는 '자료 도표'(data chart)가 있다. 여기서는 어떤 것이 어떤 측면을 가지고 있는가. 가지고 있지 않는가를 단순히 표시하는 것이 아니라 구체적인 자료/사실들을 기입하는 것이 측면 행렬표와는 다르다. 아래에서는 행성들을 비교/대조해 본 것을 〈그림 7-11〉로 예시하고 있다.

자료 도표를 만들 때는 어떤 성원에 대하여는 당신이 이미 알고 있는 바를 말하면서 기입할 수 있다. 예컨대 "지구는 6번째로 큰 행성이고, 태양으로부터의 거리는 149,574만km이다. 그리고 '지구상의 일수'란 그 행성이 태양의 주위를 한 바퀴 도는데 걸리는 날수인데 지구는 '지구상의 일수'로 365일이 걸린다"와 같이 아는 것은 소리 내면서 기입한다.

그리고 다음으로 두 번째에 있는 '화성'을 가리키면서 각 란에 무엇을 기입해야 할 것인지를 설명한다. 그리고 크기가 "1"인 곳에는 가장 큰 행성의 이름을 기입해야 할 것이다. 〈그림 7-11〉의 '그림'에서 제시하고 있는 것은 과학수업에서 사용한 자료 도표의 보기이다. 그리고 성원들을 한 가지의 차원(측면)에 따라 빈도나 상대빈도를 비교해

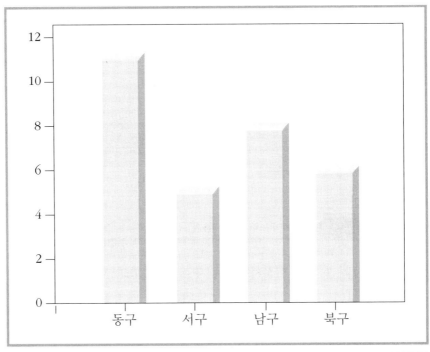

그림 7-12 | 고객 주거지를 보여주는 막대 도표

보고 싶을 때는 막대 도표(bar chart)와 파이 도표(pie chart)가 많이 쓰인
다. 〈그림 7-12〉는 동구, 서구, 남구 및 북구별 고객 거주지를 보여
주고 있는 막대 도표이고, 그리고 〈그림 7-13〉은 같은 자료를 보여 주
는 파이 도표이다.

4. 비교와 분류 그래픽

글에 나타나 있는 두 가지를 비교해 보고 이를 기초하여 어떤 결론
을 내리고자 할 때는 '비교와 분류' 그래픽을 사용할 수 있다. '비교와
분류'란 서로를 비교해서 공통점과 차이점을 찾아 내고, 그래서 공통적
인 성질에 따라 묶음하여 '분류'한다는 것을 의미한다. 다음과 같은 질

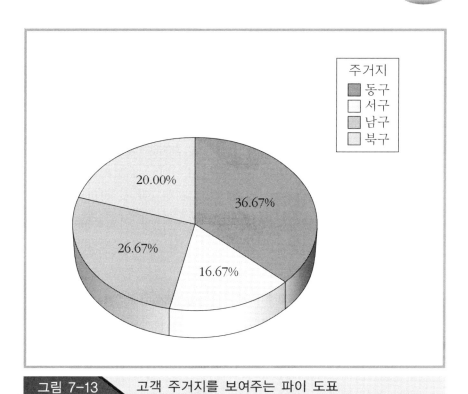

| 그림 7-13 | 고객 주거지를 보여주는 파이 도표 |

문을 차례대로 제기하고 거기에 대하여 대답한다.

- 서로는 어떻게 비슷한가(유사한가)?
- 서로는 어떻게 다른가?
- 유사점과 차이점에서 어떠한 의미 있는 '형태'를 발견할 수 있는가?
- 결론(해석)-분류하기

아래는 영국과 일본을 비교하고 있는 텍스트이다. 그리고 〈그림 7-14〉는 이 텍스트의 내용을 비교·분류한 것이고, 〈그림 7-15〉는 비교와 분류의 과정을 그림으로 보여 주고 있다.

영국과 일본은 인구밀도가 높은 섬나라이다. 영국은 9만 4천 제곱마일에 5천 6백만여 명이 살고 있으며, 평균 인구밀도는 1제곱마일 당 약 600명 정도이다. 섬 어느 곳에서도 사람이 살고 있을 것이라는 것을 추정해 볼 수 있게 한다.

일본은 14만 6천 제곱마일에 1억 2천만 명이 살고 있으며, 평균 인구밀도는 제곱마일당 830명 정도이다. 그리고 일본 내의 오지 산맥 이외의 지역에는 사람들이 다 산다고 볼 수 있다.

두 국가는 인구밀도가 높은 대륙 인근에 위치하고 있다. 많은 국민들은 무역에 의존해서 살아가고 있으며 주로 물건을 배로 운반한다. 영국의 산업은 18세기 말 내지 19세기 초에 산업혁명으로 시작되었고, 일본은 20세기에 산업국가가 되었으며 최근 10년간에 자동차, 전자기기, 전자제품의 중요한 수출국이 되었다.

양국은 군주가 있으나 국가의 수상이 정부의 수반이고, 진정한 의사결정은 선출된 입법부에서 행해진다. 영국은 17세기 말 18세기 초에 대의 정부로 발달하였고, 일본은 20세기의 최근 50년쯤 민주 정부로 출범하였다.

5. 순서 그래픽

순서 그래픽은 텍스트 내용을 시퀀스(순서)에 따라 조직화할 때 유용한 기법이다. 순서를 만드는 목적에는 여러 가지가 있을 수 있고 그러한 목적에 따라 공간(장소)적인 위치를 기준으로 하는 것, 역사적 사건의 경우처럼 시간적인 순서를 기준으로 하는 것, 작업의 진행 순서를 기준으로 하는 것, 인과관계적인 것을 기준으로 하는 것 등의 순서도를 만들 수 있다.

따라서 순서(또는 간격) 그래픽을 만들고자 할 때는 먼저 그래프(그

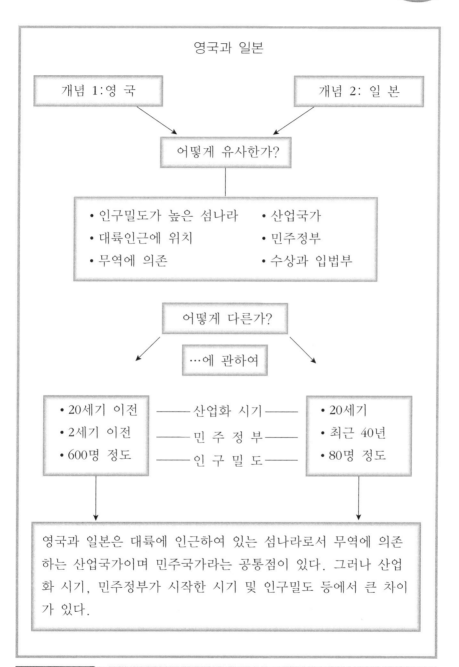

영국과 일본

개념 1 : 영 국

개념 2 : 일 본

어떻게 유사한가?

- 인구밀도가 높은 섬나라
- 대륙인근에 위치
- 무역에 의존

- 산업국가
- 민주정부
- 수상과 입법부

어떻게 다른가?

…에 관하여

- 20세기 이전
- 2세기 이전
- 600명 정도

―― 산업화 시기 ――
―― 민 주 정 부 ――
―― 인 구 밀 도 ――

- 20세기
- 최근 40년
- 80명 정도

영국과 일본은 대륙에 인근하여 있는 섬나라로서 무역에 의존하는 산업국가이며 민주국가라는 공통점이 있다. 그러나 산업화 시기, 민주정부가 시작한 시기 및 인구밀도 등에서 큰 차이가 있다.

그림 7-14 비교와 분류의 보기

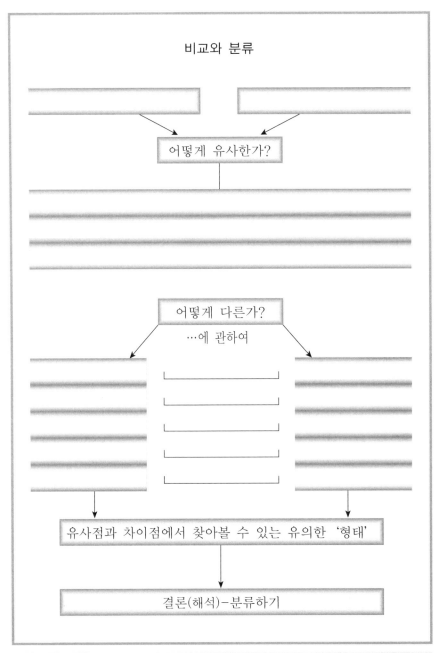

비교와 분류

어떻게 유사한가?

어떻게 다른가?

…에 관하여

유사점과 차이점에서 찾아볼 수 있는 유의한 '형태'

결론(해석)–분류하기

그림 7-15 비교와 분류의 과정

래픽)를 만들려는 목적에 적합한 순서 그래프를 선정해야 한다. 다음에서는 간격 그래픽, 이행순서 그래픽 및 플로우 차트 그래픽만을 예시해 보기로 한다.

(1) 간격 그래픽

주로 양적 자료를 기록하는 데 사용된다. 이렇게 하면 어떤 경향,

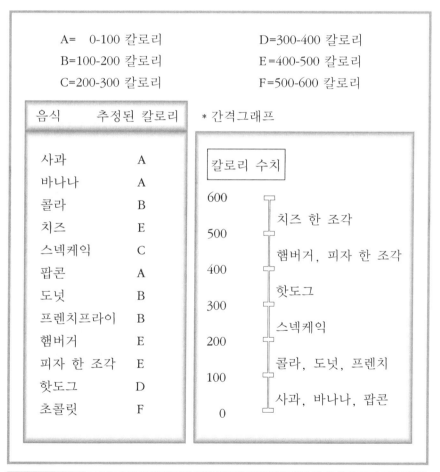

그림 7-16 간격 그래픽의 보기

상관 또는 동시적인 사건(값, 대상) 같은 것들을 이해하기가 쉽다.

- 연대기적 순서의 기록
- 수치의 기록
- 병행적 사건의 기록

우리들이 전형적으로 먹고 있는 음식에는 얼마나 많은 칼로리가 있는지를 추정해 보자. 정확한 추정을 하지 못한다면 각 음식의 칼로리 범위를 설정하여 그 중에서 선택해 볼 수도 있다. 적당한 그래픽을 그려서 칼로리의 범위를 설정하고 거기에다 각각의 음식을 적당한 자리에다 넣어 보자.

(2) 이행순서 그래픽

글 속에 있는 어떤 것들이 진행되어 가는 순서를 기록한다. 그렇게 하면 상대적 위치나 순서(서열), 또는 상대적인 양적 수준 등을 쉽게 알 수 있다.

- 어떤 사람에 관련된 발달순서(배경, 시기, 업적, 공헌 등)
- 사건의 전개 순서
- 유기체나 대상에 관련된 순서(크기, 기원, 전개순서 등)

돈은 경제생활을 위해 오랜 옛날부터 쓰여 왔다. 처음에는 쌀, 옷감 등을 돈 대신 이용하였으나, 경제가 발달하면서 쓰기에 더욱 편리한 돈을 만들게 되었다. 지금은 수표가 널리 쓰이고, 신용 카드도 돈의 구실을 하고 있다.

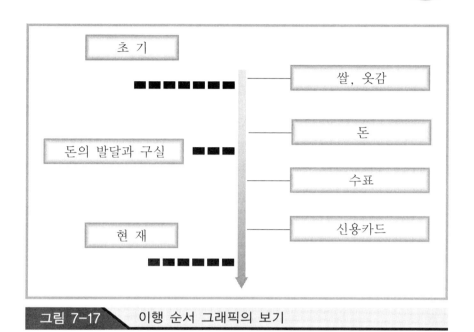

그림 7-17 이행 순서 그래픽의 보기

(3) 플로우 차트 그래픽

이 그래픽(flow chart)은 사건, 행위 또는 결정 등의 차례를 나타내

효과적인 설득방법

다른 사람을 효과적으로 설득하기 위해서는 다음과 같은 사항에 유의해야 한다. 흥미와 관심을 불러일으켜 듣는 이에게 절실한 문제임을 인식시킨 다음, 제기된 문제의 구체적인 해결방안을 조리 있게 말한다. 문제해결을 위해 듣는 이가 어떻게 해야 할지를 말하고, 마지막으로 말한 내용을 요약, 정리한다.

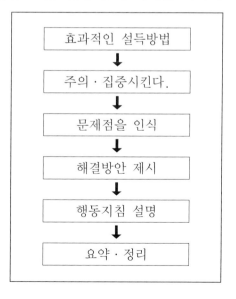

는데 유용하게 사용할 수 있다. 아래에서는 '효과적인 설득방법'의 차례를 보여주고 있다.

- 계열적인 사건(유기체의 발달, 행정 절차, 입법 절차, 역사적인 변천, 수학문제 풀이, 학교생활, 컴퓨터의 조작 단계 등)
- 과정(過程)을 기술할 때(리포트, 수필, 작문의 절차, 행사의 진행 등)

본서에서는 텍스트(글)를 논설문과 서사문(이야기 글)의 두 가지로 크게 나누어 보았다. 그리고 논설문은 다시 논증문(주장문)과 설명문으로 나눈바 있다. 논설문은 '논설문＝결론(주장)＋뒷받침하는 세부내용'(이유, 증거, 근거)이라는 조직형태를 가지고 있음을 강조하였다.

대부분의 학생들은(일반인들도 마찬가지지만) 서사문(이야기 글)보다는 논설문을 훨씬 더 어려워한다. 그래서 논설문에 대한 자신감이나 열성이 떨어지기 쉽다. 논설문을 지도하는 각별한 노력도 필요하고 논설문과 서사문을 균형 있게 다루는 것도 중요해 보인다.

이 장에서는 논설문 이해에 도움되는 활동들을 음미해 보았다. 이들 활동은 어느 것이나 5장에서 익힌 텍스트 이해를 위한 일반적인 전략과 핵심적인 '바른 질문'을 보완·강화하기 위한 활동으로 생각해야 한다. 그럼에도 불구하고 이들 활동들은 전체적으로 보면 세 가지의 특징을 가지고 있는 것 같이 보인다. 첫째는 독자의 선행지식을 활성화시켜 독서에 적극적으로 개입토록 하는 것이고, 둘째는 텍스트(글)를 단편적인 것이 아니라 전체적인 조직(구조)으로 이해토록 하는 것이며, 그리고 마지막은 내용을 가능한 한 시각적인 모습으로 표현해 보도록 함으로써 이해와 기억을 촉진시키는 것이다.

K-W-L 기법에서는 먼저 '알고 있는 것'을 적어보고, 그리고 '알고 싶은 것'을 적은 다음, 독서를 해서 '알게 된 것'을 기입하게 한다. 이와 다소간 유사한 것이 '지시적 독서–사고 활동'이다. '협동적인 독서' 기법에서는 두 사람이 짝을 이루어 한쪽에서는 소리 내어 읽고, 다른 쪽에서는 경청한 내용을 요약한다. '집단 요약'의 기법에서는 텍스트를 사전개관하여 토픽별로 나눈 다음 집단이 함께 각 토픽에 대하여 요약한다. 그런 다음 전체를 정리해 보게 한다. 웨브 지도는 내용/정보들을 시각적으로 그리고 전체를 거미줄처럼 연결(관련)시켜 제시함으로써 내용을 전체적으로 이용하는 데 매우 효과적인 기법이다. '마인드 맵'도 웨브 지도의 한 가지 방법이다. 마인드 맵을 사용하는 것은 크게 보아 두 가지 경우인데 하나는 읽은 내용을 이해·정리할 때이고, 그리고 다른 하나는 작문에서처럼 창의적인 사고가 특히 요구되는 경우이다.

그리고 이 장에서는 그래픽 조직자(그래프)를 좀더 상세하게 다루었다. 여기에는 웨브 지도, 측면 행렬표, 자료 도표, 비교와 분류 그래픽 및 순서 그래픽 등이 포함되어 있다. 몇 가지 시각적인 그래픽 조직자들 가운데서 텍스트의 내용/성격에 가장 적합한 것을 골라 사용하는 것이 중요하다.

서사문(이야기 글) 이해를 위한 활동들

8 장
서사문(이야기 글) 이해를 위한 활동들

이 장에서는 서사문(이야기 글)을 보다 깊게 이해하기 위한 몇 가지 활동들을 알아본다. 이들 활동은 5장에서 다룬 이해의 일반적 원리와 '바른 질문'의 적용을 심화시키고 나아가 추론적(해석적, 논리적) 사고 능력을 개발하는 데도 도움이 될 것이다. 왜냐하면 이야기 글에서는 이해를 통하여 여흥적 재미와 스릴을 느끼는 것도 중요하지만 저자가 전하고 싶어 하는 주제(theme)를 파악하는 것 역시 중요하기 때문이다. 주제를 확인해 내려면 독자는 배경지식이나 일상의 경험뿐만 아니라 추론적 사고능력이 많이 요구된다. 이 장에서 다루고 있는 활동에는 이야기 문법의 질문, 이야기 지도 그리기, 지시적 독서 활동, 행위 연출하기, 주인공 그림 그리기 및 벤 다이어그램 기법 등이 포함되어 있다.

I. '이야기 문법'의 질문 기법

이 기법은 학생들에게 다음과 같은 질문을 함으로써 '이야기 문법'

을 확인해 내는 방법을 가르친다. 이러한 질문을 제기하고 이야기에서 일어난 사건들을 시간 순서에 따라 논의해 보면 이야기 문법을 이해하는 능력이 크게 향상될 수 있다.

- 이야기의 처음에 어떤 사건이 일어났는가? 그래서 어떤 복잡한 일들이 벌어지게 되었는가?
- 이야기의 배경은? 언제 그리고 어디서 일어난 이야기인가?
- 그 사건에 대하여 주인공이 보인 반응은 무엇이었는가?
- 주인공은 어떠한 문제에 직면하고 있는가? 주인공은 어떤 목표를 설정하고 있는가?
- 주인공은 그 문제를 해결하거나 목표를 성취하기 위하여 무엇을 하고 있는가?
- 그가 그러한 행위를 한 결과로 일어난 사건은 무엇인가?
- 등장인물들은 사건에 대하여, 자기 자신에 대하여, 그리고 서로서로에 대하여 무슨 말을 하고 있는가?
- 이야기의 클라이맥스(climax)는 어디인 것 같이 보이는가?
- 주인공은 문제를 어떻게 해결하고(또는 해결하지 못하고) 있는가? 또는 어떻게 목표에 도달하고(또는 도달하지 못하고) 있는가?
- 사건이 일어난 배경(시간, 장소) 때문에 사건의 내용이 어떻게 영향을 받았는가?
- 주인공은 자신에 대하여 그리고 인생에 대하여 무엇을 배우게 되었는가?
- 저자가 말하고 싶어 하는 메시지(주제)는 무엇인 것 같이 보이는가?

그리고 제기하는 질문들을 이야기 문법의 요소별로 좀더 자세하게 정리해 보면 〈표 8-1〉과 같다.

표 8-1	이야기 문법에 따른 질문들

장　면

- 이 이야기는 언제, 어디서 일어났는가?
- 저자는 왜 이러한 장면을 선택했을까?

등장인물

- 이야기에 나오는 주인공들을 나열해 보라.
- 누가 가장 중요한가? 왜?
- 주인공은 어떤 사람같이 보이는가?
  - 각 등장인물에 대하여 주인공은 어떠한 행동을 하거나 말을 하고 있는가? 그리고 다른 사람들은 그의 특징을 어떻게 말하고 있는지를 설명해 보라.
- 주인공은 믿을 만한가? 어떤 느낌이 드는가?

문제(갈등, 사건)

- 주인공이 겪고 있는 문제나 목표는 무엇인가?
- 왜 그것이 문제/목표인가?
- 겪고 있는 문제/목표에서 미루어 보아 우리가 주인공에 대하여 이야기할 수 있는 것은 무엇인가?
- 기타의 등장인물이나 사건들은 주인공의 문제/목표에 어떤 영향을 미치고 있는가?
- 그러한 문제는 당신에게도 마찬가지로 문제가 될 것인가? 왜 그런가? 왜 그렇지 않은가?

구성(줄거리)

- 이야기에서 일어난 사건들을 설명해 보라.
- 일어난 사건들은 그럴 듯한가? 드라마틱하고 재미가 있는가?
- 이야기의 클라이맥스는 어디인가?
- 처음에 일어난 일(사건)은?
- 일(사건)은 어떻게 전개되었는가?
  마지막에는 어떻게 되었는가?

해결(엔딩)

- 주인공의 문제가 어떻게 해결되고 있는가?
  목표(목적)가 달성되고 있는가?
- 이 이야기(서사문)는 희극적인가, 아니면 비극적인가? 어떻게 끝이 나고 있는가?
- 주인공의 원래의 의도가 어떻게 이루어지고 있는가? 또는 어떻게 이루어지지 못하고 있는가? 왜 그렇게 되었을까?
- 주인공은 일어난 일의 결과(결말)로 무엇인가 달라지거나 배우고 있는가? 설명해 보라.
- 만약 당신이 주인공이라면 어떻게 행동했을까?
- 앞으로는 일이 어떻게 전개될 것 같은가?

주   제

- 저자가 전하고 싶어 하는 메시지/교훈은 무엇일까? 당신은 그것을 어떻게 알 수 있는가?
- 당신은 이 메시지를 당신 자신의 생활에 어떻게 적용할 수 있을까?

II.   이야기 지도 그리기 기법

'이야기 지도 그리기'(story map)는 이야기를 읽을 때 학생들이 할 수 있는 사고를 가이드해 줄 수 있는 효과적인 방법이다. 이야기에는 주인공이 있으며, 그리고 그것은 어떤 장면(어떤 장소, 어떤 시간에서)에서 벌어진다. 대부분의 이야기에서 주인공은 성취하고 싶어 하는 어떤 목표 또는 해결할 필요가 있는 문제를 가지고 있다. 그리고 이야기 속에서 벌어지는 사건들은 어떤 해결 또는 어떤 결말로 매듭 지워진다. 그리고 이야기에는 독자가 배우기를 바라는 어떤 교훈 또는 주제가 있을 때가 많다.

제목 : _____

| 장면:
(배경) | 언 제 _____   등장인물 _____
어디서 _____   _____
                                      _____ |

문제/갈등/목표:

줄거리/주요사건/전개:

해결/결말/엔딩:

주   제:

그림 8-1   '이야기 지도 그리기'의 양식 (1)

이야기 1:	이야기 2:
장면(배경): • •	장면(배경): • •
등장인물: • •	등장인물: • •
문제/갈등/목표: • •	문제/갈등/목표: • •
사 건: • •	사 건: • •
해결/결말/엔딩: • •	해결/결말/엔딩: • •
주 제: •	 •

그림 8-2   '이야기 지도 그리기'의 양식 (2)

이 기법을 사용하면 이야기의 구조, 주요 내용요소와 이들 요소들 간의 상호 관계를 쉽게 알아 볼 수 있다. 이 기법은 이야기의 구조를 시각적으로 표현하기 때문에 이야기에 들어 있는 요소들을 차례대로 정리하고 설명하는 데 유용하다. 사용의 방법은 다음과 같다.

- 서사문(이야기 글)을 읽은 다음에 〈그림 8-1〉과 같은 '이야기 지도 그리기' 양식을 나누어 주고 거기에다 구체적인 내용을 기입하게 한다. 그리고 〈그림 8-2〉와 같은 '이야기 지도 그리기 양식'은 두 개의 이야기 글을 비교 분석할 때 사용할 수 있다. 그림을 완성해 가면서 교사가 소리 내어 시범을 보여 주면 보다 효과적이다.
- 이야기 요소들을 가지고 학생들 자신이 재미있는 이야기 그림을 만들 수도 있다.
- 완성한 이야기 지도/문법을 가지고 소집단에서 협의하고 전체 이야기를 요약하여 재구성해 보게 한다.

Ⅲ.   부화식 독서 활동

여기서 제시하고 있는 '부화식 독서 활동'은 매우 융통성 있는 활동이며 학생들의 적극적인 독서기능을 개발하는 데 효과적이다. 여기에는 '예상, 독서 및 확인(체크)'이라는 3개의 과정이 포함되어 있다. 사용의 방법은 다음과 같다.

(ⅰ) 이야기 글을 훑어 읽어 개관해 보게 한다. 다시 말하면 제목과 하위 제목들, 그리고 그림 같은 것들을 대강으로 쭉 읽어 본다. 서론 단락은 반드시 읽도록 한다.

(ⅱ) 훑어 읽어 개관해 본 것을 기초하여, 이야기 글 속에서 무엇이 일어날 것 같은지를 '예상'해 보게 한다.

(ⅲ) 예상을 한 다음, 이야기의 흐름이 자연스럽게 끊어지는 부분까지 읽어가게 한다.

(ⅳ) 그 부분까지 읽기를 마치고 나면, 앞에서 예상해 보았던 것이 정확했는지를 논의해 보게 한다('확인', '체크'). 그런 다음 이야기의 나머지 부분에서는 어떤 일이 벌어질 것 같은지를 새롭게 예상해 보게 한다. 예상을 할 때는 반드시 지금까지의 이야기를 참조해서 하게 한다. 그리고 학생들에게 적극적인 독자는 저자와 정신적으로 대화를 하며, 그리고 예상(예측)을 하는 등 적극적인 노력을 한다는 것을 지적해 주어야 한다.

(ⅴ) 읽기가 끝나면 자신이 예상해 보았던 것과 실제의 내용을 비교해 보게 한다('확인', '체크'). 어떤 것이 보다 더 그럴 듯 해 보이는지를 말해 보게 할 수도 있다. 이 때는 왜 그렇게 생각하는지를 같이 말하게 한다.

(ⅵ) 읽기를 마치면 이러한 과정을 반복하고, 그리고 예상-독서-확인(체크)의 과정에서 알게 된 것들을 요약해 보게 한다.

(ⅶ) 가능하면, 이야기를 어떻게 더 연장시킬 수 있는지도 생각해 보게 한다.

Ⅳ.   비치볼 기법

비치볼 기법(beach-ball method)은 특히 초등학교 학생들에게 이야기

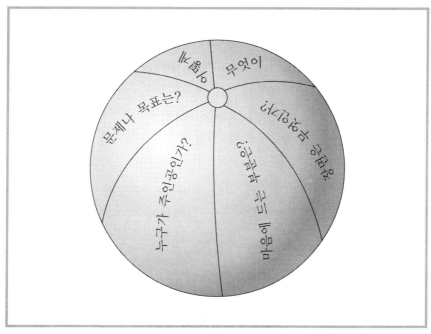

| 그림 8-3 | 서사문 이해를 위한 비치볼 |

글을 읽고 난 다음 추수적인 이해 활동을 시키고자 할 때 사용할 수 있는 유용한 기법이다. 커다란 비치볼의 각기의 줄무늬에다 다음과 같은 질문을 적는다.

- 누가 주인공인가?
- 장면(장소, 시간)은 어디인가?
- 무슨 일이 일어났는가(시작 부분에서)?
- 무슨 일이 벌어졌는가(중간 부분에서)?
- 어떻게 끝이 났는가?
- 특히 마음에 드는 부분은?

서사문(이야기 글)을 모두 읽고 난 다음 교사와 학생들은 원 모양으로 둥글게 앉는다. 교사가 비치볼을 한 학생에게 던지는 데서 시작한다. 공을 잡은 학생은 줄무늬에 있는 질문 가운데서 하나를 골라 거기에 대하여 대답을 한다. 다음으로 교사는 다른 학생에게 공을 던진다. 이 학생은 첫 번째 학생이 한 대답에서 추가하여 대답하거나 또는 다른 질문에 대하여 대답한다. 모든 질문에 대하여 충분한 대답이 나올 때까지 여러 학생들에게 계속하여 공을 던진다.

비치볼 기법을 몇 번 사용해 보면 아동들을 점차 줄무늬에 있는 질문에 대하여 어떤 대답을 할 수 있는지를 알 수 있게 된다. 이렇게 되면 아동들은 이야기의 구조에 대한 감각을 가질 수 있게 된다. 그리고 읽고 생각하는 것을 조직화할 수 있기 때문에 이야기 글을 이해하는 데도 크게 도움이 될 것이다.

V. 행위 연출하기 기법

이야기 글을 '행위'해 보면 독서가 보다 더 적극적인 것이 된다. 다시 말하면, 주인공, 장면, 사건, 결론, 기분, 대담(對談) 및 동기(動機)들이 보다 더 분명하고 중요해지며, 그리고 거기에 대하여 주의를 훨씬 더 많이 기울이게 된다. 이야기를 '행위'하는 데는 여러 가지의 형태가 있을 수 있다. 예컨대 희곡으로 연출하는 것, 몸짓을 섞어가며 내용을 이야기하는 것, 그리고 어떤 한 장면을 집중하여 연출하는 것 등이 포함될 수 있을 것이다. 다음에서 이들 세 가지 형태의 행위 연출에 대하여 좀더 알아보기로 한다.

1. 희곡으로 연출하기

모든 학년의 학생들은 읽은 것을 가지고 희곡으로 연출하는 것을 좋아한다. 만약 학생이 원래의 이야기에서 대사나 무대 시나리오(scenario)를 만든다면 '연출하기'는 강력한 읽기/쓰기 활동이 될 수 있다.

읽기가 미숙한 학생이 연극을 하려면 우선 읽기를 반복적으로 해야 하는데 그러면 읽기 유창성이 발달하고 이야기의 주인공을 더 잘 이해하게 된다. 특히 자신이 배역을 맡은 부분을 유창하게 읽을 수 있을 때까지 읽고 또 읽게 하면 특히 도움된다.

이야기를 '연출'하는 목적은 학생이 보다 적극적인 독자가 되게 하고, 주인공의 모습을 마음 속에 그려보게 하고, 읽기를 반복적으로 하게 하고, 그리고 연극을 하는 즐거움이 읽기에로 전이되게 하는 데 있음을 기억해야 한다. '연출'하는 자체가 중요한 것이지 그것을 얼마나 전문적으로 잘 하느냐는 중요하지 아니하다. 의상, 소품 및 무대 설치 등은 사용하지 말거나 아주 간단해야 한다. 연극을 하면 학생의 독서과정에 도움된다는 '과정(過程)중심적 태도'를 가져야지 잘 보이게 하려는 '작품중심적 태도'를 가져서는 안 된다. 과정중심적 태도를 가지면 독서 지도가 효과적이게 될 뿐만 아니라 연극이 보다 더 재미있게 될 것이다. 수줍어 하거나 무대 위에 서는 것을 두려워하거나, 또는 읽기가 많이 미숙하면 간단한 가면(假面)을 사용해도 된다.

2. 몸짓을 섞어가며 이야기하기

이야기 글을 몸짓을 섞어가며 읽는 것은 학생이 책을 읽으면서 적극적으로 사고하고 그리고 내용을 마음 속으로 시각화해 보게 하는 효과적인 방법이다. 이런 활동에 적합한 것은 희곡에서처럼 내용을 쉽게 시각화해 볼 수 있는 이야기 글이다.

교사는 미리 '등장인물'들의 이름을 적어둔 용지를 준비한다(거기에는 등장인물에다 '감독'도 추가시킨다). 등장인물의 수가 학생수보다 적으면 같은 용지를 두 개 또는 세 개씩 마련하고 각기에다 1조, 2조, 3

조 식으로 적어 둔다. 그리고 어떤 인물이 등장하는지를 설명해 준다. 이어서 읽기를 끝내면 용지를 나누어 줄 텐데 그러면 어떤 등장인물의 배역을 누가 맡을지를 결정하게 된다는 것 등도 설명해 주어야 한다.

이야기를 모두 읽고 난 다음에 교사는 학생들에게 용지를 무선적으로 나누어 준다(이렇게 하면 배역 결정이 쉬울 뿐만 아니라 학생들이 쉽게 수용한다). 물론이지만 의외의 학생이 주인공이 될 수도 있다. 같은 조의 학생들은 같이 모이며 '감독'은 이야기 연출을 도운다. 10~15분 정도의 훈련을 한 다음 조별로 차례대로 이야기를 행위하고 나머지 학생들은 관람한다. 학생들은 연극 못지않게 몸짓을 섞어가면서 이야기를 행위하는 것을 좋아한다. 여기서도 교사는 학생들이 이야기를 읽고 행위로 표현해 보는 과정(過程)에 초점을 두어야 한다.

3. 특정 장면의 연출

여기서는 이야기 전체가 아니라 중요하다고 생각되는 어떤 한 장면만을 연출한다. 연출은 개인 또는 두 사람의 짝 또는 소집단에서 할 수도 있다. 독자는 어떤 한 장면을 선택하여, 그것을 대본으로 바꾸고(반드시 종이 위에 기록할 필요는 없지만), 그것을 간단하게 연습하고, 그리고 그것을 연출하면 된다. 의상이나 소품은 사용하지 아니하고 그냥 연출만 하면 된다. 장면연출을 위하여 선택하는 장면은 한 개의 문장일 수도 있고, 또는 어떤 한 사건의 전체 장면일 수도 있다.

VI.   주인공 그림 그리기

'주인공 인물 그림 그리기' 기법은 이야기 속의 어떤 인물을 더 잘

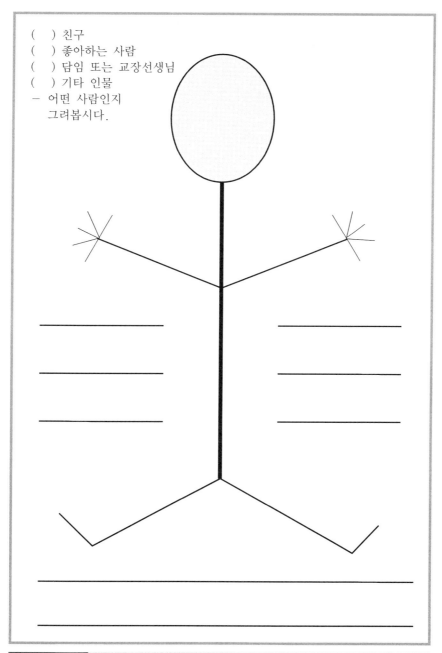

(   ) 친구
(   ) 좋아하는 사람
(   ) 담임 또는 교장선생님
(   ) 기타 인물
- 어떤 사람인지
  그려봅시다.

그림 8-4   주인공 그림 그리기

이해코자 할 때 특히 유용하게 사용할 수 있다. 등장인물을 시각적인 이미지로 표현해 보면 이해가 향상될 뿐만 아니라 기억도 쉬워진다. 그리고 이 기법은 '이야기 속의 주인공' 뿐만 아니라 친구, 선생님 등 어떠한 인물에 대하여서도 적용할 수 있다. 사용의 방법은 다음과 같다.

- 이야기 글을 읽고 난 다음 〈그림 8-4〉와 같은 '주인공 그림 그리기' 그래픽을 제시하거나 매우 간단한 인물 그림을 그리게 한다.
- 그림의 주변에다 3~4개씩 선을 그은 다음 거기에다 그 주인공이 행동하거나 말하고 있는 것들을 적어 넣게 한다.
- 그림의 밑에다 길게 한두 개의 선을 긋고 거기에다 그 주인공이 어떤 사람인지를 요약하여 하나의 문장으로 적어 보게 한다.

VI.   벤 다이어그램 기법

벤 다이어그램 기법(Venn diagram)은 어떤 '두 가지 사항'을 비교하고 대조해 볼 것을 요구하기 때문에 이 기법은 비교/대조 능력을 기르는데 효과적이다. 그런데 여기서 말하는 '두 가지 사항'이란 두 권의 책일 수도 있고, 같은 한 이야기이지만 버전(번안판, version)이 다른 두 가지일 수도 있고, 또는 같은 이야기지만 미디어(媒體, media)를 달리하고 있는 두 가지일 수도 있다(예컨대, 같은 이야기의 책과 비디오 테이프). 사용방법은 다음과 같다.

(i) 읽기를 시작하기 전에 〈그림 8-5〉에서와 같은 벤 다이어그램을 제시하거나 그리게 한다. 여기서는 두 개의 원이

사항 1: ＿＿＿＿＿＿
＿＿＿＿＿＿＿＿＿

사항 2: ＿＿＿＿＿＿
＿＿＿＿＿＿＿＿＿

* 독특한
아이디어나
사건들

* 공통적인
아이디어나
사건들

* 독특한
아이디어나
사건들

| 그림 8-5 | 비교/대조를 위한 벤 다이어그램 |

서로 교차하고 있다.

(ii) 벤 다이어그램을 설명한다. 비교·대조하려는 '사항 1'과 '사항 2'의 '이름'을 기입하게 한다. 그리고 '사항 1'과 '사항 2'이 가지고 있는 각기의 독특한 내용(아이디어, 사건 등)은 무엇이며, '공통점'은 무엇인지를 찾아보는 활동을 할 것임을 설명한다.

(iii) 이제 이야기 글을 읽는다(또는 어떤 '미디어'의 것을 관람한다).

(iv) 각자가 이야기 글에 있는 내용을 사용하여 벤 다이어그램을 완성해 보게 한다.

(ⅴ) 벤 다이어그램을 완성하고 나면 그것을 서로 나누어 보게
하고 그리고 왜 그렇게 생각했는지를 설명해 보게 한다.

　　서사문(이야기 글)은 논설문과 비교해 보아 적어도 두 가지의 특
징을 가지고 있다. 첫째는 이해하기가 비교적 쉽다는 것이다. 아마
도 우리들이 하고 있는 일상의 대화는 대부분이 이야기 같은 것이
기 때문일 것이다. 이런 이유로 서사문은 창의적 독서교육에서 보
다 자주 사용된다. 둘째는 서사문(이야기 글)은 이야기 문법이라 불
리는 글의 요소가 상당히 분명하다는 것이다. 이런 글에서는 일련
의 사건들이 전개되고 있고 이들은 주인공이 달성하려는 어떤 목표
를 중심하여 조직화되어 있다. 그리고 저자는 글을 통하여 독자에
게 전하고 싶어 하는 주제를 가지고 있다. 주제를 확인해 내려면
독자는 이야기의 세부내용을 자신의 경험에 비추어 반성해 보고,
그리고 이야기가 '말해 주고' 있는 교훈에 대하여 어떤 결론을 내
려야 한다. 여기에는 독자가 가지고 있는 배경지식이나 일상의 경
험이 요구될 뿐만 아니라 추론적인 사고도 할 수 있어야 한다.

　　그러므로 이 장에서 다루고 있는 몇 가지 활동들은 서사문(이야
기 글)이 가지고 있는 이러한 특징적인 측면들을 보다 적극적으로
강조하여 다루고 있다. '이야기 문법의 질문' 기법은 요소별(장면,
등장인물, 문제, 구성)로 질문을 하고 거기에 대하여 대답해 보게 한
다. '이야기 지도 그리기' 기법에서는 이야기의 구조, 주요 내용요
소와 이들 요소들 간의 상호관계를 시각적으로 표현한다. '지시적
독서 활동'에서는 '예상-독서-확인'의 과정을 거치게 한다. '비치
볼 기법'은 비치볼의 무늬에다 이야기의 요소에 대한 질문을 적어
넣고 거기에 대하여 질문하기 때문에 초등학생들에게 특히 적절하
다. 행위 연출하기에는 희곡으로 연출하기, 몸짓을 섞어가며 이야
기하기 및 특정 장면의 연출의 세 가지가 있다. '주인공 그림 그리

기' 기법은 어떤 인물을 보다 깊이 이해하고자 할 때 적절하며, 그리고 벤 다이어그램 기법은 두 가지 사항을 비교/대조하여 공통점과 차이점을 확인해 내고자 할 때 유용하게 사용할 수 있다.

작문, 독서와의 연계 및 독서 전후의 활동

9 장

작문, 독서와의 연계 및 독서 전후의 활동

이 장에서는 작문(글쓰기)의 과정 단계와 지도 활동을 알아 본 다음 작문−말하기−독서의 연계방법에 대하여 알아 볼 것이다. 특히 그래픽 조직자, '자료수집−연구'와 '독서 전 작문 그리고 구두발표'(口頭發表)를 강조하여 다루어 볼 것이다. 마지막으로 텍스트를 깊게 이해하기 위하여 정독을 시작하기 전에 할 수 있는 독서 전 활동과 읽기를 마친 다음에 할 수 있는 독서 후의 대화의 요령을 확인해 볼 것이다.

I. 작문의 과정

글을 쓸 때는 글을 쓰는 목적을 분명히 해야 한다. 물론이지만 글을 쓰는 목적은 다양할 수 있다. 예컨대 독자를 설득하기 위해서, 독자에게 정보를 전달하기 위해서, 독자에게 감동을 주기 위해서, 또는 저자 자신의 생각이나 소감을 정리하기 위해서 글을 쓸 수도 있을 것이다. 글을 쓰는 목적은 글의 '주제'를 선정하는 기준이 될 뿐만 아니라,

글감을 모을 때도 기준이 된다. 그러므로 작문의 모든 단계에서 작문의 목적을 명확하게 인식할 필요가 있다.

그리고 작문을 할 때는, 특히 한두 페이지 이상의 긴 글을 쓸 때는, 작문의 전체의 과정을 계획하고 거기에 따라 진행해 가야 한다. 이러한 작문의 과정은 크게 보아 4개 단계로 나누어 볼 수 있다. 여기에는 전작문 단계(prewriting), 작문 단계(writing), 수정 단계(퇴고, revision) 및 편집 단계(교정, editing, proofreading) 등이 포함된다.

그러나 작문의 과정은 창의적인 행위이기 때문에 실제로는 단계들을 분명하게 구분하기가 어려울 수도 있고, 그리고 여러 단계들이 때로는 중복되고, 거꾸로 되돌아가기도 하고, 또는 반복되기도 한다. 그럼에도 불구하고 작문의 과정을 전체적으로 이해하고 미리 계획하면 글쓰기를 쉽게 시작할 수 있고, 그리고 작문을 체계적으로 끝까지 계속해 가는 데 도움된다. 그러나 맹목적으로 과정을 따라 갈 것이 아니라 '지금 무엇을 어떻게'하고 있는지를 생각하면서(초인지적 사고) 글쓰기의 과정을 따라가야 한다.

1. 전 작문 단계

(1) 제목: 무엇에 대하여 작문할 것인가?

우선 '무엇에 대하여'(제목, 논제, 토픽, topic) 작문할 것인지를 결정해야 한다. 제목은 선생님이 제시할 때도 있지만 전적으로 자기 자신이 결정해야 할 때도 있다.

제목을 선정할 때는 몇 가지를 고려해야 한다. 첫째는 당신의 글을 읽게 될 '독자'에게 적절해야 한다. 다시 말하면 독자에게 유익하고 재미있는 제목이어야 한다. 둘째는 장면에 적절해야 한다. 예컨대 대학에서의 발표라면 교양적인 것보다는 학술적인 것이 보다 더 적절할 것이고 신문 글이라면 시사적인 것이 적절할 것이다. 마지막은 글 쓰는 목적을 생각해 보고 거기에 가장 적합한 제목을 선정한다. 글의 목적이 정보를 단순히 제시하는 데 있는가, 논증하려는 것인가, 또는 무엇을 설명해 줄려는 것인가 등에 따라 제목의 선정은 달라질 것이다.

(2) 초점화: 제목을 초점화 하라.

처음 선정한 제목이 쉽게 다룰 수 있을 만큼 비교적 좁고 잘 정의되어 있는 경우는 오히려 드물다. 대개의 경우는 제목이 상당히 넓다. 그러므로 넓은 주제의 어떤 한 가지 측면에 초점을 맞출 필요가 있다.

한 가지 방법은 처음 선정한 제목을 가지고 브레인스토밍해 보는 것이다. 다시 말하면 그 제목에 대하여 당신이 알고 있는 모든 것을 요점의 형태로 빠르게 적어 보는 것이다. 이렇게 생성해 낸 항목들 가운데는 어떤 것은 여전히 광범위하거나 일반적이지만, 반면에 다른 어떤 것은 상당히 좁고 구체적일 것이다. 어떻든 간에 이들 가운데서 당신에게 특히 흥미로워 보이는(그래서 다루어 볼 만하다고 생각되는) 것을 선택하라. 선정한 제목이 여전히 너무 넓으면 좀더 좁혀가야 한다.

(3) 글감 수집: 질문하기

선정한 제목에 대하여 무엇을 알고 있으며, 그리고 그것에 대하여 글을 쓸려면 더 알아볼 필요가 있는 추가적인 정보가 무엇인지를 확인하라. 이런 활동을 하면 글감수집(정보수집)을 할 때 방향 감각을 가지고 보다 효과적으로 수행할 수가 있다.

선정한 제목에 대하여 창의적이고, 그리고 독자적인 사고를 시작하는데 도움될 수 있는 구체적인 질문에는 다음의 것들이 포함된다.

가. 이 주제에 대하여 내가 이미 알고 있는 내용은? 어떤 의견을 가지고 있는가? 어떤 사실들을 알고 있는가? 이들 의견/사실들은 주제에 어떻게 관련되는가?

나. 어떤 재료들을 참고할 수 있는가? 어떤 책, 어떤 논문, 어떤 사람?

다. 일반적인 배경 정보를 얻으려면 무엇을 읽어야 하는가? 백과사전? 관련서적?

라. 독자의 수준과 요구는 무엇인가? 어떤 수준의 독자인가? 이들은 보다 전문지식을 필요로 하는가? 일반적이고 배경적인 정보가 보다 더 필요한가?

마. 어떤 보기/예시/사례를 사용할 것인가? 작문 속에 포함시켜도 될 것 같은 개인적인 경험이나 일화는? 보기나 기타 뒷받침 재료가 될 수 있는 것들을 브레인스토밍해 보라.

(4) 개요: 뼈대를 만들어라.

개요(outlining)란 당신이 지금까지 수집한 모든 재료들을 조직화할 수 있는 뼈대(framework)이고 '도구'이다. 또한 앞으로 작문을 해 갈 때 길잡이가 되는 '가이드'라 생각할 수 있다. '개요'를 만들어 놓으면 무엇을 어떤 차례로 써야 할지를 생각하느라 당황하지 않는다. 왜냐하면 개요가 만들어 지면 당신은 이미 작문의 시작에서 끝까지를 생각해 보았을 뿐만 아니라 개요는 작문의 차례를 말해 주기 때문이다.

그런데 '개요'를 작성할 때는 다음과 같은 몇 가지 점에 유의해야 한다.

가. 개요에서 글의 주제가 분명히 드러나야 한다. 글이 완성된 다음에는 개요는 '목차'의 구실을 하게 된다. 목차만 읽어 보아도 글의 전체적인 주제를 파악할 수 있어야 한다.

나. 개요는 추상적이지 않고 구체적이어야 한다. 개요는 글을 쓰는 '청사진' 또는 '설계도'라 할 수 있다. 개요가 청사진/설계도로서의 구

실을 제대로 할 수 있으려면 글의 처음, 중간, 끝부분에서 구체적으로
어떤 내용을 쓸 것인지를 분명히 해야 한다.

다. 개요에는 중복되는 내용이 없어야 하고 상위 범주와 하위 범주
의 내용을 혼돈하지 않아야 한다. '개요 만들기'는 몇 개의 단계를 거
쳐 수정되면서 보다 완전한 것으로 만들어진다.

(ⅰ) 최초의 개요: 제목에 대하여 우선 생각나는 것이며 이들은
때로는 3~4개밖에 되지 않을 수도 있다. 이 때 글의 주제
나 목적을 적어 놓는 것도 좋은 방법이다. 목적을 진술하
는 문장은 글을 써 내려 가면서 수정될 수도 있고, 그것이
최종적인 중심문장이 될 수도 있다. 어떤 아이디어라도 떠
오르면 그것도 같이 기록하라.

(ⅱ) 잠정적인 개요: 최초의 개요를 확대시킨 것이며 여기에는
잠정적인 주제, 가능한 중심내용, 하위중심 내용과 뒷받침
하는 세부내용 등에 대하여 적어야 한다. 어떻게 '연구'를
할 것인지에 대한 계획도 간단히 기술해야 한다. 그러나
연구가 진행되면서 이 개요는 계속적으로 추가 또는 수정
될 수가 있다.

(ⅲ) 최종적인 개요: 보다 자세하고 정교하게 되면 이제 제목과
하위 제목 등을 포함시킨다. 그리고 서로 간에는 충분한
여백의 공간이 있게 한다.

이러한 전작문 활동을 할 때 가장 중요한 것은 '모든 것을 적는다'
는 것이다. 글을 쓸려고 할 때 처음 가졌던 생각들은 대체로 보아 창의
적인데 기록해 두지 않으면 이들은 사라진다. 그러면 다른 사람의 아이
디어가 당신의 글을 가득 채워버릴 가능성이 커진다.

2. 작문 단계

이제 초고 만드는 작업을 시작해야 한다. 그러나 초고는 완전할 필요가 없다. 왜냐하면 초고에는 계속하여 수정하는 작업이 이루어질 것이기 때문이다. 초고를 쓰는 데는 두 가지의 방법이 있다.

가. 하나의 방법은 빠른 속도로 그리고, 가능하면, 일단 시작하고 나면 끝까지 계속하여 쓰는 것이다. 개요에 나타나 있는 아이디어의 흐름을 살려가야 하는데 그렇게 하려면 개요의 아이디어들을 가능한 한 빠르게 종이 위에 적어가야 한다. 초고를 쓸 때는 개요의 전체적인 흐름이 중요하며 이러한 생각의 흐름을 빠른 속도로 따라갈 수 있어야 한다. 다시 읽으려고 멈추지 말라. 문장구조, 단어, 철자, 마침표 등에 대해서는 전혀 개의치 말라. 이것들은 나중에 챙겨도 된다. 여기서는 아이디어, 내용의 흐름이 중요하다. 아이디어는 분명한데 그것을 문장으로 표현하기 어려우면 단어나 구로 적어두고 다음으로 넘어가도 된다. 가다가 막히는 일이 있으면 공란을 두거나 줄을 그어 두고 다음으로 넘어가라.

나. 두 번째의 방법은 씨 내려가면서 다시 쓰고 다시 읽기 하기를 상당히 많이 하는 것이다. 쓰고 그리고 썼던 것을 다시 읽고 고치고 그리고 한 단락이 끝나면 전부를 다시 읽고 추가하거나 수정하는 것은 훌륭한 방법이다. 그러나 이 방법은 아이디어의 흐름을 방해하지 않는 범위 내에서만 이루어져야 한다. 초고를 쓰는 당신의 목적은 가능한 한 빠르게 종이 위에 전체의 아이디어들을 적어 내려가는 것이기 때문이다.

3. 수정과 편집 단계

초고를 완성하고 나면 이제는 얼마간의 시간적인 여유를 가진 다음 수정 작업을 시작하는 것이 좋다. 그러면 새로운 눈(시각)으로 최종원고를 마무리 할 수 있기 때문이다.

가. 조직을 체크하라. 글 전체를 상당히 빠른 속도로 읽어 보라. 그러면서 말하려는 것이 모두 포함되어 있는지, 순서는 그럴 듯한지, 추가하고 싶은 것이 있는지, 그리고 삭제했으면 좋을 것 같은 것이 있는지를 체크하라. 그리고 그에 따라 수정하라.

나. 중심 되는 단락(또는 절)마다 분명한 중심문장이 포함되어 있는지를 체크하라. 중심문장이 분명하면 중심내용을 보다 쉽게 알아 볼 수 있다. 그리고 뒷받침하는 세부내용을 제시하라.

다. 접속어를 적절하게 사용하라. 그러면 독자들은 중심내용의 연결관계를 쉽게 알 수 있으며 그래서 이해가 촉진된다.

라. 서론과 결론 부분을 체크하라. 서론에서 글의 목적을 제시하면 독자는 글에서 무엇을 기대할 수 있는 지를 이해할 수 있고, 그리고 마음 속에 초점 같은 것을 가지게 된다. 만약 당신의 글이 짧은 것이면, 지금까지 제시했던 아이디어들을 상세하게 요약(재진술)할 필요는 없다. 그러나 이러한 경우라도 글 전체에 대한 최종적인 결론 또는 핵심을 제시할 필요는 있다.

마. 문장을 다듬어라. 당신이 말하고 싶은 것을 정확하게 진술하고, 이해하기 쉽게 하기 위하여 문장을 다듬어라. 그리고 가능하면 사용하는 문장의 구조를 다양하게 하여 독자가 권태감을 느끼지 않게 하라.

바. 철자, 구두점, 표준말 및 적절한 단어 사용 등에서 가능한 한

오류들을 찾아서 고치라.

사. 마지막으로 작문한 글을 소리 내어 읽으면서 최종적으로 체크해 보라. 저자가 아니라 자신이 독자가 되어 읽어라. 눈에는 보이지 않았던 오류가 귀에서는 들릴 수가 있다.

아. 수정 작업이 끝나면 이제 최종 원고의 형태로 편집한다. 사용하는 용지나 워드 형식과 체제 그리고 참고문헌의 표시방법 등을 따른다. 논문의 경우는 대개 학회 같은 데서 편집의 요령을 미리 제시하고 있기 때문에 이를 엄격하게 지켜야 한다.

II. 개요의 조직 만들기

작문을 하기 위하여 '개요'를 만드는 것은 건물을 짖기 위하여 미리 청사진을 만드는 것과 같다. 따라서 개요를 어떤 식으로 조직하느냐는 것은 글의 뼈대(골격)을 어떻게 만드느냐는 것이 된다. 이와 관련하여 유의해 두면 좋을 것 같은 것을 세 가지만 지적해 두었으면 한다.

첫째는 어떤 글을 쓰느냐에 따라(예컨대, 논설문인가, 서사문(이야기 글)인가) 개요의 조직, 즉 글의 조직은 달라진다는 것이다. 왜냐하면 논설문과 서사문(이야기 글)은 조직형태가 상당히 다르기 때문이다(3장 참고).

둘째는 같은 성질의 내용이라면 글쓰기(작문)와 담론(이야기, 발표)에 따라 개요의 조직은 달라지지 아니한다는 것이다. 같은 아이디어를 문자로 표현하거나 언어로 표현하는 것은 '양식'(mode)의 차이일 뿐 내용 자체는 같거나 비슷할 것이기 때문이다. 다만 독자는 보이지 않지만 청중은 얼굴을 맞대고 있다는 차이 때문에 다소간의 차이는 있을 수 있다.

마지막은 '개요'를 중심으로 작문의 과정과 독서의 과정을 비교해 보는 것은 의미있다는 것이다. '글쓰기'(작문)를 할 때는 개요의 "뼈대를 먼저 만든" 다음에(물론이지만 수정을 거치면서) 거기에다 살을 부치고 장식을 다는 식으로 쓰기를 진행해 간다. 이와는 반대로 우리가 '독서'를 할 때는 이미 살이 붙어있고 장식이 달려 있는 완성된 모습의 '글'을 보며 읽는다. 그러나 텍스트(글)에는 조직, 뼈대는 전혀 나타나 있지 않고 그 속에 숨겨져 있기 때문에 독자는 "뼈대를 발견"해야 한다. 하나는 개요의 골격을 먼저 만드는 것이고, 다른 하나는 개요의 골격을 발견해야 한다는 점에서 서로는 다르다. 그러나 개요라는 뼈대가 1차적으로 중요한 것은 독서와 작문에서 공통적인 것 같이 보인다.

1. 논설문을 위한 개요

논설문의 조직형태는 뒷받침하는 세부내용의 '성질'에 따라 정리해 볼 수도 있고, 그리고 중심문장이 놓여 있는 위치에 따라 나누어 볼 수 있다고 하였다(3장 참고). 세부내용의 성질에 따라 글의 조직(뼈대)을 계획할 때는 예컨대, 제시하려는 재료가 제목 범주에 맞는 것 같으면 '토픽의 형태'로, 그리고 단계나 시간 순서로 논의하는 것이 보다 자연스러워 보이면 단계/연대순서의 형태를 사용할 수도 있다. 설득적인 글을 쓸려면 문제-해결 또는 원인-결과 형태로 할 수 있다. 그리고 논증적인 것은 이슈를 제시하고, 찬반의 논증을 제시하고, 그리고, 마지막으로, 당신의 입장과 이를 뒷받침하는 증거를 제시하는 형태로 조직할 수도 있을 것이다.

그리고 보다 일반적으로 개요를 어떻게 조직할 것인지를 생각해 볼 수도 있다. 3장에서 우리는 '논설문=중심내용+뒷받침하는 세부내용'이라 하였다. 여기에다 '서론' 부분(단락)과 '결론'(또는 요약) 부분을 추가시키면 텍스트(글)는 '서론, 본론, 결론'의 3개 부분으로 이루어짐을 알 수 있다(4장 참고). 그리고 이러한 내용의 전개양식은 작문을 하든

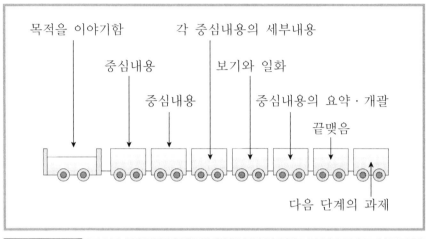

목적을 이야기함　　　각 중심내용의 세부내용

중심내용　　　보기와 일화

중심내용　　　중심내용의 요약·개괄

끝맺음

다음 단계의 과제

| 그림 9-1 | 작문/담화의 조직화 양식 |

담화(이야기, 발표)를 하든, 또는 짧은 것이든 긴 것이든 별로 차이가 없다. 이러한 내용 전개의 양식을 좀더 자세히 분석해 보면 다음과 같이 된다. 그리고 이를 열차에 비유해 본 것이 〈그림 9-1〉이다.

- 서론(서두): 글이나 담화의 필요성, 목적, 내용, 및 범위를 제시한다.
- 중심내용: 중심내용(핵심 아이디어)을 진술한다. 가능하면 3~4개 정도로 하면 파악하기가 쉽다.
- 세부내용: 각 중심내용을 설명하거나 뒷받침하는 내용(근거, 이유, 증거)들을 제시한다.
  - 보기나 일화/흥미를 북돋우고 이해를 분명하게 할 때 필요하다. 이들은 특히 이야기(대담)를 하거나 구두발표를 할 때 도움된다.
- 맺음(요약 및 결론): 중심적인 내용을 재진술하는 요약과 결론을 제시한다. 그러면 발표나 작문이 조직적으로 마무리 되며 거시구조적 이해에 도움된다.

- 다음의 단계에서 할일: 다음의 단계에서 해야 할 것들을 말한다. 이것은 지금까지의 것을 근거해야 하며, 제안 또는 시사점의 형태가 된다.

2. 이야기 글(서사문)을 위한 개요

서사문은 이야기 글이다. 예컨대 각종의 시나리오(scenario), 대본(각본, script), 또는 소설을 쓰는 것과 같은 경우이다. 이때도 작문하기 전에 '개요'를 만드는 것은 필수적이다. 서사문의 개요를 만들 때는 논설문의 경우와는 달리 '이야기 문법'의 요소들을 포함해야 한다. 이미 3장에서 지적해 둔 바와 같이 이야기 문법의 요소에는 장면(배경, 시간-장소-등장인물), 문제(갈등, 사건), 구성(줄거리) 및 해결(결말, 엔딩) 등이 포함된다. 다시 말하면 서사문의 개요에는 배경과 등장인물을 설정하고, 이야기의 '발단'이 되는 문제(갈등, 사건)가 있고, 사건의 줄거리가 있고, 그리고 이야기가 어떻게 끝나는지가 포함되어야 한다. 그리고 서사문(이야기 글)을 요약할 때는 이야기의 줄거리(뼈대)를 개요적으로 압축해야 한다는 것도 주목해 보아야 한다.

III.   작문을 위한 지도 활동

1. 작문의 핵심은 사고

전통적으로 작문시간에는 '편집' 기능을 가르쳤는데 거기에는 형식, 절차, 문법 및 필체 지도 등이 들어간다. 작문시간의 대부분을 편집기능을 가르치는 데 보내면 학생들은 생각하고, 구성하고 그리고 글쓰기를 연습하는 기회를 가지지 못한다. 또한 전통적인 작문 시간에서는 일기, 동시(童詩) 또는 논술 등을 단편적으로 다루고 있기 때문에 학교 내외에서 필요한 여러 가지 유형의 작문을 넓게 가르치지 못하게 된다.

작문(글쓰기)의 핵심은 '사고'(思考)이다. 작문을 하려면 여러 가지에 대하여 생각해야 한다. 글 쓰는 사람은 다음과 같은 어려운 질문을 다루어야 하며, 우리는 그런 질문을 해야 하고 그리고 거기에 대하여 대답하는 것을 연습해야 한다.

- 내가 말하고 싶은 것은 무엇인가?
- 어떻게 하면 사람들이 그것을 믿을 수 있게 말할 수 있을까?
- 어떻게 하면 사람들이 읽고 싶은 마음이 우러나게 말할 수 있을까?

다시 이들 보다는 작지만 여전히 생각을 해야 하는 중요한 이슈에는 다음과 같은 것들이 들어갈 것이다.

- 어떻게 하면 내 아이디어를 드러 낼 수 있고, 그리고 독자들의 주목을 받을 수 있게 글을 시작할 수 있을까? 첫 문장은 어떻게 쓸까?
- 어떤 단어를 쓰면 생각과 감정을 가장 잘 커뮤니케이션 할 수 있을까?
- 어떤 보기(예)를 사용할 수 있을까?
- 더 분명히 하거나 보다 자세한 정보를 포함시킬 필요가 있는 곳은 없는가?
- 어떻게 끝맺음을 할까?
- 제목은 어떻게 할까?

이들보다도 작은 세세한 이슈들도 있다. 이들은 작문 후 단계에서 다루는 것이 보통이지만 작문을 하면서 생각해 보아야 할 때도 있다. 보기를 보면,

- 어디서 단락을 새로 시작해야 할까?
- 여기서는 '이슈'라 해야 하나, '이슈들'이라 해야 할까?
- 정확한 맞춤법은, 표준말은?
- 괄호는 한 칸 띄우고 시작하는가?
- 문단의 시작은 몇 칸을 들여서 시작할까?

그리고 글을 쓴다는 것은 누구에게나 쉽지 않고 오히려 두려울 수 있다. 효과적으로 말하기도 쉽지 않지만 글을 쓴다는 것은 말하기보다 더 어려울 수 있다. 특히 글을 쓰는 경험이 적을수록 그러할 것이다.

그러므로 읽기와 마찬가지로 작문도 여러 번 경험해야 한다. 이러한 경험을 효과적으로 할 수 있게 지도한다면 학생들은 글쓰기에 자신감을 가지고 즐거운 마음으로 작문하는 것을 배울 것이다. 다음에서는 '작문의 단계별 지도 활동'과, '형태별 작문 지도'에 대하여 알아 보기로 한다.

2. 작문의 단계별 지도 활동

(1) 제목의 선정

글쓰기 과정을 배우려면 먼저 자신이 쓸려는 글의 제목(논제, 토픽)을 선정해야 하고 교사는 이 과정을 가이드하고 촉진해야 한다. 뛰어난 작가도 제목 선정에 고민할 때가 적지 않음을 지적하는 것도 효과적이다.

과정 1 : 각자에게 백지 1매씩을 나누어 주고 가능한 제목들을 나

열해 보도록 한다. 제목이란 '토픽'(topic)이며 우리가 그것에 대하여 글을 쓰고 싶어 하는 어떠한 내용의 것일 수도 있다. 학생들이 리스트를 만드는 동안 당신도 토픽 리스트를 만든다는 것을 학생들에게 말해 주라. 당신이 토픽 리스트 만들기를 모두 마치면 교실을 돌아 다니면서 어려워하는 학생들을 도와주라. 예컨대 '읽은 것 같은데 글로 쓰고 싶은 것은?', '어떤 제목들을 생각하고 있니?', '집에서 좋아하는 일은?' 또는 '가 본 곳 가운데 정말로 재미있었던 곳은?' 등과 같은 질문을 하면서 학생들을 격려한다. 그래서 스스로 생각해 보고 아이디어들을 떠올려 보게 가이드 한다.

5분 정도의 시간을 준 다음 당신이 생성해 낸 토픽의 리스트를 코멘트를 섞어 가면서 말해 준다. 리스트를 너무 길게 만들어 학생들을 압도시키지 말아야 한다. 다음으로 자원하는 학생이 있으면 자신의 토픽 리스트를 발표해 보게 한다. 발표를 할 때 원하면 어떠한 코멘트라도 하게 한다. 그리고 교사는 지지적이고 격려적인 코멘트를 해 준다.

과정 2 : 각자가 만든 리스트를 들여다 보고 거기에다 추가시키고 싶은 토픽이 있는지를 생각해 보게 한다. 교사 자신의 리스트를 가지고 시범을 보여 줄 수도 있다. 학생이 선택한 것과 비슷한 제목을 추가시킬 수도 있다. 그렇게 하면 다른 학생으로부터 아이디어를 빌려와도 괜찮다는 것을 보여 줄 수 있다.

과정 3 : 이제는 자신들의 리스트를 들여다 보게 한 다음 글쓰기에 사용해 보고 싶은 마음이 가장 많이 드는 제목 하나를 선택하게 한다. 그리고 선택을 할 때 다음과 같은 점들을 생각해 보게 한다:

   - 어느 제목이 가장 재미있는가?
   - 어느 제목에 대하여 가장 많이 안다는 느낌이 드는가?

  – 어느 제목이 다른 사람들이 가장 즐겁게 읽을 것 같은가?

선택한 몇 개의 제목에 동그라미 치게 한다. 교사가 먼저 시범을
보인 다음 자원하는 학생이 있으면 자신의 것을 발표해 보게 한다.
그런 다음에는 이들 제목 가운데 어떤 제목을 사용할 것인지를 최
종적으로 결정하게 한다. 어떤 제목을 선택했는지는 문제가 되지
아니한다.

  이 단계에서 가장 중요한 것은 교사가 직접 시범을 보여주는
것이다. 학생들은 두 사람씩 짝을 지어 리스트를 만들어 내게 하는
것도 효과적이다. 학생들은 자기가 만들어 낸 '제목(토픽) 리스트'
를 폴더에 저장토록 하고 나중에 새로운 아이디어가 생각이 나면
그것들을 추가시켜 적도록 할 수도 있다. 물론이지만 이들 모든 제
목에 대하여 글을 써야 하는 것은 아니다. 그리고 아이디어는 변화
할 수 있기 때문에 제목 리스트도 얼마든지 달라질 수 있다.

(2) 계획과 개요 만들기

  저자는(훌륭한 저자일수록) 무엇에 대하여 글을 쓸 것인지를 생각하고
그리고 그러한 아이디어들을 제대로 조직화한다. 교사는 어떻게 생각하
고 어떻게 조직화할 수 있는지의 과정을 시범 보여 줄 필요가 있다.

  과정 1 : 학반에다 당신이 선택한 제목에 대하여 그리고 무엇에
대한 글을 쓰고 싶은지를 얼마 정도 이야기 해 준다. 다음으로 그
제목에 대하여 당신이 가지고 있는 또는 떠오르는 아이디어들을 요
점의 형태로 적는다(칠판, OHP 또는 큰 종이 위에). 다음으로 이들
아이디어들을 살펴보고 비슷한 것끼리 묶음해 본다. 아직은 모든
아이디어들이 깔끔하게 조직화되지 않아도 괜찮다. 지금은 당신의
글 속에 어떤 것들이 포함되었으면 좋겠는지에 대한 '일반적인 계
획'을 만드는 것이라 말해 준다. 그리고 이렇게 해서 글쓰기를 시

작한다고 말해 준다.

과정 2 : 이제 학생들을 짝을 짓게 하고 각기 자신의 제목에 대하여 말해 본다. 그런 다음 종이 위에다 제목에 대하여 자신이 가지고 있거나 떠오르는 아이디어, 또는 단어를 간략하게 적어 보게 한다. 자원자가 있으면 자신의 아이디어를 발표해 보게 하고 반원들은 거기에다 추가로 포함시켰으면 좋을 것 같은 것들을 말해 보게 한다. 아직은 글쓰기를 위한 계획을 시작해 보는 것이기 때문에 실제로 글을 써 가면 달라질 수 있음도 이해토록 한다.

이렇게 해서 학생들이 좀더 성숙해지면 '개요' 만들기를 도입한다. 작문을 위한 개요 만들기는 읽기에서 하는 것과 거의 같다. 개요를 어떻게 활용할 것인지를 시범 보인다.

(3) 작문하기

다음의 단계는 실제로 쓰기를 시작하는 것이다. 줄이 쳐져 있는 용지를 이용하여 초고를 써 보게 하는데 한 줄씩 띄워서 격줄로 쓰게 한다. 이렇게 하면 '글쓰기란 수정'이라는 것을 더 잘 이해하고 '수정'에 대하여 보다 긍정적인 태도를 가진다.

학생들은 교사가 시범을 보여 주고 실제로 글 쓰기 하는 것을 보고 싶어 한다. 나이가 어릴수록 쓰기의 모든 과정을 보여 주는 것이 좋지만 보다 성숙한 학생은 결과만 보여 주어도 충분하다.

과정 1 : 칠판, 종이 또는 OHP를 사용하여 당신이 선택한 제목을 발전시키기 시작한다. 아이디어를 어떻게 문장이나 문단으로 조직화하는지를 시범 보인다. 단어를 말하거나 쓰기하면서 수정을 할 수도 있다. 다음에는 무슨 말을 해야 할지를 모른다고 두려워하지 말아야 하며 그리고 쉽게 도움을 요청할 수도 있어야 한다.

過程 2 : 교사의 시범이 끝나면 학생들에게 쓰기를 시작하게 한다. '계획' 단계에서 사용했던 노트를 사용토록 격려하며 필요하면 도움을 준다. 그래도 시작하지 못하는 학생이 있으면 몇 문장이라도 시작해 보도록 가까이 붙어서 비서 노릇을 해 볼 수도 있다. 쓰기가 잘 진행되면 일정이 허용하는 한 많은 시간을 주어서 쓰기를 생산적으로 하게 한다. 그러나 진척이 잘 안 되면 다시 시범을 보여주고 격려한다.

過程 3 : 다시 시범을 보일 때는 학생들이 요구하는 것이 무엇인지를 고려해야 한다. 필요해서 특별히 강조할 필요가 있는 것에는 완전 문장으로 쓰기, 보다 더 묘사적인 언어를 사용하고, 의역하거나 대화체를 사용할 수도 있다. 어떻든 시범을 보일 때는 '어떻게' 내용을 생각해 내고 조직화할 것인지를 강조해야 한다. 다시 말하면 아이디어의 내용이나 흐름을 강조해야지 표현의 기교를 강조하면 안 된다.

過程 4 : 지금까지 충분한 시범과 지시를 받았기 때문에 '작문'이라 부르는 이 과정에서는 교사가 간섭을 하지 않고 제목에 대한 생각을 자유롭게 발전시켜 가게 한다. 이 과정에서의 목표는 학생들로 하여금 자신의 아이디어를 자유롭게 그리고 창의적으로 표현토록 하는 데 있다. 따라서 문법이나 표준말, 철자 같은 것은 개의하지 말아야 한다. 작문 시간은 며칠 또는 몇 주간이 걸릴 수도 있다. 이 때는 폴더를 이용해야 한다. 학생들이 막히고 진척이 없으면 교사에게 도움을 요청토록 한다.

(4) 수정과 편집

수정 또는 편집이라 부르는 이 단계에서는 자기가 지금까지 작문한 것을 두 가지 영역에서 재음미해 보는 것이다.

(ⅰ) 내용 – 아이디어, 단어(어휘)의 선택 및 기타
(ⅱ) 쓰기의 기교 – 철자나 마침표 등

작문한 초고를 수정하는 것은 글쓰기의 자연스럽고 필수적인 단계임을 학생들은 잘 이해하지 못한다. 그러므로 체계적인 수정을 시범 보이고 그것을 배우게 해야 한다.

과정 1 : 내용을 체크한다. 교사는 자신이 쓴 글을 가지고 '수정'하는 것을 시범 보여 주어야 한다. 수정할 내용을 체크할 때 교사와 학생들은 다음과 같은 것들을 살펴보아야 한다.

(ⅰ) 내용을 분명하게 표현했는가?
(ⅱ) 추가시키고 싶은 내용이 있는가? 빼버리고 싶은 내용은?
(ⅲ) 글을 보다 재미있고 익사이팅하게 표현하기 위하여 사용할 수 있는 다른 단어가 있는가?
(ⅳ) 내용을 더 잘 표현할 수 있는 방법이 있는가?

수정단계에서 교사는 글을 분명하고 정확하게 표현하는 것이 중요함을 강조해야 한다. 학생이 수정을 해 갈 때 교사는 편집자의 역할을 하면서 직문을 하고 수정할 필요가 있는 곳을 지적한다. 그리고 교사는 다시 생각해 볼 필요가 있는 곳을 지적해 주고 학생과 같이 논의하고, 그리고 학생 스스로가 필요한 교정이나 수정을 하도록 한다. 이 때 교사는 학생이 사용하고 있는 것과 같은 색깔의 펜이나 연필을 사용하는 것이 효과적이다.

과정 2 : 교정하고 편집한다. 수정의 다음 국면은 교정(proofreading)이다. 필요하다고 생각되는 부분에 대하여 내용 수정을 충분히 하고 나면 교정을 하여 최종본을 완성해야 한다. 교정을 위한 참고항목은 학생의 수준에 따라 다를 수 있다. 그러나 거기에는 맞춤법, 띄어 쓰

기, 원고지 사용법 및 문장부호 사용법(마침표, 쉼표, 따옴표, 감탄부
호 등) 등이 포함될 것이다. 그리고 최종원고는 투고 요령에 맞게 다
듬어야 한다.

3. 형태별 작문 지도

형태별 작문 지도는 학생들에게 '저자가 되는 경험'을 가지게 하는
중요한 지도 활동이 될 수 있다. '저자 경험하기' 활동에서는 실제의
저자가 글쓰기를 하는 분위기와 가능한 한 비슷하게 만들어 학생들이
자신이 진짜 저자(작가)가 된 것 같은 생각이 들도록 해 준다(Calkins,
1994).

이 활동에서는 교사가 소리 내어 작문하기를 시범 보이는 간단한
미니 수업에서 시작한다. 다음으로 학생들이 작문하며 교사는 수정과
편집을 도와 준다. 마지막으로 쓰기를 마친 학생은 '저자의 의자'에 앉
아 자신의 작문을 읽고 친구들로 부터 반응을 받는다.

이러한 활동을 하기 위해서는 학생은 자기가 원하는 제목을 선택하
여 작문의 과정을 연습한다. 자신이 저자인 것처럼 생각하고 자신감과
작문 유창성을 개발한다. 그러나 여기서 한 단계 더 나아가면 '글의 형
태'에 맞는 작문을 하는 방법을 지도할 필요가 생긴다. 글의 형태에는
이야기 글, 논설문, 수필, 사업 또는 개인적인 편지, 보고서, 설명서
등등 다양하게 있을 것이다. 대부분의 아동들은 동시(童詩) 쓰기를 특
히 좋아한다. 아래에서는 '개인적인 편지'를 작문 지도하는 보기를 예
시하고자 한다. 이러한 지도모형은 다른 텍스트 형태의 지도에도 쉽게
적용할 수 있으며, 그래서 글쓰기 경험을 비교적 쉽게 시작하도록 도와
줄 수 있을 것이다.

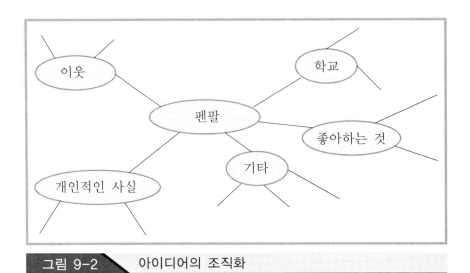

| 그림 9-2 | 아이디어의 조직화 |

(1) 시범 보이기

모르는 친구에게 펜팔하는 편지를 쓴다고 해 본다. 교사는 학생들에게 편지를 바른 형식으로 쓰는 것을 가르치지만 그러면서도 커뮤니케이션하려는 메시지를 동시에 강조해야 한다.

우선 학생들에게 자신의 펜팔(pen pal)에 대하여 무엇을 알고 싶은지를 말해 보게 하고 이들을 큰 용지 위에 기록하게 한다. 예컨대,

- 나이는?
- 어떤 학교
- 탁구 팀이 있는지?
-
-
-
-

학생은 새로운 펜팔에 대하여 알고 싶은 것이 많을 것이다. 교사는

이들 질문을 마인드 맵과 같은 웨브 지도를 만들어 조직화하게 한다. 〈그림 9-2〉에서는 가운데에 '펜팔'이라는 핵심단어가 있고 거기에서 뻗어 나온 가지에 펜팔에 대하여 알고 싶은 것들이 적혀져 있다.

교사는 우리가 새로운 친구에 대하여 알고 싶은 것이 많이 있으며, 그 친구도 우리에 대하여 알고 싶은 것이 마찬가지로 많이 있을 것임을 설명한다. 그리고 한번의 편지에 모든 이야기를 다할 수 없을 것임도 설명한다.

이제 편지쓰기를 시작한다. 보내는 편지는 새로운 펜팔뿐만 아니라 다른 사람도 읽을 것이기 때문에 가능한 한 읽기 쉽고 정확하게 써야 함을 설명한다. 교사는 편지 용지에다 주소, 날짜, 인사 등을 어디에 어떻게 적어 넣어야 하는지를 설명하고 시범을 보인다. 교사가 OHP를 사용하여 각 단계를 해 갈 때 아동들은 그것을 자세히 보고, 자신의 용지 위에 따라 해 보도록 한다.

편지 형식을 모두 다루고 나면, 이제 교사는 '웨브 지도'를 들여다 보고 첫 문단에 무엇을 쓸 것인지를 결정한다. 아동들은 자신의 개인적인 사실(몇 학년이고, 어느 학교에 다니며 …)에 대하여 쓰기로 결정할 수 있다. 그러면 교사는 자신에 대한 몇 가지의 개인적 사실들을 말하는 첫째 단락을 쓰고 그러는 동안 학생들은 잘 들여다보게 한다.

교사는 자신이 첫 번째 단락을 끝내고 나면 이것을 소리 내어 읽어 보고, 단어를 바꾸거나 추가시킬 수도 있다. 그래서 우리가 글을 쓸 때는 다시 쓰고 고치고 한다는 것을 시범 보인다. 단락을 시작할 때는 세 칸 정도 들여서 시작하며 자신이 쓴 첫 번째 단락에는 몇 개의 문장이 포함되어 있는지 등을 설명한다.

(2) 학생의 글쓰기

그런 다음 학생들에게 자신에 대한 이야기를 하는 두 번째 단락을 쓰게 한다. 그리고 초고는 항시 한 줄씩 띄어 쓰게 하며 그래야 수정할 때 편리하다는 것을 설명한다. 쓰면서 웨브 지도나 교사가 써 놓은 것을 참조하게 한다.

대부분의 학생들이 단락을 끝마칠 때 쯤 하여 교사는 훌륭한 저자는 글 쓰다가 가끔씩 멈추어 썼던 부분을 다시 읽어 본다는 것을 환기시켜 준다. 각자가 작문한 것을 읽어 보게 하고 필요하면 수정하게 한다.

이러한 과정(교사 시범, 학생 작문)을 되풀이 하면서 웨브 지도에 있는 범주의 정보를 사용하여 새로운 단락을 작문해 간다. 그러면 아동들은 점차 초고를 쓰고 다시 읽어 보고 그리고 수정하는 일을 자동적으로 하게 될 것이다. 마지막으로 어떻게 편지를 매듭할 것인지를 시범 보이고 초고를 완성한다.

(3) 수정과 출판

다음으로 각자가 쓴 편지를 읽어 보게 해서 서로 나누어 본다. '저자의 의자'를 이용할 수 있다. 발표를 할 때는 내용(메시지)에 강조를 두어야 하고 반 친구들은 좋은 점, 불분명한 점 또는 고치면 좋을 것 같은 것 등을 말해 보게 한다.

편지에 포함된 내용의 수정이 만족스럽게 되면 '편집 체크 리스트'를 이용하여 편집을 하게 하고 그래서 최종본을 완성하게 된다.

IV.   작문과 말하기와 독서의 연계

글을 쓰는 사람은 보다 훌륭한 독자가 된다. 어떤 글을 쓸 것인지를 생각하면서 글을 읽는 사람은 보다 분명한 목적의식을 가지고 글을 읽게 된다. 반대로 독서에서 수집한 정보를 가지고 작문하는 사람은 할 말이 더 많기 때문에 더 나은 작문을 한다. 여러 연구들은 작문과 독서를 연계시키면 상보적인 장점이 있음을 지적하고 있다(Shanahan, 1988). 또한 독서나 작문을 지도하려면 중심내용을 가지고 효과적으로 커뮤니케이션 하는 것을 강조하게 된다. 독서나 작문에서 '말하기'의 요령을 의도적으로 지도하는 것은 매우 자연스러운 일이다. 아래에서는 먼저 독서와 작문을 적극적으로 연계시키는 방법으로 '그래픽 조직자', '자료수집-연구' 및 '독서 전 작문'의 세 가지를 알아 볼 것이다. 그런 다음 필기보고서와 청중을 대상으로 구두보고(口頭報告)하는 것의 차이에 대하여 음미해 보기로 한다.

1. 그래픽 조직자

이미 익힌 바와 같이 그래픽 조직자에는 웨브 지도, 마인드 맵, 측면 행렬표, 자료 도표, 비교와 분류 그래프 및 순서 그래프 등 여러 가지가 있으며 이들은 독서한 내용을 조직화하는 데 유용하게 사용될 수 있다(7장 참고). 그런데 독서에서 학습한 내용을 조직화하는 그래픽은 작문에서도 마찬가지로 유용하게 사용될 수 있다.

독서한 내용을 가지고 그래픽 조직자를 완성하고 나면 이것을 작문을 하는 데 효과적으로 사용할 수 있다. 예컨대 어떤 '이야기 글'을 읽고 주인공에 대한 그래픽을 만들었다 해 보자.

우선 교사가 아동들 앞에서 소리 내어 생각하면서 작문을 시범 보이는 것이 중요하다. 그렇게 하기 위하여 교사는 주인공을 잘 묘사해 주는 형용사들 가운데 하나를 선택하여 소리 내어 생각하면서 한 단락을 OHP나 용지 위에 작문하고 아동들은 관찰케 한다. 이런 식으로 당신이 주인공에 대한 몇 가지 측면들을 좀더 낫게 표현하기 위하여 소리 내어 사고하면서 글 쓰는 것을 학생들이 보고 듣게 한 다음 아래와 같은 몇 가지 사항을 지적해 준다.

• 문단의 시작 부분은 들어가 있고,
• 첫째 문장은 중심내용을 말해야 하고,
  (예컨대, '주인공은 호기심이 많다'는 등)
• 기타의 문장들은 중심내용을 자세하게 설명하고 있고, 그리고
• 문장이 끝날 때는 마침표를 찍는다.

이제 그래픽에 있는 나머지 형용사들 가운데 하나를 선택하여 각자가 거기에 대하여 한 문단을 써 보게 한다. 각자가 쓰는 문단은 당신이 시범 보인 형식을 따르도록 한다. 이렇게 지도하면 학생들은 누구나 재미있고, 응집적인 글을 쓸 수가 있게 된다. 이런 식으로 문단을 작문하는 것은 어떠한 형식의 글을 쓸 때도 마찬가지이며, 그러한 작문능력은 모든 작문의 기초가 될 수 있다. 그래픽 조직자에 기입한 정보(내용)는 어떠한 것이든 간에 읽기/쓰기 지도를 할 때 사용할 수가 있다.

2. 자료 수집 – 연구

독서와 작문을 연계할 수 있는 또 다른 방법은 '연구'이다. 연구라고 말하면 엄청난 과제 같이 보이지만 그것을 쉽게, 그리고 구조적으로 접근하면 누구나 성공할 수 있다. 어떤 것(제목)에 대하여 적절하고 중요한 자료(정보)를 찾아내고 그것들을 보고하는 기회를 경험해 보게 되면 우리는 자신감뿐만 아니라 전체 과정을 관리할 수 있다는 통제적 감각을 가질 수 있게 된다.

초등학생의 경우는 QuAD 형식을 사용하면 효과적이다(Cudd, 1989). 이 형식은 보기에서와 같이 Qu＝질문, A＝대답, D＝세부사항(Details)의 세 가지의 란으로 이루어져 있다.

먼저 학생들은 자신들이 연구를 해 보고 싶어 하는 제목을 결정하

QuAD

제목(토픽) :			
	질문(Qu)	대답(A)	세부사항(D)
1.			
2.			
3.			
· · ·			
참고문헌:	1. 2.		

그림 9-3   QuAD 양식

고 그것을 기입한다. 다음으로 거기에 대하여 대답을 찾고 싶어 하는 질문을 생성해서 기입한다. 이제 이 용지를 들고 도서관이나 기타 참고자료가 있을 곳을 방문한다. 그리고 찾아낸 대답과 세부내용을 해당란에 기입한다. 또한 사용한 참고문헌도 기입한다. 두 사람씩 짝으로, 또는 소집단으로 연구 활동을 할 수도 있으며 얻은 결과는 같이 사용하는 기회를 가지게 한다.

3. 독서 전 작문

대부분의 경우 작문은 독서를 한 다음에 한다. 그래서 배운 것을 분명하고 확실하게 하며, 그리고 독서한 것에 대하여 반응해 보게 한다. 예컨대 읽은 것에 대하여 논평을 하거나 독후감을 써 보게 한다. 그러나 독서 전의 작문도 학생들이 생각하는 독서를 하도록 유도하는 효과적인 방법으로 사용할 수 있다.

독서 전 작문은 '약식 작문'이라 할 수 있으며 2~3분 정도로 간략하게 한다. 예컨대 '파충류'에 대한 텍스트를 읽을 예정이라 상상해 보자. 먼저 필기도구를 준비토록 하고, 2~3분의 시간을 주고서, 그리고 '파충류'에 대하여 가능한 한 많은 사실들을 생각해서 나열해 보게 한다. 요점의 형태로, 철자가 맞는지에 신경 쓰지 말고, 완전문장이 아닌 글로 가능한 데로 많은 사실들을 나열해 보는 것을 강조한다. 말해 준 시간이 되면 제일 밑에 줄을 치고 처음 것에서 시작하여 연 번호를 붙이게 한다.

다음으로 '파충류'에 대한 논설문을 직접 읽거나 다른 사람이 읽는 것을 경청한다. 그러나 읽거나/경청하는 동안에는 절대로 어떤 것도 필기하지 못하게 한다. 다만 읽기/경청하기가 끝나면 앞에서 만든 리스트에 추가할 것이 있으면 추가할 수 있는 시간을 2~3분간 준다는 것을 말해 준다. 읽기/경청하기가 끝나면 약속한 시간을 주고 새로운 사실들을 리스트에 추가시키게 한다. 그리고 독서 전 리스트와 독서 후 리스트를 비교해 보고 발표해 보게 한다.

이것은 매우 간단한 기법이지만 학생들이 어느 정도의 선행지식을 가지고 있는 제목(토픽)에 대하여 독서하려고 할 때 특히 효과적으로 사용할 수 있다. 독서 전 리스트 만들기를 통하여 학생들은 자신이 의식하고 있었던 것보다 훨씬 더 많이 알고 있음을 인식하며, 그리고 그러한 선행지식을 활성화시킴으로써 독서하려는 재료에 대하여 생각을 더해 볼 수 있는 준비를 하게 만든다. 그리고 독서 후에 많은 것들을 더 추가시킬 수 있음을 보고 스스로도 놀라는 경우가 많을 것이다. 다시 말하면 독서를 통하여 많은 것들을 배울 수 있음을 느끼게 될 것이다.

그리고 독서 중에 중요하거나, 재미있거나 또는 의문 나는 부분을 표시하거나 메모지 위에 적도록 하는 것도 하나의 작문 활동일 뿐만 아니라 읽으면서 생각하게 하는 효과가 있다. 독서를 통하여 작문을 심화시키고, 그리고 저자의 눈으로 독서를 하게 해야 한다. 독서를 하면 더 나은 저자를 만들며, 그리고 작문을 하면 더 나은 독자를 만든다는 사실을 기억할 필요가 있다.

4. 구두 발표의 요령

커뮤니케이션(communication)에서는 핵심내용을 뒷받침하는 세부내용을 가지고 설득력 있게 제시할 수 있어야 한다. 이것은 독서나 작문에서도 마찬가지이다. '말하기'는 독서나 작문의 과정에서 자연스럽게 포함되어 있지만, 그래도 효과적인 말하기의 요령을 의도적·계획적으로 지도하는 것은 매우 중요할 것이다. 아래에서는 이러한 노력의 한 가지 형태로 구두보고(口頭報告, oral presentation)의 요령을 서면보고(書面報告, written report)와 대비시켜 알아 보았으면 한다.

우리는 글로 써 놓은 보고서를 청중들을 상대로 직접 구두로 발표해야 할 때도 있다. 서면 스타일과 구두 스타일 간에는 약간의 차이가 있기 때문에 서면보고를 구두발표할 때는 필요하면 이에 따른 수정을 해야 한다.

(1) 구부보고에서는 제시하는 중심내용의 수가 보다 더 적다. 구두로 하는 발표는 반복되지 아니하고 딱 한번만 듣는다. 그러므로 서면보고에서처럼 여러 개의 중심내용을 언급하면 청중은 전체 내용을 이해하기도 어렵고 빠뜨릴 가능성도 크다. 그러므로 가장 중요한 중심내용을 골라서 밑줄 치라.

(2) 구두보고에는 뒷받침하는 세부내용이 더 많이 필요하다. 발표

는 들을 기회가 한 번뿐이기 때문에 청중이 듣고 있는 중심내용을 이해하려면 더 많은 보기, 더 많은 뒷받침 세부내용이 필요하다.

(3) 구두보고에는 접속사가 더 많이 필요하다. 접속사는 하나의 아이디어에서 다른 아이디어로 나아가기 위한 것이며 또한 아이디어 간의 연결을 말해 주는 것이다. 구두보고에서 중심내용이 보다 분명하게 제시되려면 항목화하거나, 핵심단어를 쓰거나, 요약하고 재진술하거나 또는 비교/대조하는 등의 접속사를 더 많이 사용하라.

(4) 구두보고에는 반복을 더 많이 한다. 구두로 발표할 때는 아이디어나 핵심 단어를 반복하거나, 요약하는 것을 더 많이 한다.

(5) 구두보고에서는 인칭 대명사를 더 많이 사용하며 청중에게 직접 질문할 수도 있다. 독자는 보이지 않을 수 있지만 청중은 바로 앞에 있다. 그렇기 때문에, '나, 여러분, 우리' 등과 같은 인칭 대명사를 더 많이 사용해야 하며, 또한 청중의 호응을 얻기 위하여 그들에게 바로 질문을 던질 수도 있다.

(6) 구두보고의 언어는 완전 문장이 아닐 수도 있으며 보다 더 대화적인 것이다. 왜냐하면 청중이 바로 앞에 있기 때문에 사용하는 언어가 덜 형식적이고 덜 완전문장 구조의 것이 되기 쉽다. 그리고 가능하면 원고를 너무 자주 들여다 보지 말고 서로 대화하듯이 발표를 하는 것이 효과적이다.

V. 독서 전 활동

일반적으로 독서는 제목을 보고 다음으로 전체의 내용을 훑어 읽어 개관하며, 그런 다음 우리가 소위 '읽기(독서, reading)라 부르는 정독 (精讀)의 독서 활동을 하게 된다. 그러나 글의 제목(토픽)이나 중심개념 을 제시하고 이에 대하여 '독서 전 활동'(prereading plan, PreP)을 하는 것이 효과적일 수도 있다. 대개의 교과서의 교과목 공부는 여기에 해당 될 것이다. 독서 전 활동은 독자가 가지고 있는 이전 지식(배경지식)을 활성화시키며 또한 그러한 지식을 보다 더 확대시킬 수 있다. 또한 학 생들은 글 내용에 대하여 더 큰 흥미를 가질 뿐만 아니라 지금부터 배 워가는 내용을 이전의 사전지식에 관련(통합)시킬 수 있다. 다시 말하 면 독서 전 활동은 제목이나 중심개념이 충실한 '선행 조직자'(advance organizer)의 노릇을 할 수 있게 하는 데 도움 된다.

아래에서는 두 가지 방법을 제시하는데, 하나는 '사전지식 연상기 법'이고 다른 하나는 '문제장면 사전 이해기법'이다.

1. 사전지식 연상 기법

(1) 먼저 텍스트의 제목(토픽) 또는 중심개념을 제시한다. 그런 다 음, 예컨대, "_____ 이란 단어를 들으니까 머리에서 어떤 것들이 떠오릅니까?"(예, '인터넷')

(2) 머리에 떠오른 생각(연상)을 모두 기록한다. 가로로 번호를 부 치면서 하나씩 기입한다.

(3) 그런 다음 떠 오른 각기의 '생각'에 대하여 '왜' 그런 생각을 떠 올리게 되었는지를 생각해 보고 기록케 한다. 이들을 앞에서 부터 번호를 부치면서 기록한 '생각'(연상, 아이디어)에 이어서 기입한다. 예컨대 "어떻게 해서('왜') 그런 생각을 하게 되었나 요?"(예, "(이메일), 중국에 있는 아저씨와 거의 매일 이메일을 주 고 받으니까.")

(4) 다음과 같은 것으로 활동을 마무리 한다: "지금까지 우리가 논
    의를 해 본 결과로 이 제목(토픽)에 대하여 당신이 알게 된 기
    타의 정보들을 생각해 볼 수 있을까요?" (예, "인터넷에 나타나
    있다고 해서 그 내용이 반드시 사실이라는 의미는 아니다")

2. 문제장면 사전이해 기법

이 기법은 주어진 제목(토픽)에 대하여 이미 알고 있는 것을 활성화
시키고, 글을 읽고 싶어 하는 동기부여를 하고, 그리고 글 속에 제시되
어 있는 중심내용에 초점을 맞추게 하는 데 효과적이다(Vacca &
Vacca, 1993). 이 기법은 '문제와 해결'의 관계를 다루고 있는 것이면
어떤 텍스트 재료에도 사용할 수 있다.

(1) 문제성이 있는 장면을 제시한다. 그리고 그러한 장면에 대하여
    적절한 정보를 충분히 제공해 줌으로써 읽으려는 글의 중심내
    용에 초점을 맞추어 주목하게 한다. 여기서는 문제의 장면을 분
    명하게 정의하는 것이 중요하다.

(보기 1) '문제성이 있는 장면'의 한 가지 예시
        당신은 미국의 대통령이다. 그런데 당신은 공격용 핵탄두
        를 적재한 소련의 한 선박이 미국에서 약 60마일 밖에 떨
        어져 있지 아니한 쿠바로 향하고 있다는 보고를 정보 당국
        으로부터 받는다. 당시는 문자 그대로 냉전시대이다. 이러
        한 장면에서 당신은 어떠한 조치를 취할 수 있을까?

---

(2) 문제장면을 제시하고 소집단별로 거기에서 생겨날 수 있는 가
    능한 결말, 또는 그러한 문제장면을 해결할 수 있는 아이디어를

생성해 보게 한다.

(i) 생성해 낸 반응을 기록한다(요점의 형태로).

- 가능한 한 여러 가지를 생성해 보게 한다.

- 아이디어에 대하여 아직은 비판하지 아니한다.

(ii) 아이디어들을 충분한 숫자로 생성해 낸 다음, 각기의 반응에 대하여 왜 그것이 좋은 해결책인지 또는 성공할 것 같은지를 논의케 한다.

(3) 이제 본문을 읽는다.

(i) 읽으면서 자신들이 제시한 해결책이 얼마나 그럴 듯한 것인지를 '검증'해 본다.

(ii) 더 많은 새로운 정보를 획득하게 되면 자신들의 해결책을 다듬거나 수정한다.

(4) 마지막 활동으로, 자신들이 생성해 낸 어떤 해결책과 저자가 글 속에서 제시하고 있는 해결책을 비교해 본다. 그리고 어느 것이 왜 더 그럴 듯하게 생각되는지를 같이 논의한다.

VI. 독서 후의 대화

읽기를 마친 다음에 질문을 해 보면 학생들이 무엇을 얼마나 이해했는지를 쉽게 알아 볼 수 있다. 그러나 대부분의 전통적인 독후대화(독후대담)는 학생들이 읽었던 텍스트를 더 잘 이해토록 하는 데 별로 도움되지 아니하는 것 같이 보인다. 그러나 읽었던 텍스트에 대하여 대화를 나누어 봄으로써 우리는 학생의 이해를 향상시킬 수 있다. 여기서는 읽은 것을 가지고 질의 응답하는 것과 거기에 대하여 같이 대화하는 것이 균형 같은 것을 이루게 하는 것이 바람직하다(Allington &

Johnston, 2001).

1. 열린 질문과 독후의 대화

독서를 마친 다음 읽은 내용에 대하여 '독후 대화'를 할 수 있기 위해서는 무엇보다도 먼저 열린 질문(open-ended questions)을 많이 할 수 있어야 한다. 하나의 정답 만을 요구하는 소위 닫힌 질문(closed questions)과는 달리 열린 질문은 여러 개의 반응/대안을 생각해 보게 한다. 열린 질문은 생각(마음)을 스트레칭(stretching)시키는 발산적 사고 (확산적 사고)를 요구하며, 그렇기 때문에 제시받은 질문에 대하여 많은 다양한 대답(반응)을 할 수가 있다. 예컨대 독후에 다음과 같은 질문을 할 수가 있을 것이다.

- 더 알아보고 싶은 것이 있는가?
- 궁금하거나 의문 나는 것은 무엇인가?
- 이것을 읽으니 이전에 읽었던 어떤 것이 생각나는가?
- …에 대하여 어떻게 생각하는가?
- 이 같은 일이 당신에게 일어난 적이 있는가?
- 여기서는(텍스트의 이 부분에서는) 무슨 일이 일어나고 있었는 가?
- 이 글을 읽고 특별히 놀라거나, 감동적인 것이 있었는가?
- 이 글에 있는 어떤 사람 때문에 당신이 알고 있는 다른 어떤 사람이 생각나지는 않았는가?

이러한 열린 질문은 다양한 반응을 생성해 내게 하며, 그리고 그러한 반응은 잠재적으로 보아 어느 것이나 맞는 반응일 것이다. 이러한 열린 질문은 자연스럽게 독서한 재료에 대하여 대화(이야기)를 시작케 할 수 있다. '독서 후의 대화'는 독서한 것에 대한 이해를 서로 나누어 가지게 하기 때문에 이러한 과정을 통하여 재료(텍스트)를 더 잘 이해토록 하는 데 목적이 있어야 한다. 이러한 독후대화는 흔히 성인들이 어떤 책을 읽고 난 다음에 서로의 이해와 소감을 자연스럽게 나누는 것과 비슷한 것이어야 한다.

Keene & Zimmerman(1997)은 효과적인 독후대화를 할 수 있기 위해서는 독자는 다음과 같은 3가지 종류의 '관련'을 생각해 볼 것을 요구하고 있다(10장의 '수준별 질문-대답' 기법 참고).

- 텍스트와 자기 자신(예, 나는 여기에서처럼 친구와 다툰 적이 있는가?)
- 텍스트와 텍스트(예, 친구와 다투는 이야기가 있는 다른 책을 읽은 적이 있는가?)
- 텍스트와 세상(예, 사람들은 친구와 서로 어떻게 지나고 있는 것 같은가? 생각나는 대로 말해 보라)

이처럼, 훌륭한 독자는 읽은 것을 자기 자신, 다른 텍스트, 또는 일상의 세상사와 관련시켜 생각해 보는 것을 좋아한다. 이들은 적극적으로 독서하며, 그리고 적극적으로 의미를 구성해 낸다. 읽은 것을 누구와 같이 대화하는 '독후 대화'도 이런 종류의 것이 되도록 노력해야 한다.

이러한 독서 지도를 할 때 처음은 교사가 '소리 내어 읽은' 다음 그러한 반응(텍스트와 관계 지우는 반응)을 시범을 보여 주는 것이 좋다. 다시 말하면 이야기를 소리 내어 읽으면서 예컨대 교사가 '이 이야기에 나오는 소년은 고집이 세서 엄마의 회초리를 많이 맞는데 이것을 보니 내가 작년에 읽었던 ×××라는 책에 있던 이야기가 생각난다'고 말해 준다(물론이지만 교사가 언급하는 ××× 이야기는 학생들에게도 익숙한 것일수록 좋다). 예시의 것은 '텍스트와 텍스트'의 관련(연결)이지만 어떻든 이렇게 시범을 보이면 아동들이 서로 독후대화를 가지게 하는 데 도움될 수 있다.

　읽은 것에 대하여 서로 이야기를 나누어 본 경험이 별로 없는 학생에게는 교사가 시범을 보여 준 다음 1~2분의 시간을 주고 자신의 생각을 노트에 적게 하면 도움될 수 있다. 그런 다음 적은 것을 가지고 서로 이야기를 해 보게 한다.

　그리고 독서 후의 대화는 전체 집단으로 할 수도 있지만 3~7명의 소집단으로 독후대화 서클을 운영하는 것도 효과적일 수 있다. 소집단 서클별로 어떤 주제, 장르 또는 교과단원을 선택하여 같이 읽고 대화(대담, 논의)를 나누어 보면 읽은 것을 더 잘 이해하는 데 도움될 뿐만 아니라 다음과 같은 긍정적인 효과도 기대해 볼 수 있다(Day, Spiegel, McLellan, & Brown, 2002).

　　　－ 학생들이 서로 같이 이야기할 수 있는 기회가 늘어나고,
　　　－ 자연스럽게 대화를 시작할 수 있는 맥락을 제시하게 되며,
　　　－ 집단의 모든 성원들이 읽을 수 있고, 그리고 읽고 싶어 하는
　　　　텍스트를 발견해 내는 능력이 길러지며,
　　　－ 협력과 협동기능을 기르며, 그리고
　　　－ 개인적인 책임의식을 가지게 한다.

　읽은 내용을 특히 자기 자신에게, 다른 텍스트에, 그리고 일상의 세상사에 관련시켜 보는 대화를 할 때는 효과적으로 독서하는 성인들이 흔히 읽은 것을 가지고 자기 자신과 대화하는 그런 대화를 할 수 있게 지도해야 한다. 그리고 독서한 것에 대하여 서로 같이 이야기 나누는 것이 일종의 습관이 되게 해야 할 것이다.

　아래에서는 학생들이 읽은 것을 가지고 대화(이야기)하는 것을 격려해 주기 위한 두 가지 방법을 추가로 제시해 보고자 한다. '저자에게 질문하기' 기법에서는 저자가 앞에 있다면 그에게 물어보고 싶은 질문을 해 보게 한다. 그 다음에 제시하고 있는 '주인공 면담하기' 기법에

서는 교사와 학생이 같이 면담자가 되어서 책에 나오는 주인공과 면담을 하는 것이다.

2. 저자에게 질문하기

많은 사람들은 교재는 의심의 여지가 없는 내용(정보)을 담고 있다고 생각하고 있다. 이러한 생각은 독서를 수동적으로 접근하게 만든다. '저자에게 질문하기'(Questioning the author) 기법은 Beck, McKeown, Hamilton and Kucan(1997)이 개발한 것으로(일명 '구성주의', constructivism이라 부르기도 한다) 학생이 저자에게 질문을 해 보게 함으로써 읽고 있는 것에 적극적으로 관여하여 적극적인 독자가 되도록 격려한다. 다시 말하면 이 기법은 교재에 제시되어 있는 정보를 비판하고, 질문하며 그래서 적극적으로 의미를 구성해 보도록 만든다.

(1) 저자가 교재에서 말하고 있는 것은 항상 이해하기 쉬운 것이 아니며, 또한 저자도 자신이 무슨 말을 하고 있는지가 분명하지 않거나 글의 조직이 신통치 못할 때가 있음을 학생들에게 설명한다.

(2) 선정한 어떤 텍스트를 읽게 한다. 읽어 가다가 결정적인 부분에서 멈추어 질문한다. 예컨대 "여기서 저자가 말하고자 하는 것은 무엇인가?", 또는 "이 절에서 우리가 이해하기를 바라고 있는 것은 무엇일까?". 그러면 집단 협의가 시작될 것이다. 보기의 질문은 다음과 같다.

  - 저자가 우리에게 이야기 하고 싶어 하는 것은 무엇인가?
  - 저자의 의도는?
  - 이런 비슷한 이야기를 하고 있는 책은?
  - 글을 읽으면서 어떤 생각이 떠오르는가?

- 앞에 있는 단락과는 어떻게 연결되는가?
- 저자에게 한 마디 한다면 어떤 이야기를 할 수 있을까?

(3) 텍스트의 의미를 더 깊게 파고들어 가도록 협의를 가이드 한다. 또는 추가로 질문을 한다. 예컨대 '저자는 자기 자신의 진술을 충분히 뒷받침하고 있는가?', '지금의 이것은 앞에서 말한 것과 비교해 보면 어떤가?', '이것에 대한 이유가 텍스트에서는 설명되어 있는가?'

(4) 전체 학급이 텍스트의 의미와 '저자에게 질문하기' 기법의 과정을 반성해 보는 시간을 가진다.

3. 주인공 인터뷰하기

'주인공 인터뷰하기'(Interview characters strategy)는 학생들이 글을 적극적으로 읽고 깊게 관여토록 할 수 있는 또 다른 방법이다. 먼저 학생들이 모두 같은 책을 읽어야 한다. 학생들은 책 속에 있는 주인공 역을 나누어 맡고 교사(부모)는 쇼(show)의 진행자와 같은 모습으로 주인공의 생애와 역할을 인터뷰한다. 학생들에게 배역을 나누어 맡게 한 다음 이들을 당신의 쇼에 초대한다. 그리고 학급을 향하여 당신 옆에 앉게 한다.

가장 중요한 주인공부터 대담을 시작하며 그리고 다소간 넓은 질문을 하는 데서 시작한다. 예컨대 같은 책으로 '춘향전'을 읽었다면 '이 도령'에게 "이 도령님, 자신에 대한 이야기부터 간단히 해 주세요"라 말하는 데서 시작한다. 그리고는 다른 주인공들을 옮겨가서 예컨대 '춘향이는 지금의 이야기에 동의하나요?', '보탤 수 있는 것은 무엇일까요?' 등을 묻는다. 심지어는 관객들에게 관련의 질문을 할 수도 있다. 기본적으로 말하면 당신은 쇼의 진행자가 되어 초대받은 손님들이(배역의 주인공) 읽었던 책에 대한 모든 이야기를 다하게 한다. 이상적으로 말하면 독자가 주인공이 되게 하여 주인공의 처지와 행동의 모습으로 책을 이야기 해 보게 한다. 필요하다면, 시범을 보여 주기 위하여 한 학생이 면담자가 되고 당신이 주인공이 될 수도 있다. 이 활동은 간단 하며(대개 3~5분 정도) 준비하는 것도 어렵지 아니하다.

'주인공 인터뷰하기' 활동은 학생들에게 주인공의 태도, 성격 및 동기 등등에 대한 생각을 자극할 수 있는 커다란 장점을 가지고 있다. 다시 말하면 이 기법은 독서를 하는 동안 사고를 하고, 그리고 독서 내 용에 관여하고 빠져 볼 수 있게 할 수 있는 매우 효과적인 방법이다.

(연습문제) 무엇에 대한 글을 쓸 것인지를 브레인스토밍해 본 다음 그 중에서 '어린이의 옷차림'에 대하여 쓰기로 결정했다고 가상해 보자.

(1) '어린이의 옷차림'에 대하여 떠 오르는 생각들을 간단한 요 점의 형태로 모두 적어보라(A4용지나 이보다 더 큰 용지 위에 브레인스토밍하여 적는다).

(2) 생각들을 적으면서 '옷을 단정하게 입어야 한다'는 말을 해 야겠다는 마음이 들었다 해 보자. 다시 말하면 결론(주장)이 '옷을 단정하게 입어야 한다'는 글을 쓰려고 한다. 이제 이 러한 글의 목적을 가지고 (1)에서 적은 내용들을 비슷한 것 끼리 묶음해 보라. 예컨대, '현재의 문제점', '이유'(단정하 게 입어야 하는), '실천 방안' 및 '기타'로 묶음해 보라.

(3) 이제 글의 차례를 '개요'의 형태로 만들어 보라. 필요하면 (2)에서의 묶음을 더욱 세분화할 수도 있다.

(4) '개요'에 따라 전체적인 흐름이 이어지도록 초고를 만들어 보라(필요하면 공란을 남겨 둘 수 있으며 생각의 전체적인 흐름 을 중요시 한다).

(5) 초고를 다듬고 수정하라(수정은 '초고' 위에다 바로 한다). 얼마든지 빼거나 보탤 수 있으며, 보다 적절한 단어, 표현을 골라 쓴다.

(6) 이제 철자들을 체크하고 글의 형식에 맞추어 편집하고 최종본을 완성해 보라.

전통적으로 학교의 작문(글쓰기) 시간에는 '편집' 기능을 가르치고 있고 거기에는 글의 형식, 절차, 문법 및 필체의 지도 등이 포함된다. 그리고 일기, 동시(童詩) 또는 논술 등을 단편적으로 다루고 있다. 그러므로 학생들은 작문을 생각하고, 구성하고, 그리고 글 쓰고 수정하는 과정(過程) 자체를 연습하지 못하고 있다. 작문을 할 때는 목적이 분명해야 하며, 그리고 작문의 전체적인 과정을 계획하고 거기에 따라 진행해 가야 한다.

작문의 과정에는 크게 보아 전 작문단계, 작문 단계, 수정 단계 및 편집 단계 등이 포함된다. 전 작문 단계에서는 제목을 정하고, 글감을 수집하고, 그리고 개요를 만드는 것 등이 포함된다. 작문 단계에서는 빠른 속도로, 그리고 가능하면 시작하고 나면 끝까지 계속하여 초고를 써 내려가는 것이 좋다. 수정과 편집 단계에서는 전체의 조직 등을 체크하면서 최종원고를 마무리 한다. 작문을 지도할 때는 '작문의 핵심은 사고'(思考)임을 특별히 주목해야 하며 작문의 과정을 소리 내어 생각하면서 시범 보이는 것이 중요하다.

그리고 작문-말하기-독서는 서로 연계됨으로써 서로가 서로를 통하여 보다 더 효과적으로 개발되어야 한다. 훌륭한 저자가 훌륭한 독자이며 훌륭한 독자라야 훌륭한 저자가 될 수 있다. 작문-독서-말하기를 연계시키면 상보적인 장점이 있다. 구체적인 방법으로 이 장에서는 그래픽 조직자, '자료수집-연구' 및 독서 전 작문 등을 자세하게 알아 보았다. 또한 청중을 앞에 두고 하는 구두발표(口頭發表)의 요령을 서면보고와 대비시켜 음미해 보았다. 구두발표는 서면보고보다 중심내용의 수가 보다 더 적고, 뒷받침하는 세부내용과 접속사가 더 많이 필요하고, 그리고 반복을 더 많이 해야 하는 차별적인 특징을 가지고 있다.

이어서 텍스트의 제목과 중심개념이 선행조직자 노릇을 할 수 있게 하는 독서 전 활동으로 사전지식 연상 기법과 문제장면 사전 이해 기법을 알아 보았다.

다음으로, 독서 후 대화를 강조하면서 읽은 텍스트 내용을 자기 자신에게, 다른 텍스트에 그리고 일상의 세상사에 관련시키는 독후 대화의 요령을 다루었다. 마지막으로 '저자에게 질문하기'와 '주인공 인터뷰하기' 기법을 알아 보았는데 이들은 모두가 독자가 글을 적극적으로 읽고 깊게 관여토록 하는 데 효과적인 방법들이다.

비판적인 독서

비판적인 독서

이 장에서는 먼저 이해를 몇 가지 수준으로 나누어 각기의 의미와 특징을 분석해 본다. 다음으로 비판적 이해를 위하여 해야 하는 '바른 질문'을 알아 보고, 그리고 텍스트를 비판적으로 이해하기 위한 몇 가지의 활동들을 살펴본다. 여기에는 '수준별 질문-대답'의 기법, '소리 내어 사고하기'(TA) 기법, '주장/근거 분석'의 기법 및 창의적 토론 기법 등이 포함된다. 마지막으로 텍스트를 깊게 이해하고 나아가 비판적 사고력을 개발할 수 있는 하나의 종합적인 프로그램 체제로서 'WEPMTAiC+C' 프로그램을 자세하게 제시해 볼 것이다.

I. 이해의 수준과 비판적 이해

텍스트의 이해는 몇 가지 수준으로 나누어 접근해 볼 수 있다. 2장에서는 독서의 4가지 시퀀스적인 사상(事象)들을 철자 지각, 단어 재인, 아이디어(명제) 구성 및 정신적 장면 모형 만들기로 나눈 바 있다.

김영채(1998)는 이해를 피상적 이해, 소극적 이해, 확장적 이해 및 비판적 이해로 나누고 있고, Harris & Sipay(1990)는 피상적 이해를 축어적 이해로 표현하고 그리고 '소극적 이해'와 '확장적 이해'를 '추론적 이해'로 묶음한 다음 텍스트 이해의 수준을 축어적 이해, 추론적 이해, 비판적 이해 및 창의적 이해의 4가지로 나누고 있다. 축어적 이해와 추론적 이해는 독해 자체를 집중하여 다루고 있고 비판적 이해도 독해에 기초하고 있다. 그러나 비판적 이해의 핵심 능력은 비판적 사고에 있고, 그리고 창의적 이해의 핵심 능력은 창의적 사고에 있으며, 각기는 그러한 사고능력을 개발하는 데 강조점을 두고 있다.

1. 축어적 이해

축어적 이해(literal comprehension)란 텍스트에 직접적으로 바로 나타나 있는 외현적인 정보를 이해하는 것을 말한다. 다시 말하면 '의미'가 텍스트에 직접적으로 진술되어 있거나 또는 정보들 간의 관계가 그래프에 표시되어 있다. 축어적 이해의 독자는 액면 그대로의 내용을 반복 연습하여 외운다. 다시 말하면, 기계적인 반복을 통하여 이해한다. 마치 선풍기의 '사용 설명서'나 음식점의 '메뉴'를 반복하여 읽는 것과 같다. 이러한 학습자에게는 깊은 의미나 내용(명제)들 간의 연결관계는 중요하지 아니하다.

이러한 독자는 자신의 학습방법을 '나는 재료의 내용을 읽고 또 읽는다', '되풀이 하여 말해 본다', '몇 번이고 자꾸 써 본다', 또는 '머리에 남을 때 까지 계속 연습한다' 등과 같이 설명할 것이다. 이러한 이해는 거시 구조적 이해와는 다르다. 그는 외운대로만 기억하고 그것을 그대로 시험지 위에 대답할 수는 있을 것이다. 그러나 이렇게 습득한 지식은 쓸모 있는 기능적 지식이 되지 못한다.

2. 추론적 이해

추론적 이해(inferential comprehension)에서는 아이디어(내용)와 사건, 그리고 이들 간의 관계를 이해하기 위하여 추론(해석)을 해야 한다. 여기에는 '소극적 이해'에서 '확장적 이해'까지가 포함되어 있다. 소극적 이해에서는 간단한 거시구조적인 이해를 통하여 글의 내용을 요약할 수 있으며, 결론이 무엇인지를 말할 수 있으며 그리고 덜 중요한 세부적인 내용도 어느 정도는 나열할 수가 있다. 그러나 그의 이해는 '결론'(주장, 핵심 내용)을 찾아내고 그 결론이 지니고 있는 의미를 연결시켜 파악하는 데 집중되어 있고 그러한 결론을 뒷받침하는 세부 내용을 이해하는 것은 별로 중요하지 않다. 그러나 확장적 이해에서는 '소극적 이해'의 수준을 넘어 이해의 범위를 더욱 확대시킨다. 여기서 '확장'이라 함은 내적 관련(구조화)을 통하여 글 속의 정보들끼리 관련시킬 뿐만 아니라 외적 관련(맥락화)을 통하여 일상 경험을 포함하는 다른 다양한 내용과도 통합시키는 것을 말한다. 이들은 텍스트의 '결론'을 중심으로 구조화되어 통합될 수 있다. 그러나 그에게는 여전히 결론을 뒷받침하는 이유들을 '따져보는 것'은 그렇게 중요하지 아니하다. 그는 교재나 수업에서 다루지 아니한 상당히 새로운 장면에서도 익힌 지식을 적용할 수가 있을 것이다. 그러나 그것은 맹목적인 이해이지 비판적인 판단에 기초하지는 않고 있다. 다시 말하면 그러한 지식을 진정으로 이해하고 '왜' 그런지에 대한 신뢰를 가지고 사용하는 것이 아니라, 그렇게 한다니까 그렇게 하고 있을 뿐이다.

그리고 추론적 이해에서는 특히 '추론(해석) 능력'이 핵심적이라 말할 수 있다. "추론(inference)이란 주어져 있는 것을 기초로 하여 빠져 있는(진술되어 있지 아니한) 어떤 아이디어에 도달하는 과정"(Dewey, 1933, p. 95)이다. "논리적인 용어로 말하면, 우리들 앞에 있는 명제가 새로운 명제를 함의하는 것으로 결론을 내리는 행위이다"(Burton,

Kimbell & Wing, 1960, p. 123). 보다 쉽게 말하면 주어져 있는 것을 해석하는 것이다. 예컨대 주어져 있는 '이유'들을 해석하여 '결론'에 도달해 보는 것과 같다. 추론의 과정은 언어 이해를 비롯한 거의 모든 사고에서 중심적인 역할을 하고 있다. 그러나 그것은 독자가 가지고 있는 이전의 지식(경험, 쉐마, script)에 기초함으로써만 가능하다(김영채, 2002). 그리고 우리는 여러 가지의 차원의 추론들을 생각해 볼 수 있지만(Singer, 1988), 다음과 같은 세 가지가 특히 중요해 보인다.

(1) 연결추론(bridging)은 외현적으로 진술 또는 표시되어 있지 아니한 두 가지 이상의 정보들 간의 관계를 생각해 내는 것을 말한다. 예컨대 '비가 내리기 시작했기 때문에 철수는 우산을 폈다'라는 텍스트를 이해하는 것은 축어적 이해라 할 수 있다. 왜냐하면 저자는 '… 때문에'라는 단어를 써서 원인-효과의 관계를 외현적으로 진술해 주고 있기 때문이다. 그러나 "비가 내리기 시작했다. 철수는 우산을 폈다"라는 글을 이해하려면 독자는 이들 두 가지 사이의 인과관계를 추론하고 '그래서'('우산을 폈다')를 추가할 수 있어야 한다.

(2) 맥락적 또는 정교화 추론(contextual or elaborated)은 독자가 가지고 있는 배경 정보에다 텍스트의 정보를 관련시키거나 또는 저자가 제공하고 있지 아니한 정보를 자신의 쉐마(지식 구조)에서 메워 넣는 것을 말한다. 예컨대 이야기에는 없더라도 주인공이 어떤 행동을 할 것이며 어떤 기분을 느낄 것인지를 알며, 또는 '초가집'의 실내 가구에는 어떤 것이 있을 지를 짐작하는 것 등이다.

(3) 구조적 추론(structural)은 이해를 하기 위하여 텍스트의 구조에 대하여 알고 있는 바를 적용하는 것이다. 텍스트 구조란 저자가 텍스트에서 내용들을 어떻게 조직화하고 있는지를 말한다. 예

컨대 이야기에는 구조/문법이 있고, 이들의 구조는 논설문의 구조조직과는 다르다.

마지막으로 축어적-추론적 이해를 읽기 성취 검사와 관련하여 간단히 생각해 보기로 한다. 읽기 성취 검사에서는 대개 축어적 이해(字句的, literal)와 추론적 이해(inferential)의 두 가지 유형을 사정(査定, assessment)하고 있다. 축어적 이해란 텍스트에 직접 진술되어 있는 정보를 글자 그대로 재생하거나 재인해 낼 것을 요구한다. 재생(회상, recall)이란 소위 말하는 주관식 검사에서처럼 내용을 재생산해 내는 것인 반면, 재인 검사(recognition)는 객관식 검사에서처럼 제시된 내용 가운데서 '맞는 것'(또는 '가장 맞는 것')을 선택해 낼 것을 요구한다. 그러나 추론적 이해에서는 텍스트 속에 진술되어 있는 전제(이유, 가정 등)에서 시작하여 연역적인 사고를 수행할 것을 요구한다. 예컨대 텍스트에서 "모든 사람은 죽는다. 소크라테스는 사람이다"라고 진술되어 있다면 독자는 "소크라테스는 죽는다"라고 연역적으로 추론하게 될 것이다.

그러나 이러한 두 가지 유형의 이해 이외에도 독자는 텍스트의 내용에 대하여 정의적(정서적) 또는 비판적인 평가를 하거나 개인적인 해석을 하는 등 다양한 반응을 할 수도 있다. 예컨대 "철수는 병으로 신음하는 어머니를 혼자 남겨둔 체 다시 군부대로 돌아가고 있었다"라는 텍스트에 대하여 "이 때 철수는 어떤 느낌이었을까요?"라는 질문에 대답하는 것과 같다. 텍스트에 대한 이러한 추론이나 개인적인 반응을 "스크립트적 반응"(scriptal response)이라 부르기도 한다. 그러나 이러한 반응은 개인적인 것이기 때문에 표준화 검사에서 이해 정도를 측정하는 데는 일반적으로 포함시키지 않는 것이 보통이다.

3. 비판적 이해

비판적 이해(비판적 독서)에서는 추론적 이해를 넘어 읽은 내용을 평가하는 분석적 사고를 해야 한다. 독자는 글에서 제시하고 있는 결론뿐만 아니라 그것을 뒷받침하고 있는 세부내용(근거, 증거, 이유)을 분석한다. 또한 세부내용(근거, 증거, 이유)이 적절하고 충분한지를 분석하며 결론이 수용될 수 있는 것인지를 따져 본다. 이때 비로소 우리는 '깊은 이해'를 말할 수 있다. 비판적 이해는 비판적 사고를 통한 이해라 말할 수 있다.

비판적 독서에는 독자는 적어도 다음과 같은 세 가지 종류의 활동을 하게 될 것이다.

(1) 어떤 주제에 관한 두 가지 또는 그 이상의 출처의 정보들을 비교해 보는 활동을 하는 것이다. 처음으로 두 가지 텍스트가 서로 모순되는 것을 발견하면 학생들은 대개가 많이 놀라워한다. 이러한 경험에서 시작하여 저자의 명성, 저자의 편견, 출처의 상대적 최신성 등을 논의할 수 있다. 이러한 독서 경험은 학생들이 어떤 문제에 대한 자료를 찾기 위하여 광범위한 독서를 하면 자연스럽게 발전해 간다. 예컨대, 같은 쟁점(이슈)을 다루고 있지만 견해가 다른 두 신문 또는 잡지를 비교해 보는 것은 효과적인 방법일 것이다.

(2) 텍스트를 읽을 때 자신이 이미 가지고 있는 지식/신념에 비추어서 새로운 아이디어나 정보를 음미해 보게 하는 것이다. 사려 깊은 독자는 독서를 하면서 '이것이 가능한가?', '이것은 이치에 맞는가?' 등의 질문을 자신에게 한다. 낯선 아이디어라도 무조건 기각해 버리지 아니한다. 오히려 자신의 기존 지식/신념에 맞지 아니한 것을 발견할 때는 보다 자세히 따져 읽는다.

또한 사려깊은 독자는 저자의 논조(論調)도 분석하면서 읽어야
한다. 저자의 논조란 어떤 토픽(제목, 제재)에 대하여 그가 가지
고 있는 태도를 나타낸다. 논조는 저자가 사용하는 단어와 세부
적인 내용을 통하여 표현된다. 회화를 하는 '말'의 어조가 그런
것처럼 글 속에 있는 논조는 저자가 어떠한 감정과 목적을 가지
고 있는지를 보여 주는 단서가 된다. 어조를 통하여 표현할 수
있는 태도는 글 속에서도 마찬가지로 표현할 수 있다. 저자는
어떤 제재에 대하여 존경, 사랑, 미움, 동정, 또는 동경 등을
보일 수 있다. 아래에서 (i)은 부정적이고 분노같은 논조를,
(ii)는 빈정거리거나 조롱하는 듯한 논조를, 그리고 (iii)은 긍정
적이고 열정적인 태도를 보여 주고 있다.

(i) "나는 이 일은 정말 증오해. 고객은 거칠고, 주인은 바보
　　 같고, 음식은 썩은 냄새가 난다."
(ii) "이 일을 계속하면 정신병원은 확실하지. 속은 썩고 몸은
　　 병들고, 남는 것은 없고."
(iii) "나는 이 일이 좋아. 같이 일하는 사람들도 마음에 들고,
　　 수입도 괜찮고, 그리고 배가 고프면 이것 저것 주어 먹어
　　 도 된다."

(3) 특히 '논증문'(주장문)을 독서하는 경우는 논증분석(argument
analysis)을 통하여 '추리를 통한 판단'(reasoned judgment)에 이
르는 것을 연습한다. 논증분석이란 '논증＝중심내용(주장, 결론)
＋뒷받침하는 세부내용(증거, 논거)'을 분석해 보고 '결론'에 대
하여 더 나은 판단에 이르고자 하는 비판적 사고(critical
thinking)를 말한다. 다시 말하면 텍스트의 의미를 깊게 이해할
뿐만 아니라 이에 기초하여 결론(주장)과 '증거'(이유) 간의 논
리적 관계를 분석하여 "제시되어 있는 결론(주장)을 수용할 것

인지, 기각할 것인지, 아니면 그에 대한 판단을 유보할 것인지를, 주의 깊게 그리고 의도적으로 결정하는 과정"(Moore & Parker, 1986)을 연습해야 한다. 물론이지만 이러한 글은 주로 논설문이다. 이 장의 뒷부분에서 다루고 있는 WEPMTAiC+C는 비판적 이해를 위한 매우 효과적인 도구를 제시해 주고 있다.

4. 창의적 이해

창의적인 독서는 읽을거리에 대한 깊은 이해의 수준을 넘어 나름대로의 새로운 어떤 아이디어나 결론에 도달하기 위한 독서이며 이해라 말할 수 있다. 창의적 이해(독서)에서는 '발산적 사고'(divergent thinking, 생산적 사고)를 강조하고 있다. 이것은 독서에서 '창의력'의 중요성을 강조하기 위한 것이겠지만, 발산적 사고가 충분히 이루어진 다음은 '수렴적 사고'(convergent thinking)를 통하여 지금까지 생성해 낸 새로운 아이디어나 결론을 정리하고 판단하는 행위도 자연스럽게 이루어져야 한다. 창의적 독서에 대하여서는 다음의 11장에서 비교적 자세하게 다루고 있다. 그러나 여기에서 몇 가지 방법을 간단히 정리해 보면 다음과 같다.

(i) 이야기 글을 읽다가 어느 지점에서 멈추어 이야기의 끝(엔딩)이 어떻게 될 것 같은지를 생각해 보게 한다. 서로의 생각을 비교해 보고 저자의 것과도 비교해 본다. 끝을 그렇게 예상한 근거를 논의한다.

(ii) 읽기를 마친 다음에는 저자의 '엔딩'(끝)과 다른 엔딩을 생각해 보게 한다. 가능한 한 많은 엔딩을 만들어 보게 한다.

(iii) 이야기 글 속의 줄거리는 같이 사용하지만 장면(시간과 장소)을 바꾸어 보게 한다. 어떤 수정이 필요한지를 논의한다.

(ⅳ) 어떤 사건을 바꾸어 보거나(예컨대 '돈을 잃었다' 대신에 '돈을 주었다'로) 또는 등장인물을 빼거나 추가시켜 본다. 그러면 이야기 전체가 어떻게 바뀔 것인지를 논의한다.

II. 비판적 이해의 요소

비판적 이해란 비판적 사고를 적용하여 텍스트를 이해하는 것이다. 거기에는 "흙과 모래와 자갈 속에서 채질하여 금을 찾듯이 재료 속에 포함되어 있는 핵심을 찾아 이해하고 논리를 추리하고, 논증을 평가하고, 그리고 결론을 합리적으로 판단하는 것 등이 포함된다"(김영채, 2000, p. 11). 이처럼 독서 재료를 구조적으로 이해하고 깊게 사고하는 독서를 할 수 있으려면 우리는 일련의 기능(skills)과 태도를 배워야 한다. 이러한 기능과 태도는 일련의 비판적인 '바른 질문'을 하고 거기에 대하여 대답하는 능력으로 표현해 볼 수도 있다. 비판적 이해를 위한 바른 질문은 호기심이나 지적 모험뿐만 아니라 적극적인 이해를 촉진시킨다. 예컨대 Browne & Keeley(2000)는 비판적 사고자가 습득해야 하는 비판적 사고기능을 '이유와 결론은 무엇인가?' 등의 11가지의 비판적 질문으로 나열하고 있다. 그러나 아래에서는 이들을 재정리하면서 비판적 이해를 위한 '바른 질문'을 7가지로 나누어 알아보고자 한다.

1. 이슈와 결론은 무엇인가?

당신이 저자의 논증을 평가할 수 있으려면 먼저 이슈와 결론을 분명하게 확인해 내어야 한다. 저자의 중심내용, 즉 결론(주장)을 찾아내는 것은 그것을 수용 또는 기각할 것인지를 결정하기 위한 첫 번째 단계이다.

(ⅰ) 글을 쓰거나 회화를 하고 있는 사람은 당신의 신념이나 지각(知覺)을 바꾸려고 애쓴다. 사고를 할 때는 언제나 그러한 사고를 하는 목적(이유)이 있다. 논설문(주장문)의 목적(이유)은 당신을 설득하는 것이다. 그러므로 깊은 이해를 하려면 저자의 목적(의도)을 확인해 낼 수 있어야 한다.

(ⅱ) 그리고 당신이 합리적인 반응을 할 수 있으려면, 먼저 저자는 무엇에 대하여 말하고 있는지, 이슈(쟁점, issue)는 무엇인지, 그리고 저자가 말하고 있는 '결론'(즉, '주제')은 무엇인지를 확인해 내어야 한다. 저자의 '결론'은 그 저자가 당신에게 전달하고 싶어하는 메시지(전언, message)이다. 저자의 목적은 당신의 신념과 행동을 자기편으로 바꾸는 데 있다. 이슈와 결론을 정확하게 이해하지 못하면 이해와 커뮤니케이션은 엉뚱한 방향으로 왜곡될 수 있다.

(ⅲ) 이슈에는 묘사적 이슈(descriptive)와 규범적 이슈(prescriptive)가 있다. 묘사적 이슈는 과거, 현재 또는 미래에 대한 묘사(기술)의 정확성에 대하여 질문을 던져 주는 것이다. 예컨대 '창의적인 사람은 신경질적인가?', '대학생 인구가 감소하고 있는가?' 등이다. 이런 이슈를 다루고 있는 것이 '설명문'이라 하였다. 반면에 규범적 이슈는 모두가 세상이 어떻게 '되어야 한다'고 보느냐에 대한 것이다. 사회적 이슈는 대개가 규범적 이슈인데 예컨대 '낙태는 허용되어야 한다', '매춘은 금지해야 한다'는 것 등이다. 논증문(주장문)은 대개가 규범적 이슈를 다룬다.

(ⅳ) 대부분의 이슈에는 '완벽한' 해답은 없다. 그럼에도 불구하고 일반적인 현실은 즉시적으로 결론을 내릴 것을 요구하기 때문에 우리가 접하는 대부분의 결론은 '잠정적'일 수밖에 없다.

다시 말하면 현재의 거의 모든 주장(결론, 지식)은 잠정적인 것이기 때문에 그것은 계속적인 도전과 비판의 대상이 되어야 한다. 달리 말하면 우리가 가지고 있는 대부분은 잠정적인 것이며, 새롭게 기각될 여지를 가지고 있다. 그래서 우리는 계속 발전해 가야 한다.

(ⅴ) '결론'은 저자가 당신이 수용해 주기를 바라는 메시지이다. 결론을 찾을 때 독자는 '저자가 증명하려고(말하려고) 하는 것이 무엇인가?', '저자가 하는 말의 핵심적인 요점은 무엇인가?'라는 질문을 해야 한다.

(ⅵ) 이슈는 글에서 직접 언급되어 있을 수도 있지만 그렇지 못할 수도 있다. 언급되어 있지 않을 때는 '결론'을 확인해 낸 다음 그것이 어떤 이슈(쟁점)에 대한 것인지를 찾아내어야 한다.

2. 이유(증거)는 무엇인가?

(ⅰ) 이유(증거)란 결론을 뒷받침하거나 정당화하기 위하여 제시하는 신념, 자료, 비유, 유추 및 기타의 진술들이다. 저자가 당신이 수용하기를 바라는 어떤 '결론'을 가지고 있다면, 그는 자기가 맞는다는 것을 당신에게 설득하고 '왜' 그런지를 보여줄 수 있는 어떤 이유(증거)를 제시해야 한다. '이유'란 우리가 저자의 결론을 왜 믿어야 하는지에 대한 설명 또는 이론적 근거이다.

(ⅱ) '논증＝결론(주장)＋뒷받침하는 증거(이유)'이다. 그리고 우리는 '결론'(주장)을 '추리를 통한 판단'이라 부른다. 이러한 '판단'만이 비판적 사고의 대상이 된다. 일상의 회화에서는 논증(논박, argument)이란 말은 의견을 달리하기 때문에 혈압이 치솟게 하는 것을 가리킨다.

그런데 모든 텍스트의 내용은 '사실, 의견, 또는 판단' 등으로 나누어 볼 수 있다. 그러나 판단 즉, '추리를 통한 판단'만이 더 나은 것일 수도 더 못한 것일 수도 있으며 그래서 우리가 수용할 수 있는 것인지를 사정해야 하는 비판적 이해의 대상이 될 수 있다. 사실(facts)은 객관적 증거에 의해 그 진실이 뒷받침되며 그를 통하여 진위를 밝힐 수 있다. 의견은 개인적인 선호(preference)이며 거기에는 이유가 제시되지 않고 있다. 따라서 그것은 비판적 판단의 대상이 되지 않는다. 그러나 판단, 즉 추리를 통한 판단(reasoned judgment)은 이유가 뒷받침된 주장이다. 그럼에도 불구하고 적지 아니한 문헌에서는 '사실'과 '의견'의 두 가지로 나누고 있는데, 이런 경우는 '의견'이 바로 여기서 말하는 '추리를 통한 판단'을 의미할 것이다.

(iii) 이유가 따라올 것임을 암시해 주는 단어에는 다음과 같은 것들이 있다: ~결과로, … 때문에, 왜냐하면, 첫째 …, 둘째 …, 예컨대, … 로 볼 때, … 지지를 받고 있다 등등.

(iv) 이슈의 종류에 따라 '이유'의 종류도 다양할 수 있다. 많은 이유들은 '증거'를 제시하는 진술들이다. 증거란 자기의 주장이 사실(진실)임을 증명하기 위하여 사용되는 구체적인 정보이다. '주장을 증명하기' 위한 증거에는 사실들(facts), 연구에서 발견한 것, 실생활에서의 보기, 통계치, 전문가와 권위자의 인용, 개인적인 경험, 비유와 유추(analogy) 등이 포함된다. 그리고 '이유'에 따라 논리적으로 '결론'이 따라 와야 한다. 미리 결론을 내린 다음 그럴 듯한 이유를 갖다대는 것을 '역논리'라 하는데 역논리는 바람직하지 못하다. 그렇게 하면 '강한' 비판적 사고를 통하여 어느 것이 더 나은 판단(결론)인지를 따지는 것이 아니라 '약한' 비판적 사고로서 자신을 무조건하고 변호하는 것이 되기 때문이다.

(ⅴ) 이유(증거)가 얼마나 좋은 것인가? 어떤 주장(결론)을 뒷받침하는 증거의 양(量)과 질(質)이 커질수록 우리는 그것을 더 많이 신뢰할 수 있으며, 그래서 그 주장이 '사실'('신뢰할 수 있는')로 받아들일 가능성이 커진다. 이유(증거)는 어떤 주장(결론)에 '적절해야' 하며 그리고 신뢰롭고 충분히 강력해야 한다.

연습문제 1　다음과 같은 친구의 진술에서 어느 것이 '사실'이고, 어느 것이 '의견'인가?

"어제 밤 나는 외계인들이 지구를 침입해 오는 과학픽션 영화를 보았다. 외계인은 뱀과 같이 보였는데 피부는 푸르고 혀는 갈퀴로 되어 있었다. 영상효과는 대단했어. 그러나 연출은 엉망이었다."

연습문제 2　아래에는 '사실 진술'과 '의견 진술'들이 나열되어 있다. 각기를 확인하라. 그런데 사실은 객관적으로 증명할 수 있지만 의견은 개인적인 견해임을 기억하라.

(1) 만주는 한때 우리나라의 영토였다.

(2) 만주는 우리나라의 영토가 되어야 한다.

(3) 등산만큼 유익한 취미는 없다.

(4) 전국적인 통계에 의하면 전체 인구의 20%가 등산을 즐기고 있다.

(5) 등산객의 수는 50대 이상이 그 이하보다 많다.

(6) A회사의 직원들은 1년에 10일의 유급휴가를 가질 수 있다.

(7) 유급휴가제는 바람직한 제도가 아니다.

(8) 철수의 가방은 구입한 지가 벌써 10년이 넘는다.

(9) 철수는 그 가방을 여전히 좋아한다.

(10) 대한민국 사람들은 현행의 대통령 중심제에 만족하고
있다.

연습문제 3 아래에는 사실진술문과 의견진술문이 있고, 그리고
사실과 의견을 모두 포함하고 있는 진술문이 2개 있
다. 각기를 확인해 보라.

(1) 우리 초등학교 학생들은 인정이 많다.

(2) 유치원 어린이 가운데는 여자가 남자보다 많다.

(3) 그래함 벨은 1876년 처음으로 전화를 특허 내었다.

(4) 어린이들은 PC 방출입을 금해야 한다.

(5) 대부분 음식점의 칼국수 가격은 4,000원이다.

(6) 핸드폰을 가지는 목적은 뽐내는 데 있다.

(7) 전화는 현재 99%의 가정에서 사용하고 있는데 전화의 발명
은 인간 역사상 가장 위대한 발명이다.

(8) 지금은 남학교와 여학교가 통합되고 있는 추세인데 이것은
바람직하다.

연습문제 4 다음 가운데서 어느 것이 우산을 가져가야 겠다는 확
신을 가지게 하는가?

(1) 조간신문을 보니까 오늘 밤에는 비가 온다고 예보하고 있다.

(2) 밖에 비가 오고 있다고 말을 한 사람이 있었다고 같이 있던
사람이 말해 준다.

(3) 방금 들어온 사람이 밖에 비가 오고 있다고 말해 주고 있다.

연습문제 5 다음 중 누구의 말을 들으면 도마뱀을 가운데서 자르
면 꼬리가 새로 생긴다고 확신할 수 있을까?

(1) 10살 난 동생
(2) 택시 운전기사

(3) 유명한 생물학자

연습문제 1에 있는 친구의 말에서 보면 '사실'에는 어제밤에 과학픽션 영화를 본 것, 외계인이 뱀과 같은 모양이었다는 것, 그리고 피부는 푸르고 혀는 갈퀴로 되어 있었다는 것 등이다. 필요하다면 이러한 진술은 모두 '진실한' 것인지를 확인(체크)해 볼 수 있다. 목격자에게 물어 보거나 당신이 그 영화를 직접 관람해 봄으로써. 그러나 친구의 말에서 영상효과가 대단했다거나 연출은 엉망이었다고 하는 진술은 그의 의견이다. 의견은 어떤 제재에 대한 신념, 감정 또는 판단을 나타낸다.
연습문제 2에서는 '사실 진술'은 (1), (4), (5), (6) 및 (8)이다.
연습문제 3에서 '사실 진술문'은 (2), (3), (5)이고, '의견 진술문'은 (1), (4), (6)이고, 그리고 (7)과 (8)은 사실과 의견을 모두 포함하고 있다.

3. 의미는 분명한가?

(ⅰ) 결론과 이유를 확인해 내고 나면 텍스트의 기본적인 구조를 이해할 수 있게 된다. 이제 당신은 이러한 핵심적인 부분의 '의미'를 보다 정확하게 체크해야 한다. 다시 말하면 핵심적인 단어나 구(句)의 구체적인 의미를 분명하게 알아야 한다. 그래야 당신은 저자의 정확한 결론(주장)에 동의할 것인지 어떨지를 공평하게 반응할 수 있다.

(ⅱ) 어떤 단어나 구의 의미가 모호한지를 찾아내려고 할 때는 왜 그것을 찾는지를 마음 속에서 주목해야 한다. 당신은 저자의 결론을 수용할 것인지에 영향을 미칠 수 있는 용어나 구(句)만 찾아야 한다. 그러므로 결론과 이유 속에서 이들을 찾아보라. 별로 중요하지 않은 것까지를 체크할 필요는 없다.

(ⅲ) 다음으로는 '나는 이것의 의미를 이해하는가?'라고 스스로에게 물어 보아야 한다. 많은 저자들은 자신이 사용하는 용어를 분명하게 정의하지 않고 있다. 그리고 우리의 언어는 여러 가지로 복합적인 의미를 가질 때가 많다. 단어가 몇 가지의 의미

를 가지면 융통성은 있지만 이런 뜻인지 저런 뜻인지 애매할 수가 있다. 또한 주관적으로 사용되기가 쉽다.

애매한 표현을 명료화하기 위하여 '어떤 의미일까?' 또는 '어떤 의미가 될 수 있는가?'라는 질문을 할 때는 그러한 단어가 사용되고 있는 맥락(context)을 살펴보아야 한다. 여기에서 '맥락'이라 함은 저자의 배경, 그러한 논쟁에서 전통적으로 사용하고 있는 그 용어(또는 '구')의 의미, 그리고 애매한 진술의 앞과 뒤에서 제시되어 있는 단어나 다른 진술 등을 말한다. '맥락'은 결국 '문맥'이라 부르는 것이다.

(ⅳ) 우리가 단어의 의미를 명료화할 때는 대개 3가지의 상이한 형태를 취할 수 있다. 여기에는 동의어, 보기 및 '구체적 준거에 의한 정의' 등이 있다. 다시 말하면 비슷한 말로 설명하는 것, 보기를 들어 설명하는 것, 그리고 구체적인 준거를 제시하여 설명하는 것 등이다. 예컨대 '불안이란 분당 맥박수가 5 이상 증가시키는 불편한 감정'으로 정의하는 것은 준거에 의한 정의이다. 어떻든 매우 논쟁적인 이슈를 비판적으로 평가할 때는 동의어나 보기로 의미를 설명하는 것은 부적당하다. 그리고 준거가 보다 구체적일수록 준거에 의한 정의는 보다 더 유용하다.

(ⅴ) 맥락 또는 제목에 대하여 당신이 알고 있는 것이나 기타의 진술로도 용어가 여전히 애매할 때는 '사전'을 찾아보는 것이 좋다. 사전을 늘 옆에 가지고 있는 것은 매우 바람직하다. 그럼에도 불구하고 적절한 정의가 거기에 없을 수도 있음을 명심해야 한다. 광고문이나 정치가들의 연설에는 중다적인 의미의 단어를 의도적으로 애매하게 사용하는 경우가 많이 있다.

4. 어떤 가정(假定)을 하고 있는가?

(ⅰ) 모든 논증에는 저자가 의심의 여지가 없다고 생각하고 있는 어떤 것이 있고, 그리고 일반적으로 이러한 아이디어는 진술되지 아니한다. 이런 경우 당신은 글의 행간을 읽어 보고 그것을 찾아내어야 한다. 그러한 아이디어는 추론구조에서 눈에 띄지는 않지만 그래도 중요한 연결고리이며 전체 구조를 함께 묶는 아교 같은 것이다. 연결고리가 되는 가정을 찾아내지 못하면 논증을 진정으로 이해하기 어렵다. 그리고 만약 찾아낸 가정에 동의할 수 없으면 저자의 논증의 '결론'은 무너지기 쉽다.

요약해 보면 가정(assumption)이란 의심의 여지가 없는 것으로 생각하고, 진술되고 있지 않지만 결론을 뒷받침 하는 데 필요하고 중요한 것이다. 그러나 결론에 중요한 그런 가정을 찾아보려고 해야지 사소하고 별로 의미 없는 가정찾기에 매달리면 안 된다.

(ⅱ) 가정은 가치 가정과 묘사적 가정의 두 가지로 나누어 볼 수 있다. 가치 가정은 어떤 일이 '어떻게 되어야' 한다고(ought to) 보느냐 하는 가정인 데 대하여 묘사적 가정은 어떤 세상 일이 어떠하며 또는 어떻게 될 것인지에(is/will be/to be) 대한 것이다. 가치 가정(value assumption)은 규범적 논증(prescriptive argument)에서 특히 중요한 가정이다.

'가치'란 어떤 것을 더 '중요하다'고 생각하는지를 말하며 어떤 것을 보다 더 바람직한 것으로 보는 '행위 기준'을 말한다. 특히 두 개의 가치가 충돌하거나 갈등하는 논쟁에서는 어떤 것에 가치를 두느냐에 따라 '결론'은 전혀 달라질 수 있다. 가치갈등의 보기는 '경쟁-협력, 평등-개인주의(자유), 충성-정직성, 언론의 자유-국가안전, 합리성-자발성, 전통-신기성, 낙태찬반' 등이다. 가치갈등은 윤리적 이슈에서 보다 흔히 일어날 수 있다. 그러므로 규범적 논증에서는 '이유'에서 '결론'으로 나아갈 때 영향이 큰 가치갈등이 어떤 것인지를 확인해 내는 것은 매우 중요하다. 갈등적인 가치에 대한 상대적인 가치를 인식하면 읽고 있는 것을 보다 쉽게 이해하고 평가할 수 있게 된다. 가치 갈등을 확인해 봄으로써 저자의 가치선호가 당신의 가치선호와 부합하는지를 알 수 있어야 한다.

(iii) 저자가 논증에서 하고 있는 추론은 '가치' 뿐만 아니라 이 세상이 어떠 어떠하다고 믿고 있는 세상에 대한 아이디어에 달려 있다. 세상이 어떠하며, 어떻게 될 것인지에 대한 신념, 그러나 외현적으로 진술되지 아니한 신념을 우리는 묘사적 가정 (descriptive assumption)이라 부른다. 묘사적 가정에서 가장 중요한 것은 '정의적 가정'(定義的, definitional assumption)이다. 이것은 어떤 '용어'가 중다적인 의미를 가지고 있는 데도 이들 가운데 어떤 한 가지 의미를 당연한 것으로 받아들이고 있는 것이다.

(iv) 중요한 '가정'을 찾아보는 이유는 저자가 제시하고 있는 이유가 '결론'을 얼마나 잘 뒷받침하고 있는지를 판단하기 위해서이다. 다시 말하면 글 속에서 나타나 있기 때문에 보이는 부분과, 반대로 나타나 있지 않아 보이지 아니하는 부분을 합쳐서 논증의 전체적인 그림을 그려 볼 수 있어야 독자는 그 논증의 강점과 약점을 더 잘 확인해 낼 수가 있다. 가정을 찾아내는 요령 몇 가지는 다음과 같다.

(a) 결론과 이유 사이의 간격을 계속하여 생각해 보라.

'제시하고 있는 이유가 진실하다고 가정했는 데도 그 결론이 허위일 가능성이 있는가?'를 질문해 보라. '그 이유가 진실하다 해도 다른 무엇이 또한 진실해야 결론이 성립되는 것인가?' 또는 '어떻게 해서 당신은 그 이유에서 그 결론에 이르고 있는가?'라고 계속하여 물어보라.

(b) '이유'를 뒷받침하고 있는 아이디어를 찾아보라.

'제시하고 있는 이유를 수용할 수 있으려면 당연시해야 하는 아이디어에는 어떤 것이 있는가?'라고 물어보라.

(c) 저자와 동일시 해 보라.

당신 자신이 '저자'인데 그 결론을 변호해 보라는 요구를 받았다고 상상해 보면 저자가 하고 있는 가정을 찾아내기가 훨씬 더 쉽다. 저자가 그러한 결론으로 나아갈 때 어떤 생각을 할 것 같은지를 생각해 보라.

(d) 반대론자와 동일시 해 보라.

이제 역할을 거꾸로 하여 당신 자신이 저자의 결론에 반대하는 사람이라 생각해 보라. 왜 어떤 사람은 그 결론에 동의하지 아니 할지를 당신 자신에게 물어보라.

(e) 이슈(쟁점)에 대하여 더 알아보라.

어떤 논제가 가지고 있는 여러 가지 측면에 대하여 보다 더 친근해질수록 가정 찾기가 쉬워진다. 관심 있는 이슈에 대하여 더 많은 정보들을 수집하라. 그러나 이유가 명료하게 제시되지 못했다고 해서 그것을 '가정'이라 간주해서는 안 된다.

5. 추리는 논리적인가?

(ⅰ) 모든 이해/사고에는 추리가 포함된다. 추리(해석)를 통하여 자료에다 의미를 부여하며 '결론'에 이른다. 다시 말하면 '이것이 이러함으로써 저것이 저러하다(될 것이다)' 또는 '이렇기 때문에, 저렇다(저것이다)'와 같은 식으로 추리를 하게 된다. 추

리는 그럴 듯해야 한다.

우리가 일단 이슈와 결론, 이유 및 가정들을 확인해 내고, 그리고 중요하지만 애매한 단어나 구의 의미를 분명히 하고 나면, 이제는 전체의 구조가 얼마나 잘 짜여져 있는지를 집중해 보면서 '결론'의 수용 가능성 또는 가치를 판단해야 한다.

(ii) '추리'(reasoning)란 주어진 증거(이유)를 가지고 주장(결론)을 도출해 내는 정신 과정이다. 이 과정이 '그럴 듯할 때' 그 정신 과정은 논리적이고(logical) 그렇지 않으면 비논리적이라 한다. 쉽게 말하면 '논리'란 '관계'를 말하며, 관계가 그럴 듯할 때 우리는 그것을 '논리적'이라 한다. 이미 논설문은 '논증＝결론(주장)＋뒷받침하는 세부내용(이유)'로 이루어져 있다고 하였다. 그리고 논증에 있는 세부내용(증거, 전제)와 결론 간의 논리적 관계를 분석하는 것을 논증분석이라 한다.

비판적 사고(critical thinking)에는 이유가 신뢰로운지, 충분한지, 강한 것인지 또는 빠진 것은 무엇인지를 사정하고 '가정'을 확인하는 것뿐만 아니라 논증을 분석하고 추리의 논리적인 오류를 체크하는 것까지도 포함된다.

(iii) 추리가 논리적인지, 또는 오류는 없는지를 판단하기 위해서는 다음과 같은 질문을 해 보아야 한다.

(a) 이유(증거)는 적절하고(목적에) 충분한가?

    – 이유(증거)가 얼마나 좋은 것인가?

(b) 가정은 이치에 맞는가?

    – 이들 가정은 수용할 만한가? '의심스러운 가정'인가?

(c) 추리에 속임수는 없는가?

    – 논리전개가 속임수/오류는 아닌가?

다음과 같은 경우 추리는 속임수/오류일 가능성이 크다. 그러므로 이런 경우는 결론을 기각해야 한다.

- 주장(결론, 아이디어)이 아니라 저자 또는 저자의 배경을 공격하고 있는 경우
- 애매한 말을 사용하고 있는 경우
- 지나치게 단순화시키고 있는 경우
- 쟁점(이슈)을 교묘하게 회피하고 있는 경우
- 의심스러운 권위에 호소하고 있는 경우
- '이름 붙이기'와 '설명하는 것'을 혼동하고 있는 경우

연습문제 1   다음의 각기에서 당신은 무엇을 추론할 수 있을까?

(1) 아침내내 천둥과 벼락이 심하게 쳤다. 저녁에 집에 돌아와 보니 시계가 10분 늦게 가고 있었다.

(2) 비둘기가 날아가 버렸다. 먹이통은 완전히 비어 있었다.

연습문제 2   다음의 두 가지 중 어느 것이 보다 더 논리적(합리적)인가? 왜?

(1) (이유) 싱크대에 물이 뚝뚝 떨어지고 있다.

  (결론) 배관공을 부르는 것이 좋겠다.

(2) (이유) 싱크대에 물이 뚝뚝 떨어지고 있다.

  (결론) 빵을 굽는 것이 좋겠다.

연습문제 1의 (1)에서는 아마도 벼락이 쳐서 10분간 정전이 되었을 것이고 그래서 전기시계가 늦게 가게 되었다고 추론할 수 있다. (2)에서는 비둘기가 먹이통에 있던 먹이를 모두 먹고 날아갔다고 추론하는 것이 가장 그럴 듯하며 정보에 근거한 추측일 것이다. 그러나 이러한 추론은 얼마든지 진실이 아닌 오류일 수 있다. 예컨대 꼬마가 잘못해서 전기시계 코드를 뽑았을 수도 있고 비둘기 먹이통이 원래부터 빈통이였을지도 모른다.

연습문제 2의 (1)은 논리적이지만 (2)는 그렇지 못하다. 싱크대에서 물이 샌다고 빵을 만드는 사람은 없을 것이다. 그러나 논증이 논리적이라 해서 결론이 반드시 타당한 것은 아니다. 예컨대, (1)은 논리적인 것 같이 보이지만 중요한 어떤 것을 간과하고 있는지도 모른다. 예컨대 (1)에서 싱크대를

제대로 잠그지 않았거나 주인 자신이 배관공이라면 (1)은 그렇게 논리적인 것이 못 된다.

6. 반대 증거는 무엇인가?

(i) 저자는 자신의 주장(결론)을 뒷받침하기 위하여 이유(증거)를 제시한다. 그리고 자신의 주장(결론)이 수용을 받을 수 있도록 가능한 한 적절하고 충분히 강한 이유(증거)들을 제시하려고 노력할 것이다. 그러나 이미 지적한 바와 같이, 대부분의 이슈에는 완벽한 대답이 없다. 사실 당신이 옳다는 것을 완벽하게 보여줄 수 있는 완벽한 정보는 거의 절대로 없다고 말할 수 있다. 우리가 내리는 대부분의 판단은 잠정적이고 불완전하며, 다만 '더 나은' 것 같이 보이는 것을 찾으려 노력할 뿐이다. 요약하면 주장(결론)에 대한 반대 증거(counter-evidence)는 거의 언제나 있기 마련이다.

(ii) 저자는 자신의 주장(결론)에 반대되는 증거의 의미를 최소화하거나 누락시켜 버리는 경우가 많다. 예컨대 많은 광고들은 매력적인 이유만 말하고 불리한 것이면 중요한 것이라도 '말하지 아니한다'. 이것을 우리는 '누락되어 있는 유의한 정보'라 부를 수 있다. 광고들이 많은 적절한 정보를 누락시키고 있는 것은 아주 분명해 보인다.

그러나 일부 정보의 누락은 또한 불가피하고 그래서 추리가 불가피하게 불완전해질 수밖에 없는 이유도 있다. 첫째는, 시간과 공간이 무제한이 아니라 제한되어 있기 때문이고, 둘째는 메시지가 너무 길면 독자가 싫증을 느끼기 때문에 간단하게 빨리 제시해야 하는 필요성 때문이고, 셋째는 논증을 하고 있는 저자의 지식도 불완전할 수밖에 없기 때문이며, 네 번째는 속임수로 어떤 정보를 누락시키기 때문이며, 그리고 마지막은 저자의 가치, 신념 및 태도가 당신의 것과는 다르기 때문에 당신에게 중요한 정보가 누락될 수도 있기 때문이다.

(iii) '반대 증거는 무엇인가?'란 질문은 다음과 같은 두 가지 경우로 나누어 할 수 있다.

첫 번째 경우는, 결론을 뒷받침하기 위하여 저자가 제시하고 있는 증거(이유)와는 반대/모순되는 것에는 어떤 것이 있는가? 반대되는 증거가 많고 강할수록 결론은 수용하기가 어려워진다. 저자는 어떤 것에 대하여 당신을 설득코자 할 때 중요하지만 불리한 정보는 고의적으로 빠트릴 수도 있다.

두 번째 경우는, '결론'이 일어나게 한 것이라 주장하고 있는 '원인'과는 다른 '원인'은 없는가? 이것을 우리는 '경쟁적인 원인'이라 한다. 이러한 경쟁적인 원인은 어떤 사건이 왜 그렇게 벌어졌느냐에 대하여 내린 저자의 해석과는 다른 어떤 대안적 해석을 내리는 것을 의미한다.

(iv) 첫 번째 경우로, 결론을 뒷받침하기 위하여 저자가 제시하고 있는 증거(이유)와는 반대/모순되는 반대 증거는 어떻게 찾아낼 수 있는가?

(a) 저자와는 다른 시각을 가지고 다음과 같은 질문을 한다.
- 시각(입장)을 달리하는 사람은 어떤 이유를 제시할까?
- 반대되는 연구는?
- 이 논증의 반대 입장을 뒷받침하는 보기, 자료, 증언, 또는 유추(비유)는 무엇인가?
- 핵심용어를 다르게 정의하면 논증은 어떻게 달라질까?
- 다양한 관점에서 따져 보고 있는가?
- 이 이슈에 관련된 다른 가치는?
- 제시하고 있는 사실의 출처나 절차를 달리한 것은 없는가?

- 인용이 전체의 맥락에서 벗어나 있지는 않는가?

- 그림이나 도표 등이 불완전하거나 누락된 것은 없는가?

(b) 결론(주장)이 미칠 '부정적인 효과'를 부각시켜 보는 것이다. 아무리 좋은 아이디어라도 긍정적인 효과와 함께 '부정적인' 효과도 같이 가질 수 있기 때문에 다음과 같은 질문을 해 본다.

- 누가 손해를 보는가? 이들은 거기에 대하여 무슨 이야기를 할까?

- 이 제안(결론)은 어떤 영향을 미칠까? 사회 일반에 대하여, 인간관계에, 건강에 또는 정치에 어떤 영향을 미칠 수 있을까?

- 이 제안(결론)이 미치는 누가적이고 장기적인 효과는 무엇인가?

(ⅴ) 두 번째 경우로, 결론에 대한 '경쟁적인 원인'들은 어떻게 찾아낼 수 있을까? 경쟁적인 원인이란 왜 어떤 결과가 일어났는지를 설명하는 것으로 저자의 해석과는 다른 그럴 듯한 해석을 내리는 것을 말한다. 만약 저자가 어떤 것의 원인에 대한 주장을 뒷받침하기 위하여 '증거(이유)'를 제시하고 있다면 당신은 다른 경쟁적인 '원인'(cause)을 찾아 보아야 한다. '원인'이란 '일으키는 것, 가져오는 것, 또는 영향을 미치고 있는 것' 등을 의미하며 많은 경우 그것은 '해석'이다. 예컨대 Vincent Van Gogh가 자신의 왼쪽 귀의 밑 부분 반쪽을 잘라서 그것을 Rachel이라는 창녀에게 가지고 간 것에 대한 원인/해석은 한 가지 만이 아니다.

대부분의 사건들은 열려져 있으며, 그래서 다른 경쟁적인 원인으로 설명할 수 있다. 거기에는 사례연구, 범죄재판, 연구조사 및 개별의 사건/행위/현상 등이 포함된다. 우리는 같은 증거(이유)를 가지고 있더라도 그것을 설명하는 원인은 다를 수 있다. 그리고 많은 설명이 '사실에 맞아들어'가지만 그 중에서도 어떤 것은 다른 어떤 것보다 '더 그럴 듯해' 보일 수 있다. 다음과 같은 질문을 해 보라.

- 그 설명을 비판적으로 검토해 보았다는 증거가 있는가?
- 고려해 보지 아니한 '경쟁적인 원인'은 무엇인가?
- 이 가설은 여러 가지 측면들을 잘 설명하고 있는가?
- 여러 이유들 가운데 한 가지 이유인 것은 아닌가?
- '원인'과 '상관'을 혼돈하고 있는 것은 아닌가? 단순히 같이/함께 일어났다는 것만으로 인과관계로 혼돈하는 것은 아닌가?
- '이것 다음에'를 '이것 때문으로'와 혼돈한 것은 아닌가? 어떤 일이 벌어진 다음에 다른 어떤 일이 벌어졌다는 사실만으로 이들을 인과관계적으로 다루고 있는 것은 아닌가?
- 저자의 가설은 경쟁적인 것과 비교해 볼 때 얼마나 신뢰할 수 있는가?

(vi) 누락된 정보는 당신이 저자의 결론을 판단할 때 중요할 때가 많다. 그러므로 저자의 추리가 충분히 뒷받침 되어 있는지를 확인하기 위하여 빠져 있는 중요한 정보를 찾아보는 것은 필수적이다. 그러나 누락되어 있는 정보가 있으면 어떻게 할까? 이 때는 필요한 추가적인 정보를 계속하여 찾아보거나, 그래도 저자의 논증이 다른 경쟁적인 것보다 낫다는 구실로 저자의 추리에 조심스럽게 동의할 수도 있다. 그러나 너무 많은 정보들을 빠트리고 있어 결론을 충분히 뒷받침하고 있지 못하면 결론을 기각해야 할 것이다.

연습문제 1　자동차 창문을 '오토선텐'을 하면 유해한 태양광선을 차단시켜 당신의 피부는 물론이고 자동차 내부에 있는 장식물이 변색되는 것을 막아줍니다. 운전할 때 프라이버시도 지켜줍니다. 또한 도둑이 차안에 무엇이 있는지를 들여다 볼 수가 없습니다.

a. 자동차 선텐 할려면 시간이 걸린다.

b. 자동차 선텐에는 보증기간이 없다.

c. 자동차 선텐을 하면 그 쪽 편으로는 밖이 잘 보이지 아니한다.

연습문제 2　'팔공산 야구 캠프'에 참가하면 대학 뿐만 아니라 프로야구 선수가 되는데 큰 도움이 됩니다. 5일간 캠프에 10만원만 들이면(중식과 T셔츠 제공) 고등학교 선수들은 게임을 잘하게 되어 대학에 진학하거나 프로선수가 되는 길이 활짝 열리게 됩니다.

a. 점심에는 스테이크와 스프도 포함되어 있다.

b. 고등학교 야구선수 가운데 뛰어난 프로선수가 될 수 있는 가능성은 천분의 일 정도이다.

c. 캠프는 프로야구팀 전용구단에서 열린다.

* (1)에서는 c, 그리고 (2)에서는 b임.

7. 그럴 듯한 다른 결론은?

(ⅰ) 뒷받침하고 있는 이유(증거)가 한가지로만 해석될 수 있는 것은 거의 없다. 그것은 사실적인 주장을 뒷받침하는 증거든 규범적 결론을 뒷받침하는 이유이든 간에 관계가 없다. 이유(증거)들을 평가한 다음 당신은 논쟁 속에 있는 최선의 이유와 가

장 일치하는 결론은 어떤 것인지를 판단해야 한다.

(ⅱ) 어떻게 하면 될까? 첫째로, 저자가 제시하고 있는 결론을 보지 말고 우선 '이유를' 자세하게 음미해 보라. 그리고 그러한 이유에서 따라올 수 있는 결론들을 가능한 한 많이 생각해 보려고 하라! 같은 이유를 가지고 만들 수 있는 다른 '대안적인 결론'이 저자가 제시하고 있는 결론보다 못지않게 그럴 듯할 수도 있다.

(ⅲ) 둘째는, '만약에'라는 조건절을 사용하라. 같은 이유(증거)에서 중다적인 대안적 결론이 가능한 것은 어떤 정보, 정의, 가정 또는 이유를 분석하고 있는 사람의 '판단기준'이 빠져 있기 때문임을 주목해야 한다. 따라서 가정할 수 있는 '조건'을 달리해 보면 여러 가지의 다른 결론에 도달할 수 있게 된다. 가능한 조건들을 고려하여 '만약에'라는 조건절을 사용하면 이슈가 가지고 있는 여러 가지 측면들을 살펴보게 되기 때문에 여러 가지의 대안적인 결론을 생성해 낼 수가 있다. 조건절을 사용하면 가능한 결론의 리스트를 확대시킬 수 있으며, 그리하여 최종적인 판단을 하기 전에 고려해 보고 싶은 잠정적인 결론에 이를 수 있을 것이다.

(ⅳ) 마지막은 제시되어 있는 이슈를 바꾸어 진술해 보고 그리하여 중다적인 결론을 생성해 내는 것이다. 흔히 이슈를 '우리는 ×를 해야 하는가?' 또는 '×는 바람직한가?'의 형태로 제시하고 있다. 이러한 질문을 '우리는 ×에 대하여 무엇을 해야 하는가?' 또는 '어떻게 하면 ×는 바람직할 수 있는가?'라고 바꾸어 질문을 하면 단순히 '예-아니요'라는 이분법적인 결론이 아니라 문제에 대한 해결책 형태의 여러 가지의 결론을 만들어 낼 수가 있다. 그러면 우리들의 사고의 융통성이 향상될 뿐만 아니라 해결책 형태의 결론을 내릴 수가 있다. 그러므로 가능

한 한 이분법적 사고를 하지 말고 '언제, 어디서 및 왜'라는 질문을 해 봄으로써 결론에 대한 대안적인 맥락을 제공해야 한다. 여러 가지 대안들을 고려하면 우리가 하는 반응/결론의 질(質)도 따라서 향상될 것이다.

III. 비판적 이해를 위한 활동들

1. '수준별 질문-대답' 기법

'수준별 질문-대답' 기법(QAR, Question-answer relationships)은 질문하는 것이 어떤 신비스러운 과정 같이 보이는 것을 없애고, 학생들에게 질문에는 몇 가지 수준이 있으며 그리고 이러한 질문에 대답하는 데 필요한 정보의 출처에도 몇 가지가 있다는 것을 이해케 하는 데 유용한 반성적인 전략의 하나이다. Raphael(1986)은 '질문-대답의 관계'에서 보아 질문에는 4가지 수준이 있다고 말한다. 처음 두 가지는 '바로 거기에 있는'(Right there) 질문과 '생각하고 탐색하는'(Think and search) 질문인데 이들은 텍스트에 기초를 둔 텍스트 기반적인(text-based) 것이다. 다른 두 가지는 '저자와 당신에 대한'(Author and you) 질문과 '나 자신에 대한'(On my own) 질문으로 이들은 자기 자신의 이전의 지식(배경지식)을 사용해야 대답할 수 있는 질문들이다.

가. "바로 거기에 있는" 질문은 축어적 수준의 반응을 요구한다. 다시 말하면 텍스트의 문장 '바로 저기'서 대답을 찾을 수 있는 질문이다. 이들은 '누가, 무엇을, 언제, 어디서' 등을 묻거나 '나열하라'고 요구하는 질문이다. 이러한 질문은 한 개의 정답을 요구하며 대개 하나의 단어나 하나의 구로 대답할 수 있다. 예를 들면 다음과 같은 질문들

이다: '한글은 누가 만들었는가?', '한국전쟁은 몇 년도에 일어났는 가?', '달나라에서 제일 처음으로 걸어 본 사람은?'

나. "생각하고 탐색하는" 질문은 텍스트 속에 있는 정보나 아이디어 가 서로 어떻게 관련되는지를 '생각해' 보게 하며 적절한 정보를 텍스 트 전체 속에서 '탐색해' 볼 것을 요구한다. 이런 질문은 다음과 같은 말로 진술한다: '요약하라', '원인은', '대비(對比)하라', '다시 말해 보 라', '재정의해 보라', '어떻게', '설명하라', '두 개의 보기를 들라', '어떤 이유로', 또는 '비교하라' 등등. 질문의 보기로는 "이 장에서 기 술하고 있는 사람은 자신의 재정 상태를 개선하기 위하여 어떤 전략을 사용했는가?", '두 사람의 성격은 어떻게 비슷하거나 다른가?' 등이다.

다. "저자와 당신에 대한" 질문은 텍스트에 있지 아니한 정보를 가 지고 대답해야 한다. 그러나 학생은 자기가 대답해야 하는 질문이 무엇 인지를 이해하려면 텍스트 재료를 잘 읽어야 한다. 따라서 '저자와 당 신에 대한' 질문은 이전에 습득한 배경적인 지식을 사용할 것을 요구하 며 그래서 여전히 '지식 기반적' 질문이라 부를 수 있다. 예를 들면 "이 글의 제목은 무성생식이다. 당신은 어떠한 경우 무성생식을 사용해 야 한다고 생각하는가?", '주인공의 성격이 비슷한 다른 소설을 생각 할 수 있는가?', '이러한 방법의 실험은 다른 어떤 경우에 적절할까?'

라. "나 자신에 관한" 질문은 자신의 배경지식에 포함되어 있는 정 보를 가지고 대답할 수 있으며, '이 글의 제목은 '여행'인데, 당신이 경험한 가장 재미있었던 여행은?'

QAR 기법에 익숙해지면 학생은 교사가 묻는 질문과 그러한 질문에 서 기대하는 것 사이의 상호관계를 알 수 있게 된다. 그러므로 바른 대 답을 하려면 어디서 정보를 찾아야 할지를 알게 된다. 또한 QAR 기법 에 익숙해지면 학생은 혼자서 공부를 할 때 교사에 의존하지 아니하고 상이한 수준의 질문을 자기 스스로 제시하고 대답을 찾으려는 노력을 할 수 있게 될 것이다. 사용방법은 다음과 같다.

(i) '질문-대답'의 4가지 수준에 대하여 설명한다.

(ii) 비교적 짧은 단락의 글을 읽게 한다. 읽기가 끝나면 QAR 기법에 있는 4수준 각기에 해당하는 질문을 하나씩 한다. 그리고 이들 각 질문의 차이와 요구하는 내용의 차이를 지적해 보게 한다.

(iii) QAR 수준의 차이를 이해하게 되었으면 이제 짧은 단락의 글을 몇 개 더 읽게 한다. 각 단락을 이용하여 수준별로 한 개씩 질문을 하고 그리고 거기에 대한 대답도 같이 소리 내어 학생들에게 들려 준다. 각기의 질문이 어떤 수준의 것이며, 왜 그렇게 생각하는지를 논의한다.

(iv) 다시 몇 개의 단락을 가지고 더 연습한다. 이번에는 학생들로 하여금 수준별 질문을 만들고 각기에 대한 대답을 해 보게 한다. 그리고 왜 그렇게 생각하는지를 설명해 보게 한다. 소집단으로 활동하는 것이 보다 더 효과적일 수도 있다.

(v) 이제는 좀 긴 단락을 제시한다. 수준별로 1개의 질문이 아니라 몇 개의 질문을 하도록 한다. 그리고 학생들은 각 질문이 어느 수준의 것인지를 개별적으로 결정하고 대답을 적어 보게 한다. 이러한 과정을 반복 연습해야 한다.

(vi) 이제 학급에서 읽을거리를 제시한다. 학생들은 여러 수준의 여러 질문들을 생성해 내고, 그것을 학반의 학생들에게 제시하여 수준을 확인하고 대답을 해 보게 한다.

이미 알아본 바와 같이, QAR에서는 '바로 거기에 있는', '생각하고 탐색하는', '저자와 당신에 대한' 및 '나 자신에 대한' 질문의 4가지 수준을 사용하고 있다. 이 기법은 질문의 수준을 다르게 하여 학생들이

고차적 사고 기능을 사용하여 자기가 독서한 것에 대하여 스스로 질문하고 거기에 대하여 반성적으로 반응토록 한다. 그러나 질문의 수준을 다르게 나누어 사용할 수도 있다. 예컨대 Johnson(1992)은 '축어적 질문, 해석적 질문 및 응용적 질문'의 3가지 수준을 사용하고 있다.

2. TA 활동

이미 앞장의 여러 곳에서 언급한 바 있지만, '소리 내어 사고하기'(Thinking- aloud, TA)의 TA기법은 독서를 할 때 머리 속에서 일어나고 있는 사고(思考)의 과정(過程)을 학생들에게 들어내서 보여 줄 수 있는 한 가지 방법이다. 독서를 할 때 우리는 '두 개의 목소리'가 함께 말을 하고 있다고 하였다. 보통 우리가 독서를 할 때 듣는 목소리 가운데 하나는 텍스트에 있는 단어를 읽는 목소리이고, 다른 하나의 목소리는 당신의 대뇌가 지금 읽고 있는 재료에 대하여 사고(思考)하고 있는 것을 소리 내고 있는 목소리이다. 다시 말하면, 하나는 '읽는 목소리'이고, 다른 하나는 '사고하는 목소리'이다. 이러한 사실을 아동이나 학생들에게 잘 말해 주고 납득할 수 있게 해야 한다. TA는 두 번째 목소리, 즉 읽는 재료에 대하여 우리가(대뇌가) 어떻게 사고하고 있는 지를 학생들에게 시범 보여 줄 수 있는 가장 효과적인 방법이다. 예컨대 교사가 의미가 애매한 단어의 의미를 짐작해 보거나, 글 내용에 대하여 마음 속으로 저자와 대화 하거나(마치 저자가 당신 앞에 있는 것처럼), 또는 어떤 부분이 이해가 잘 안 되는 것을 알고 그것을 해결해 가는 사고의 과정을 '소리 내어 사고하기'를 통하여 학생들에게 보여 줄 수 있다. 사용의 방법은 다음과 같다.

(1) 지도의 방법

가. 먼저, 독서(글 읽기)를 한다는 것은 핵심적인 중심내용(내용)과

하위중심적 개념(내용)들을 확인해 내고, 이들을 관련시켜 전체적인 구조의 조직으로 이해하고, 그리고 이들과 관련하여 세부내용을 깊게 이해하고 의미를 부여하는 복합적인 사고과정임을 설명한다. 숙련된 독자의 마음은 읽고 있는 것을 이해하기 위하여 끊임없이 자기 스스로 질문을 제기하고 거기에 대하여 적극적으로 대답을 찾아가는 그러한 생기로 가득할 것이다.

나. 잘 모르는 어려운 어휘(단어)가 포함되어 있는 글을 선택하여 소리 내어 읽어 보인다. 독서를 해 가다가 단어가 어렵거나 뜻이 이해가 잘 안 되는 것과 같은 문제에 봉착했을 때 어떠한 질문을 하고 어떻게 그것을 해결해 가는지를 있는 그대로 학생들에게 소리 내어 보여 주라. 이때 사고(思考)가 잘못 되는 일이 있어도 괜찮다. 잘못된 질문을 하거나 잘못 생각했을 때 그것을 어떻게 바로 잡아 가는지를 보여 주는 것은 더욱 더 가치가 있다.

다. 당신이 소리 내어 읽는 동안 학생은 그것을 묵독으로 따라 읽도록 한다. 목소리의 어조를 달리해서 본문을 읽는 것과 생각을 소리 내는 것이 구분되게 한다.

라. 아래에서는 시범으로 보여 줄 수 있는 몇 가지 측면의 '사고의 과정'들을 알아본 것이다.

(2) TA 활동의 몇 가지 측면들

가. 관련시키기의 TA

텍스트를 읽을 때 우리가 하는 사고는 여러 가지의 형태를 취할 것이다. 그 중에서도 대표적인 것은 읽은 것을 자기 자신에 대하여, 이전에 읽었던 어떤 것들에 대하여, 그리고 세상사나 세상 경험에 관련시키는 것이다. 교사는 자신이 생각하는 '관련'을 소리 내어 사고해 보이기 위하여 다음과 같이 시작하는 문장을 사용할 수 있을 것이다.

- 이것을 보니 생각나는데…
- 이와 같은 일이 네게도 일어났는데(있었는데)…
- 내가 전에 읽었던 책에서는 주인공이 …
- 이것은 우리가 학교 다닐 때 겪었던 …
- 우리나라에는 그런 명절이 없지요. 대신에 …

나. 예측/예상의 TA

다음에 무엇이 일어날 것인지를 예측하고 예상해 본다.

- 이렇게 되면 앞으로는 어떻게 될지 …
- 누가 … 궁금해
- 다음에 무슨 일이 벌어질지를 나는 알 것 같아 …
- 만약에 … 그러면 그는 난감해질거야
- 미리 짐작해 보면 …

다. 요약과 결론의 TA

지금까지의 이야기를 요약하고 저자가 진술하지 아니한 결론을 내려 볼 수도 있다.

- 지금까지 배운 것 가운데 가장 중요한 것은 …
- 그런 이야기는 글에는 없지만 내 생각으로는 …
- 그는 틀림없이 … 느낌이 들겠지.
- 지금까지의 이야기를 보면(정리해 보면) …
- 지금까지의 전개는 … 했지만, …

라. 자신의 이해를 체크하는 TA

텍스트에서 일어나고 있는 일을 질문하거나 자신이 이해한 것을 체크한다.

- 여기서는 … 말하고 있지만, 그것이 무슨 의미인지 …

- …이해가 안돼.
- … 말이 안 되는 것 같아.
- 앞뒤가 아귀가 맞지 않으니 다시 읽어 보아야겠다.

마. 상상과 추리의 TA

저자가 기술하고 있는 세계를 상상하고, 추리하여 그 속으로 들어가 본다.

- 글 속에는 없지만 … 상상해(짐작해) 볼 수 있을 것 같아.
- …을 맛볼 수 (느낄 수, 들을 수) 있을 것 같다.
- …와 비슷하리라 생각해 볼 수 있어.
- 주인공의 세계를 그려보면 …

바. 평가와 의견을 개진하는 TA

글에 대하여 평가하고 자신의 의견을 말하면서 어떤 느낌이나 생각이 드는지를 말해 본다.

- 이 글에서 특히 마음에 드는 부분은 …
- 저자가 … 하는 것이 좋았어.
- 이 부분에서 내가 정말로 싫어하는 것은…
- …을 알게 된 것은 정말로 좋았어.
- 내가 … 할 수 있었으면 좋겠다.
- 내가 만약 저자라면, 나는 …

'소리 내어 사고하기'(TA)는 여러 가지 방식으로 사용할 수 있다. 그러나 가장 효과적인 것은 텍스트의 약 1/4 내지 1/3을 읽고 난 다음 소리 내어 생각하는 것이다. 학생들은 교사가 읽고 소리 내어 사고하는 것을 들도록 해야 할 뿐만 아니라 주인공, 장면, 글의 형태 및 중요한 단어 등등에 대하여서도 가르쳐 주어야 한다. 이처럼 텍스트의 앞부분을 소리 내어 사고하는 것을 들은 다음에 학생들은 소집단으로 나누어 나머지 텍스트를 읽고 자신들의 머리 속에서 일어나는 사고의 소리를 서로 이야기 해 보게 할 수 있다. 교사는 소집단들을 둘러보면서 학생들이 차례대로 자신의 사고(생각)를 말해 보도록 도와 준다. 또한 정말 재미있었다고 생각되는 것은 적어 두었다가 전체 학반이 모여 읽었던 것을 다 같이 정리하고 자신들이 했던 생각을 되돌아보게 할 수도 있을 것이다.

3. '주장/근거 분석'의 기법

'주장/근거 분석' 기법(Proposition/support outlines, Buehl, 1995)은 학생들이 텍스트를 비판적으로 독서케 하는 데 도움 된다. 학생들은 저자가 제시하고 있는 서로 다른 견해, 이론, 가설, 및 주장을 확인해 낼 뿐만 아니라 주장을 뒷받침하고 있는 여러 가지 유형의 증거를 분석하는 능력을 기른다. 사용방법은 다음과 같다.

가. '사실'과 '의견'('추리를 통한 판단')의 차이를 논의하는 데서 시작한다. 학생들에게 '사실'과 '의견'의 보기를 브레인스토밍 기법을 통하여 많이 생성해 보게 한다. 예컨대 '김철수는 키가 190cm이다'는 사실(fact)의 진술이며 이것은 '사실'를 확인해 봄으로써 진위를 판단할 수 있다. 반면에 '김철수는 모범적인 사람이다'란 것은 의견의 진술이며 이는 뒷받침하는 근거(증거, 이유)가 어떤 것인가에 따라 수용할 수 있는지가 결정될 것이다(fact의 '사실'과 'truth'의 '사실'을 혼돈하지 말아야 한다. 그리고 '사실'(fact)도 '진'(眞, true)인 것과 '위'(僞, false)인 것이 있다).

나. '주장'(또는 '명제')이란 '진'('맞다')이라 논쟁하는 진술임을 설명한다. 그리고 '주장'의 보기를 나열하여 설명한다. 예컨대 '김철수는 모범적인 사람이다', '삼성 야구팀이 가장 우수하다', 'TV 폭력이 학생들을 사납게 만든다', '대학 등록금이 너무 비싸다' 등등. 다음으로

학생들을 소집단으로 나누어 어떤 '주장'을 선택하여 그것을 뒷받침할
수 있는 근거(증거, 이유)들을 나열해 보게 한다. 몇 개의 '주장'을 가
지고 같은 요령으로 연습한다.

다. 이제 '주장'을 뒷받침하기 위하여 사용했던 '근거'(증거, 이유)
들을 몇 가지 유형으로 분류해 보게 한다. 그리고 '주장/근거 개요' 용
지를 제시하고 '근거'의 유형으로 '사실', '통계치', '보기', '전문가
의 권위' 및 '논리와 추리' 등으로 분류할 수 있음을 시범 보여 준다.

라. '논증문'을 보기로 제시하고 〈그림 10-1〉에 있는 것과 같은 '주
장/근거 개요' 양식을 사용하여 저자의 논증을 분석해 보게 한다. 짝을
지어 연습하는 것이 보다 효과적이다.

처음으로 '주장'을 확인해 내고, 그것을 어떻게 확인(발견)해 내었
는지를 같이 논의해 보게 한다. 다음으로는 '주장/근거 개요' 양식을
사용하여 주장을 뒷받침하는 근거(증거, 이유)를 확인해 보게 한다. 그
리고 확인해 낸 근거들을 양식에 있는 유목에 따라 분류해 보게 한다.

마. '주장/근거 분석하기'에 익숙해지게 되면 교과서에 있는 다양한
글 재료를 사용한다.

바. 다음의 단계로, 그리고 여러 가지 맥락에서 연습하는 것이 효과
적이다.

　　－ 처음으로 간단한 '명제'(주장)를 제시하고 이것에 대한 '이
　　　유'(왜)를 말해 보게 한다. 그런 다음 제시된 '이유'를 분류
　　　해 보면서 이것이 명제를 뒷받침하는 '뒷받침하는 증거'임을
　　　설명한다.
　　　예컨대, 10개 정도의 다른 종류의 캔디(과자)를 제시한 다음,
　　　어떤 것을 가장 좋아하는지를 말하게 한다. 그런 다음 이유

제목 :

결론(주장) :

1. 사실 :

2. 통계자료 :

3. 보기(예) :

4. 인용하고 있는 권위자 :

5. 논리와 추리 :

6. 기타 :

그림 10-1 주장/근거 분석의 양식

를 말하게 한다.

- 이제는 '명제'보다는 '결론'(주장)이라는 용어를 사용한다. '결론-뒷받침하는 근거'로 되어 있는 '논증문' 가운데 매우 간단한 것을 사용하여 시각적인 그래픽을 사용하는 연습을 한다.
- 점차 교과서에 있는 여러 가지 글 재료를 사용한다.

4. 창의적 토론

'창의적 토론' 기법은 토론의 요령, 창의적 사고, 및 다른 시각에서 사고하는 능력등을 기를 수 있다. 학생들은 주인공의 입장(시각)에서 어떤 토픽에 대하여 토론한다. 사용요령은 다음과 같다.

(ⅰ) 전체 집단을 세 개의 소집단으로 나눈다. 소집단 1과 소집단 2는 서로 마주보게 좌석을 이동시키고, 소집단 3은 '관찰자'가 된다. 집단 3은 토론에 참가하는 학생들을 위하여 자료를 수집하게 할 수도 있다. 효과적인 토론의 준거(기준)는 무엇이어야 하는지를 사전에 설정해야 한다.

(ⅱ) 토론할 적절한 '토픽'을 결정한다. 토픽은 분명하게 정의 되어야 한다(예컨대, 아파트에서 애완동물 기르기, 노점상의 물건사기 등).

(ⅲ) 소집단 1은 그 토픽을 지지하는 입장을 취하고, 소집단 2는 반대 견해의 입장을 취하게 한다.

(ⅳ) 각 집단은 과거나 현재의 인물 가운데 자신들이 선택한 입장을 지지하는 사람을 골라낸다. 찬성이든 반대든 간에, 학생들은 이 인물의 시각(견해)에서 토픽을 토론하며 그 사람의 목소리, 몸짓 또는 기타 메너리즘적인 언행을 취할 수도 있다. 각 집단은 자신들을 '그 인물'로 소개한다. 그렇다고 '그 인물'의 견

해에 실제로 동의할 필요는 없다.

(v) 각자의 주인공의 시각(견해)에서 10분간 서로 토론한다. 끝나면 역할을 교대해서 해 볼 수도 있다. 또는 소집단 3이 소집단 1 이나 소집단 2의 역할을 맡아서 해 볼 수도 있다. 그래서 5분~ 10분 정도 토론한다.

(vi) 토론이 끝나면, '관찰자'들이 수집한 자료를 가지고 전체 집단 이 협의한다. 다음과 같은 반성적 질문을 할 수도 있다: '다른 시각에서 보면 정보를 받아들이기가 어려운가? 왜 어려울까? 당신은 무엇을 배웠는가? 남의 입장을 이해하기란 왜 어려운 가? 실제 생활에서 이 비슷한 경험을 해 본 적은 없는가? 그 때 어떻게 했는가? 다음에는 어떻게 해야 할 것 같은가?' 등 등을 가지고 협의하고 반성케 한다.

IV. WEPMTAiC+C 프로그램

1. 개   요

비판적 이해란 비판적 사고 기능을 적용하는 이해활동(독해)이며 거기에는 깊은 이해에서 시작하여 저자의 결론(주장)에 대하여 더 나은 판단을 내리는 것까지를 포괄하고 있다. 그런데 비판적 사고란 '바른 질문'을 제기하고 거기에 대하여 대답을 찾아가는 일련의 질문체제로 이해할 수도 있다. 대표적인 노력으로는 Browne & Keeley(2000)의 '바른 질문하기'와 사고기능의 수업과 교과 내용의 학습을 통합하기 위하여 개발된 WRAITEC(Lipman, Sharp & Oscanyan, 1980)을 들 수가 있다. Browne & Keeley(2000)의 '바른 질문하기'의 내용은 이미 앞에서 언급을 하였다. WRAiTEC은 Mattew Lipman이 만든 '아동을 위한 철학 프로그램'(The Philosophy for Children, P4C)을 하와이 대학교의 Thomas Jackson이 사용하기 쉬운 '사고 도구함'으로 만든 것이다. 사고 도구함이란 훌륭한 사고자가 가지고 있는 사고기능들을 7가지의 질문으로 나타낸 것이다.

어떻든 여기서 저자는 앞에서 제시한바 있는 '비판적 이해의 요소'를 기초하여 학생의 수준이나 텍스트의 종류에 관계없이 일반적으로 사용할 수 있는 비판적 이해를 위한 하나의 모형으로서 'WEPMTAiC+C 프로그램'을 제시해 보고자 한다. 'WEPMTAiC+C'는 9개의 약성어로 되어 있으며 이들 각기는 효과적인 사고를 하는 데 필요한 '사고 기능'을 나타낸다. 우리는 이러한 약성어가 나타내는 여러 가지의 열린 질문을 제기함으로써 학생들이 내용을 깊게 이해토록 할 뿐만 아니라 텍스트의 내용과 관련하여 논의하고, 경청하고, 그리고 자신의 생각을 분명히 하고 정당화 하는 일을 실천해 보도록 격려해야 한다. 그리고 교실을 탐구(inquiry)의 장으로 만들어서 한개 이상의 정답이 있을 수 있는 개념과 이슈(쟁점)들을 생각하고, 추리하고, 그리고 논의해 보도록 도와주고 촉진해야 한다. 내용은 다음과 같다.

WEPMTAiC+C

⇒ (한글로는 '무증목의-진가추-반창'이라 기억할 수도 있다.)

'WEPMTAiC+C'는 9가지 사고기능을 나타내는 '질문'의 첫 번째 철자를 따서 만든 약성어이며 간략하게 'W 기법' 또는 'W 프로그램'이라 부를 수도 있겠다. 이제 이들 9개 질문의 내용을 알아 보면 〈표 10-1〉과 같다.

그리고 이 기법의 사용 요령은 다음과 같다. 각 약성어의 내용과 거기에 대한 핵심적인 '바른 질문'들은 다음에 이어서 계속해서 알아보

표 10-1	WEPMTAiC+C의 내용

W - What?
> 이슈와 결론/요점은 **무**엇인가?

E - Evidence?
> **증**거/주요 내용은 무엇인가?

P - Purpose?
> **목**적은 무엇인가?

M - Meaning?
> **의**미는 무엇인가/분명한가?

T - Truth?
> **진**실한가?

A - Assumption?
> **가**정은 무엇인가?

i - Inference?
> **추**론(해석)은 그럴 듯한가?

C - Counter-evidence?
> **반**대 증거는 무엇인가?

+C - Creativity?
> **창**의적인 생각은? 읽으니까 생각나는 것은?

기로 한다.

(i) 초등학교 저학년부터 이들 '사고 도구'를 연습할 필요가 있다. 저학년(초급반)에서 처음 도입할 때는 먼저 9매의 카드를 배부한다. 한 개의 철자를 제시할 때마다 그것을 카드에다 적고 어떤 식으로든 그럴 듯하게 디자인해 보게 한다(예컨대, 반복되는 철자로, 색연필 이용 …), 그리고 뒷면에는 그 철자가 의미하는 바를 기억하기 쉽게 노트한다(저학년의 경우는 영어철자 대신에, 예

컨대 '무엇' – '무', '이유' – '이' 등으로 제시할 수도 있다).

(ⅱ) 처음에는 각기의 철자를 제시하고 그 철자가 나타내는 '의미'
를 설명하고 연습하는 별도의 회기를 가져야 한다. 많은 고등
학생이나 대학생들은, 심지어는 대학교수나 법률 전문가들 조
차도, "가정"(假定)이나 "추리"(推理) 등의 단어를 사용하고는
있지만 실제의 의미를 분명하게 알지 못하는 경우가 있다.

(ⅲ) 항상 9개의 질문을 모두 사용해야 하는 것은 아니다. 텍스트의
성질이나 독서의 목적에 따라 필요한 질문을 얼마든지 선택하
여 사용할 수 있다.

(ⅳ) 어떤 특별한 순서에 따라 질문을 해야 하는 것은 아니다. 그러
나 일반적으로는 '깊은 이해'를 위한 부분을 먼저하고('WEPM'
질문), 다음으로 비판적 사고의 질문을 하면('TAiC' 질문) 효과
적이다. '+C'는 창의적 사고의 질문이다.

(ⅴ) 비판적 이해를 위한 모든 질문들이 여기에 있는 9개 질문 범주
에 깔끔하게 포함된다고 보기는 어렵다. 따라서 어떤 질문은
두개 이상의 질문 범주에 '걸쳐서 같이' 할 수도 있고, 반대로
어떤 질문은 9개 범주에서 예시한 질문에는 없기 때문에 '범주
를 확대해석' 해야 할 수도 있다. 다시 말하면 사용에 융통성
이 있어야 한다.

2. W 프로그램의 범주별 내용과 예시적인 질문들

아래에서는 'WEPMTAiC+C'의 9개 질문범주의 각기에 대한 내용을
간추려 보고(보다 자세한 것은 이 장의 'Ⅱ. 비판적 이해의 요소'를 참고),
그런 다음 예시적인 질문들을 제시해 보기로 한다.

(1) W-What?

⇒ 이슈와 결론/요점은 **무엇인가**?

(ⅰ) '제목(토픽), 이슈, 그리고 결론/요점'이 **무엇인지**를 묻는다. 그래서 텍스트에 대한 거시구조적인 이해를 요구한다. 그러나 기타 '무엇인가'를 묻다 보면 다른 사고 도구와 '겹칠 수도' 있지만 그런 것은 전혀 문제가 되지 않는다.

(ⅱ) '이 글은 **무엇에**(누구에) 대한 것인가?'라고 물으면 글의 제목(토픽)을 발견하게 된다. 가능한 제목은 몇 가지가 될 수 있으며, 그리고 그것은 다소간 길거나 짧을 수도 있다. 그러나 제목은 원칙적으로 '단어나 구'로 표현해야 한다. 좋은 제목일수록 따라올 본문의 내용을 쉽게 예상해 보게 한다.

(ⅲ) '중심내용은 **무엇인가**? 저자가 당신에게 정말로 말하고 싶어 하는 것은 무엇인가? 핵심(요지)은 무엇인가?'를 묻는다. 이들은 논설문에서는 '결론'(주장)을 그리고 서사문(이야기 글)에서는 '요점'(핵심)을 묻는 것이 된다.

(ⅳ) 이슈(쟁점)를 찾는다. 만약 텍스트에서 진술되어 있지 않으면 결론을 보고 확인해 낸다.

(ⅴ) 다음과 같은 질문을 할 수가 있다.
   - 이 글은 **무엇에**(누구에) 대한 것인가?
   - 이 글에 제목을 붙인다면?
   - 이슈(쟁점)는 **무엇인가**?
   - **무엇이** 논쟁거리인가?
   - 결론(주장)은 **무엇인가**?
   - 요점(핵심)은 **무엇인가**?
   - 글의 내용을 한두 마디로 **요약**하면?
   - 저자가 말하려고 하는(증명하려고 하는, 전하고 싶어 하는) 것

은 무엇인가?
- 저자가 하는 말의 핵심내용은?
- **무**슨 일이 일어나고(벌어지고) 있는가?
- 더 알아볼 필요가 있는 것은 **무**엇인가?
- **무**엇을(무슨 질문을, …) 해야 하나?

(2) E - Evidence?

⇒ **증**거/주요 내용은 무엇인가?

（ⅰ）결론(주장)을 뒷받침하고 있는 '증거'(이유)는 무엇인가? 그리고 서사문(이야기 글)에서는 요점(핵심)에 관련된 '주요 내용'이 무엇인지를 묻고 확인해 낸다.

（ⅱ）결론(주장)이 뒷받침하는 증거(이유)를 가지고 있으면 비판적 사고의 대상이 될 수 있다. 그러나 내용이 '사실'(facts)이나 '의견'(개인적인 선호)일 때도 대화를 시작하는 계기가 될 수는 있다('의견'에 대하여 '이유'를 물으면 그것은 결론(주장)으로 바뀐다).

（ⅲ）대부분의 증거는 보기, 통계자료, 권위의 인용, 비유(유추) 및 설명(설명이론) 등이다. 제시된 이유가 적절한가, 강한가, 충분한가, 신뢰롭고 타당한가는 다음에서 다루는 '추리'(ⅰ)에서 다룬다.

（ⅳ）다음과 같은 질문을 할 수 있다.
- **증**거는 무엇인가?
- 이유는 무엇인가?
- 결론(주장)을 어떻게 뒷받침하고 있는가?
- 요점(핵심)에 관련된 주요 내용에는 어떤 것들이 있는가?
- 주요 내용은 다시 어떻게 세부내용으로 발전되고 있는가?

(3) P – Purpose?

⇒ **목**적은 무엇인가?

(i) 저자(글쓴이)가 글을 쓴 **목**적(의도)과 글의 '주제'(theme)는 무엇인지를 묻고 확인해 낸다. 그리고 주인공(등장인물)의 목적, 태도 또는 감정 등을 물을 수도 있다.

(ii) 저자가 글을 쓴 목적(의도)은 텍스트에 진술되어 있을 수도 있고 없을 수도 있다. 진술되어 있지 않으면 추론해야 한다.

(iii) 다음과 같은 질문을 할 수가 있다.

- 저자(글쓴이)의 **목**적(의도)은 무엇인가?
- 이 글이 의도(목적) 하는 것은 무엇인가?
- 무엇을 하려고 하는가?
- 이 글의 주제(theme)는 무엇인가?
- 저자는 우리에게 어떠한 '충고'를 하고 싶은가?
- 주인공(등장인물)은 이 때(여기에서) 무엇을 바랐을까(**목**적했을까, 희망했을까, 기도했을까, …)?
- 왜 그렇게 행동했을까(그런 행동을 했을까)?
- 주인공이 **목**적한 것은(희망한 것, 바란 것)?
- 그것은 현실적인가(그럴 듯한가, 분명한가, 수긍할 만한가, …)?
- 그의 행동은 원래의 목적에 맞는가, 빗나가고 있는가?
- 그 사람은 왜 그런 말을 하지?
- 주인공(등장인물)은 그 때(거기에서) 어떤 느낌(감정)이 들었을까?
- 그의 성격은 어떤 것 같이 보이는가?

(4) M – Meaning?

⇒ **의**미는 무엇인가/분명한가?

(i) 텍스트의 내용이 불분명하거나 애매한가? 이 '개념'(concept)
　　의 '의미'는 무엇인가? 텍스트에 나타나 있는 '단어', '구',
　　또는 '원리'(이론, 설명)의 '의미'는 무엇인가? 분명한가? 특히
　　텍스트에서 중요하게 사용되고 있는 '단어, 구, 원리'의 의미
　　를 명료화해야 한다. 그때 비로소 깊은 이해가 가능해질 수 있
　　다.

(ii) 모든 텍스트(또는 '사고')는 어떤 개념이나 아이디어를 사용하
　　고, 다른 어떤 것은 사용하지 아니한다. 그리고 사용하고 있는
　　것 가운데도 어떤 '개념'은 텍스트를 거시구조적으로 이해하는
　　데 특히 중요하다. 텍스트(또는 '사고')에서 사용하는 '개념'
　　속에는 설명, 이론, 법칙 또는 원리 등이 포함되지만 이들은
　　모두 '단어'(용어, 어휘)를 통하여 표현된다. 텍스트의 의미를
　　정확하게 이해하지 못하거나 불명확하면 우리의 판단이나 커
　　뮤니케이션은 왜곡되거나 잘못될 수 있다.

(iii) 다음과 같은 질문을 할 수가 있다.

　　– 무슨(어떤) **의**미(뜻)이지?

　　– (나는) 이것의 **의**미를 이해하는가?

　　– 이 단어(용어, 어휘)의 **의**미는 무엇인가?

　　– 저자는 이것을 어떤 의미로 사용하고 있는가?

　　– 어떤 **의**미가 될 수 있는가?

　　– 이 설명(이론, 원리, …)은 무슨 뜻이지?

　　– **의**미가 분명한가?

　　– 어떤 것들이(단어, 구, 설명, 이론, …) 애매한가?

- 어떤 것들이 부적절하게 사용되고 있는가?

(5) T – Truth?

⇒ **진**실한가?

(ⅰ) 저자가 제시하고 있는 '증거'(이유)는 '진실한가, 사실인가, 또는 맞는가'라는 질문을 하고 그것을 확인한다.

증거(이유)가 진실이 아닌 허위적인 것이거나 왜곡되어 있으면 그것이 뒷받침하고 있는 결론(주장)은 수용되기가 어렵다.

(ⅱ) 대부분의 증거(이유)는 보기, 통계자료, 권위의 인용, 비유(유추) 또는 설명(설명이론) 등이다.

(ⅲ) 다음과 같은 질문을 할 수가 있다.

- 보기(또는 반대보기)는 맞는 것인가? 사실인가? **진**실한가?
- 보기는 편파적인 것이 아닌가?
- 결론과는 별로 관계없는 '보기'('반례')가 아닌가?
- 권위자의 인용이 정확한가?
- 그 사람은 지금 이 분야에서도 권위자인가?
- 인용이 정확한가? 왜곡된 것은 아닌가?
- 한 부분만을 편리하게 사용하고 있는가?
- 통계치는 속임수가 아닌가? 사실인가?
- 통계치는 어디서 나온 것인가? 조사(측정)가 정확한 것인가?
- '평균치'는 어떤 평균치인가?
- 비유(유추)는 적절한가?
- 설명(설명이론)은 사실인가, 맞는가?

(6) A – Assumption?

⇒ **가**정은 무엇인가?

(ⅰ) 어떤 '가정'(假定, assumption)을 하고 있는지를 묻는다. 다시 말하면 결론(주장)이 어떤 중요한 가정을 하고 있는지를 확인 해야 한다. 그리고 그러한 가정의 타당성을 체크해야 한다.

(ⅱ) 결론(주장)에서 어떤 가정을 할 뿐 그것을 외현적으로 진술하 지 아니하는(생략되는, 숨겨놓는) 이유는 그렇게 생략해도 오해 의 여지가 없기 때문일 수도 있지만, 독자를 오도하기 위하여 고의적으로 생략할 수도 있다. 따라서 주장(결론)을 판단하는 데 중요한 숨은 가정이 무엇인지를 확인해 내고 그것의 타당성 을 체크해야 한다. 왜냐하면 가정도 증거(이유)와 더불어 결론 (주장)을 뒷받침하고 있기 때문이다.

(ⅲ) 다음과 같은 질문을 할 수가 있다.

– (저자는) 어떤 **가**정을 하고 있는가?

– 이 결론(주장)이 맞으려면 어떤 **가**정이 필요한가? 특히 필요 한 가정은 무엇인가?

– 중요한 **가**정은 어떤 것인가?

– (저자의) **가**정은 가치적(규범적)인 것인가, 아니면 묘사적(서 술적)인 것인가?

– 몇 가지 **가**정에는 일관성이 있는가?

– (저자의) **가**정은 얼마나 그럴 듯한가? 얼마나 타당한가?

– 어느 **가**정이 가장 그럴 듯해 보이는가?

– 어떤 **가**정을 받아들이느냐에 따라 저자의 결론(주장)은 어떻 게 영향을 받는가?

(7) i – Inference?

⇒ **추**론(해석)은 그럴 듯한가?

(ⅰ) 추리(해석)는 그럴 듯한가, 논리적인가를 묻고 거기에 대하여

판단해야 한다. 다시 말하면, 결론이 논리적(logical)인지를 사정해 보아야 한다.

(ii) 추리(reasoning)는 주어진 증거(이유)를 가지고 결론을 도출해 내는 정신과정이다. 이것이 '그럴 듯할' 때 결론은 논리적이라 말할 수 있다.

(iii) '추리'(reasoning)도 '추론'(inference)과 마찬가지로 주어진 정보를 넘어서 해석하는 것이다. 그러나 '추리'는 주어진 '이유'(증거)를 따져 보고(reason+ing) 결론에 이른다는 점에서 '추론'과는 차이가 있다.

(iv) 다음과 같은 질문을 할 수가 있다.

- (제시하고 있는) 이유(증거)는 결론에 적절한가?
- 이유(증거)는 얼마나 신뢰로운가, 사실인가?
- 이유(증거)는 얼마나 강한가, 충분한가?
- (결론이 맞으려면) 어떠한 가정을 하고 있는 것 같이 보이는가?
- 그러한 가정은 그럴 듯한가, 이치에 맞는가?
- 다른 대안적인 가정에는 어떤 것이 있을 수 있는가?
- 어떤 가정(특히 '가치 가정')이 보다 그럴 듯한가?
- **추리**(논리전개)는 속임수가 아닌가?
- 추리(논리전개)가 오류는 아닌가?
- 결론이 아니라 저자나 저자의 배경을 공격하고 있는가?
- 애매한 말을 사용하고 있는가?
- 쟁점(이슈)을 교묘하게 회피하고 있는가?
- 의심스러운 권위에 호소하고 있는 것은 아닌가?
- '이름 붙이기'와 '설명하기'를 혼돈하고 있는 것은 아닌가?

(8) C - Counter-evidence?

⇒ **반**대 증거는?

(i) 반대되는 증거(이유)는 무엇인가? 저자가 자신의 결론을 뒷받침하기 위하여 사용하고 있는 증거(이유)와는 반대되거나, 모순되는 것은 무엇인지를 찾아본다.

(ii) 결론(주장)에 대한 반대 증거는 거의 언제나 있기 마련이다. 일부 정보를 누락시키는 것은 다소간에 불가피할 수도 있다. 그러나 저자가 자신에게 불리한 어떤 '유의한 정보'를 고의적으로 누락시킬 수도 있고 저자의 지식이 불완전하여 말하지 못할 수도 있다. 반대 증거가 많고 강할수록 '결론'은 수용하기가 어렵게 된다.

(iii) 다음과 같은 질문을 할 수가 있다.
- 제시하고 있는 증거(보기, 자료, 인용, …)와 **반**대/모순되는 것에는 어떤 것이 있는가?
- **반**대되는 보기는?
- **반**대되는 통계치 또는 권위자의 '인용'은 무엇인가?
- **반**대/모순되는 비유(유추)는?
- (그 사건, 그 현상의) 또 다른 원인은 무엇일까?
- 다르게 설명할 수는 없을까?
- 대안적인 해석은?
- 출처/방법이 다른 자료는 없는가?
- 인용이 맥락에서 벗어나 있는 것은 아닌가?
- 도표/그림 같은 것이 불완전한가, 누락된 것은 없는가?
- 누가 손해를 볼까? 이들은 무슨 이야기를 할까?
- (이 제안은) 어떤 영향을 미칠까?
- 장기적인 효과는 무엇일까?

(9) +C - Creativity?

⇒ **창**의적인 생각은? 읽으니까 생각나는 것은?

(i) 글을 읽는 동안 '새롭게 생각나는' 아이디어들을 메모해 두면 이해하는 데 도움될 뿐만 아니라 창의적인 사고를 격려할 수 있다. 떠오르는 아이디어는 어떠한 것이라도 좋다.

(ii) 다음과 같은 질문을 할 수가 있다.

- 읽으니까 생각나는 아이디어는?
- 빠져 있는 것은?
- 보태면 더 좋을 것 같은 것은?
- (제시되어 있는 증거/이유들을 보면) 어떤 다른 결론이 가능한가?
- 대안적인 결론은 무엇인가?
- ('만약에'로 시작하는 조건절을 사용하면) 어떤 (잠정적인, 대안적인) 결론이 가능한가?
- (문제를 다르게 진술해 보면) 어떤 결론이 가능한가? 어떤 해결책이 있을 수 있는가?
- 이 결론이 의미(시사)하는 것은 무엇인가?
- 함의(implication)는 무엇인가?
- 어떤 결말(outcome)이 벌어질까?
- (글을 읽고 난 다음의) 소감은 무엇인가?
- 어떤 논평/비판을 하고 싶은가?
- (글을 읽고 난 다음에) 새롭게 해 보고 싶은 것은 무엇인가?

텍스트의 이해는 몇 가지의 수준으로 나누어 볼 수 있다. 이해는 축어적 이해, 추론적 이해, 비판적 이해 및 창의적 이해의 네 가지 수준으로 나누어 볼 수도 있다. 축어적 수준의 이해는 텍스트에 나타나 있는 외현적인 정보를 이해하는 것이다. 추론적 이해는 결론(주장)이나 뒷받침하는 세부내용을 알게 되는 소극적 이해에서부터 이들을 다른 내용에 연결시켜 구조화하거나 맥락화하는 확장적 이해까지를 포함한다. 그러나 이들은 여전히 텍스트의 내용을 그대로 수용하고 있다는 점에서 '텍스트 기반적인' 이해이다. 비판적 이해는 텍스트를 깊게 이해할 뿐만 아니라 저자의 결론(주장)이 그럴 듯한 세부내용(근거, 이유, 증거)의 뒷받침을 받고 있는지, 그래서 그것을 수용해야 할지, 기각해야 하는지를 판단하는 이해이다. 그리고 창의적 이해는 다시 비판적 이해를 넘어서 '그러면 어떻게 되어야 하나?', '대안적인 것은 무엇인가?'를 물으면서 독자 나름의 창의적인 아이디어를 생성하면서 읽는 독서이다.

다음으로 비판적 이해를 위한 '바른 질문'들을 알아 보았다. 그리고 비판적 이해를 위한 활동 4가지를 살펴보았다. '수준별 질문-대답'에서는 4가지 수준의 질문을 하는데 이들은 '바로 거기에 있는', '생각하고 탐색하는', '저자와 당신에 대한' 및 '나 자신에 대한' 질문들이다. '소리 내어 사고하기'(TA) 기법에서는 교사가 소리 내어 시범을 보여 준 다음 독자 스스로 질문을 제기하고 거기에 대한 대답을 찾아 가면서 독서를 할 수 있게 지도한다. 소리 내어 생각하는 TA의 활동에는 관련시키기, 예측/예상하기, 요약하고 결론 내리기, 상상과 추리하기 및 평가하고 의견개진하는 등의 사고를 하도록 격려하고 가르친다. '주장/근거 분석'의 기법에서는 사실과 의견을 구분하고, 나아가 결론(주장)을 뒷받침하는 세부내용(근거, 증거)의 유형을 분석할 줄 아는 능력을 기르는 데 도움된다. 그리고 '창의적 토론'에서는 시각을 달리하여 사고(생각)해 보게 하고 나아가 창의적인 사고를 격려코자 한다.

마지막으로 저자는 비판적 사고를 통하여 텍스트를 깊게 이해하고 평가(판단)하는 능력을 개발하기 위한 하나의 종합적인 체제로 'WEPMTAiC+C' 프로그램을 제시하였다. 이 프로그램은 어떠한 텍스트에도 융통성 있게 적용할 수 있으며, 또한 '이해-비판적 사고-창의적 사고'를 통합적으로 접근하고 있다. WEPMTAiC+C는 9개의 사고기능을 나타내는 약성어이다. 각기를 보면 W-What?(이슈와 결론/요점은 무엇인가?), E- Evidence?(증거/주요 내용은 무엇인가?), P-Purpose?(목적은 무엇인가?), M- Meaning?(의미는 무엇인가/분명한가?), T-Truth?(진실한가?), A-Assumption?(가정은 무엇인가?), i-Inference?(추론(해석)은 그럴 듯한가?), C-Counter-evidence?(반대 증거는 무엇인가?) 및 +C-Creativity?(창의적인 생각은? 읽으니까 생각나는 것은?) 등이다. 이와 같은 비판적 사고의 요소와 창의적 사고를 '질문'하고 대답해 보고 이것이 습성화되게 연습한다면 이해와 비판적/창의적인 사고가 크게 향상될 것이다.

창의적인 독서

창의적인 독서

이 장에서는 창의적 독서의 방법에 대하여 알아볼 것이다. 먼저 창의적 독서를 텍스트 기반적인 독서 및 비판적 독서와 비교하여 음미해 본 다음 창의적 이해의 요령을 '예상해 보기'와 '읽은 것을 가지고 무엇을 해 보기'의 두 가지로 나누어 알아본다. 다음으로 창의적 독서의 또 다른 방법으로서 역할 연기를 제시하고 역할연출의 기법과 지도상의 유의사항을 살펴본다. 마지막으로 창의적 독서를 위한 수업 모형으로서 E. Paul Torrance의 부화식 수업 모형을 알아볼 것이다.

I. 비판적 독서와 창의적 독서

1. 비판적이고 창의적인 독서

창의적인 독서란 창의적 이해를 위한 독서이다. 텍스트를 깊게 이해하고 나아가 저자의 메시지를 판단할 줄 아는 비판적 이해의 중요성은 지나치게 강조하기가 어렵다. 그리고 전통적으로 우리는 비판적 이해까지를 강조하였고 창의적 독서에 대하여서는 별로 관심을 기울이지 아니하였다. 물론이지만 단순히 사실을 기억하기 위한 독서를 해야 하는 경우도 있다(예컨대 사건의 이름이나 연대를 외우기 위한 읽기). 그러나 이때도 무작정 반복하여 외우려 들지 말고 내용을 생각해 보고 그것을 상상하면서 정신적인 그림을 그리면서 읽어야 한다는 것이 '기억법'의 요령이다. 많은 지식은 반복적으로 암기하여 무조건 수용할 수 있는 것이 아니다. 텍스트가 말하고 있는 메시지는 무엇이며 그것이 왜 그렇고 그리고 어떻게 그럴 수 있는지를 음미해 보는 비판적 사고의 과정을 거칠 때 우리가 수용하는 지식은 비로소 자신의 것이 되고 자신의 행동으로 연결될 수 있을 것이기 때문이다. 이런 지식을 우리는 진정한 기능적 지식이라 말할 수 있을 것이다.

그럼에도 불구하고 기억이나 비판적 이해의 독서만으로는 불충분할 수 있고 앞으로는 더욱더 그럴 것이다. 왜냐하면 텍스트를 읽고 지식(정보)을 수용하는 것도 중요하지만 그 보다 훨씬 더 중요한 것은 읽은 텍스트를 이해하고 그리고 거기에 기초하여 새로운 지식을 창의(생성)할 줄 아는 것이 더욱더 중요하기 때문이다. 환언하면 지식 생성을 위한 독서활동이 요구되는데 우리는 이것을 창의적 이해 또는 창의적인 독서라 부를 수 있겠다. 요약하면 창의적 이해(독서)는 '의미를 가지고'(머리 속에서 의미를 생각하고), 그리고 '상상을 펼치면서'(내용을 상상 속에 그려보면서) 읽는 독서이다.

다음은 창의적 독서를 위한 활동의 예시이다. 텍스트(글)를 왜 읽는지, 읽는 목적이 무엇인지를 생각하고 되새겨 보아야 한다. 읽는 것을 (읽고 있는 정보를) 어디에 사용할 수 있는지를(용도) 가능한 한 생각해 보는 것이 중요하다. 당신의 개인생활이나 직업생활(학교 공부 등)에서 읽고 있는 정보를 사용할 수 있는 곳을 여러 가지로 생각해 보는 것은 특히 중요하다. '저자가 무슨 말을 하고 있지?'라고만 묻는 데 그치지 말라(여기까지가 '비판적 사고'임). 그보다는 더 나아가 '저자가 말하고 있는 것을 나는 어떻게 사용할 수 있을까?'라고 물어라. 한 가지 사용 (용도)에서 그치지 말라. 저자가 제시하고 있는 중요한 아이디어를 사용할 수 있는 여러 가지 용도를 생각해 보라. 나중에 참고할 수 있도록 떠올린 내용을 메모해 두는 것도 바람직한 방법이다. 이러한 방법은 익숙한 것이 아니다. 그러나 연습을 좀 하면 누구나 쉽게 할 수 있다.

이제 아래에서는 연구보고서를 가지고 '비판적 독서'하는 것과 '창의적 독서'하는 것을 비교해 보고자 한다. 연구보고서를 가지고 비판적 독서를 할 때는 연구의 문제진술에서, 연구의 기저에 있는 가정과 가설에서, 자료의 수집 및 분석의 절차에서, 얻은 결과의 해석과 결론에서, 그리고 연구의 중요성에 대한 것 등등에서 핵심을 파악하고 어떤 결점이나 모순이 있는지를 찾아 보아야 한다. 반면에 '창의적 독서'에서는 연구의 문제진술에서 새로운 가능성을 시사하고 있는 것은 무엇이며, 문제와 관련한 가능한 대안적(대립적)인 가설은 무엇이며, 자료의 수집과 처리에서 더 낫게 할 수 있는 방법은 무엇이며, 연구결과에서 시사받을 수 있는 것은 무엇인지 등에 대하여 생각해 볼 것을 요구할 것이다. 텍스트(글)를 어떻게 읽느냐에 따라 우리의 사고의 수준과 능력이 달라진다. 창의적 독서를 하면 나름대로의 새로운 아이디어를 더 많이 생성해 내게 된다. 그리고 그러한 아이디어는 대개가 보다 더 창의적이다(Torrance & Hormon, 1961).

2. 창의적 독서

창의적인 독서를 하면 어떤 차이나는 장점이 있을까? 독서를 창의적으로 하면 학생들은 읽고 있는 내용에 대하여 그리고 그와 관련한 가능성에 대하여 민감해진다. 다시 말하면 텍스트에서 제시하고 있는 지식들 사이에 있는 괴리, 미해결로 남아 있는 문제, 빠져 있거나 불완전한 내용/요소 또는 관련은 있지만 다소간 떨어져 있는 어떤 것들에 대하여 민감해진다. 읽으면서 문제에 대하여 민감해지게 되면 독자는 거기에 수반하는 긴장을 해결하려고 노력한다(이러한 긴장이 생겨난다는 것이 창의적 독서에서는 중요하다). 다시 말하면, 창의적 독자는 관련의 새로운 것들을 찾아보며, 새로운 조합을 만들며, 비교적 서로 무관해 보이는 요소들을 응집적인 전체로 종합하며, 어떤 정보 덩어리를 재정의(再定義)하거나 변형하여 새로운 용도를 찾아보며, 그리고 이미 알고 있는 것을 다른 각도에서 새롭게 들여다 보기도 한다. 창의적 독자는 이렇게 해결을 탐색하는 속에서 가능한 여러 가지의 것들을 생각해 내며, 다양한 전략과 접근법을 사용하며, 가용한 정보를 여러 가지 시각에서 들여다 보며, 통상적인 해결에서 벗어나 과감한 새로운 대안을 찾으며, 그리고 세부적인 내용을 메워 봄으로써 새로운 아이디어를 개발한다. 창의적 독자는 흔히 저자와 동일시하며(마치 자기가 '저자'인 것처럼 하여) 저자가 마음 속에 가지고 있는 것을 파악하고 거기에서 한걸음 더 나아가 저자가 다음에서 말하려는 것까지도 예측해 본다.

사실 우리는 '비판적 독자'이면서 동시에 '창의적 독자'여야 한다. 비판적 독자는 텍스트의 결론과 뒷받침하는 세부내용(근거)들을 찾아내며 또한 글이 가지고 있는 결점이나 편견 같은 것도 확인해 낼 수 있다. 그러나 저자의 텍스트(글)에서 괴리, 모순 또는 약점을 확인해 낼 뿐만 아니라, 이에서 한 걸음 더 나아가 '진실은 무엇일까'에 대하여 대안을 생성해 내고 그래서 건전한 결론을 내릴 수 있는 것은 창의적 독자만이 할 수 있다. 비판적인 독자이면서 동시에 창의적인 독자여야 하는 것은 논설문뿐만 아니라 서사문(이야기 글)에서도 마찬가지이다.

II. 창의적 이해(독서)의 요령

그러면 창의적 독서(이해)의 요령은 무엇일까? 어떻게 하면 비판적인 독자이면서 동시에 창의적인 독자가 될 수가 있을까? 이러한 질문에 도움될 수 있는 것에는 적어도 두 가지를 생각해 볼 수 있다. 하나는 '예상해 보기'이고 다른 하나는 '읽은 것을 가지고 무엇을 해 보기'이다.

1. 예상해 보기

이것은 읽기를 시작하기 전에 하는 워밍업 활동(warm-up)이라 말할 수 있다. 앞으로 읽을 것의 내용을 미리 예상해 보고, 어떤 것을 기대해 보며(글에 있는 아이디어를 적용했을 때 일어날 결말(효과)을 상상), 그리고 자기 생활 속에 있는 어떤 유의미한 경험과 관련시켜 본다. '관련 지우기'는 읽기 전, 읽기 중 및 읽기 후의 어느 단계에서도 가능하지만 여기서는 특히 '읽기 전'에 하는 활동을 강조한다. 이렇게 예상/기대를 하다 보면 마음 속에 '긴장'이 생기게 된다. 예상/기대하기를 고조된 마음으로 할수록 긴장은 보다 더 생생해진다. 이를 위한 몇 가지의 방법은 다음과 같다.

(1) 제목(토픽)을 제시한 다음 그 글이 무엇에 대한 것이라 생각되는지를 추측해 보게 한다. Shotka(1961)는 창의적인 독서를 자극할 수 있는 질문의 리스트를 만들었다. 이들 질문은 서사문(이야기 글)의 독서를 하기 위하여 만든 것이지만 다른 종류의 텍스트에 맞춰 조정하는 것은 어렵지 않다. 이야기를 읽기 전에

사용하기 위하여 그가 제시하고 있는 질문 몇 가지는 다음과 같다.

(ⅰ) 이야기의 제목을 보니까 이 글은 어떤 내용 같다고 생각되는가?

(ⅱ) 등장인물들은 어떤 문제를 겪게 될 것 같은가?

(ⅲ) 이 이야기는 웃기는 이야기, 슬픈 이야기, 믿거나 말거나 식의 이야기 또는 흥미진진한 이야기의 어느 것일 것 같이 생각되는가? 왜 그렇게 생각하는가?

(ⅳ) 등장인물들은 어떤 성격의 사람일 것 같이 생각되는가?

그리고 Shotka가 '읽기 중'에 사용할 수 있도록 제시하고 있는 질문 세 가지는 다음과 같다.

(ⅰ) 왜 당신은 이 이야기를 좋아하는가 또는 싫어하는가?

(ⅱ) 만약 등장인물과 같은 처지에 놓인다면 당신은 어떻게 행동할까?

(ⅲ) 등장인물들은 어떠한 감정을 가졌을까? 당신도 그러한 감정을 가져 본 적이 있는가?

이와 같은 질문을 실제의 독서 전, 독서 중 또는 독서 후에 사용하기를 강조하는 이유는 창의적 독서를 하려면 독자는 독서재료에 대하여 적극적으로 반응해야 하기 때문이다. 그러한 반응을 통하여 독서재료 속에 있는 사실, 아이디어 및 사건들 사이의 관계 그리고 이들 내용과 독자가 가지고 있는 선행의 경험 사이의 관계를 예상하고 기대해 볼 수 있어야 한다.

(2) 다음의 방법은 특히 초등학생들에게 효과적일 수 있다. 읽을 거리를 실제로 읽기 전에 "이 다음에는 무슨 일이 일어날 것 같은가?"라고 질문하는 것이다. 그리고 읽어 가면서 몇 가지 사실

들 사이의 관계를 찾아보게 하고 어떤 논리적인 결론에 이를 수
있도록 질문을 계속할 수 있다. 또는 글의 전개에서 상당한 수
의 사실들이 제시되면 그들을 이용하여 다음의 내용을 예측을
해 보게 하고 그러한 예측이 실제로 일어난다면 어떠한 효과(결
말)가 생길지를 추측해 보게 할 수도 있다. 그리고 더 나중에,
글 속의 실제 사실과 추측한 것을 비교해 보게 하고, 어떻게 해
서 예측이 빗나갔는지를 체크해 보도록 한다.

(3) 마지막은 '마치 자기가 저자인 양' 또는 '주인공인 양' 생각해
보게 하는 방법이다. 다른 말을 사용하면, 이것은 '저자(또는
주인공)와 동일시하는 감정이입(empathy)의 기능'을 개발하는 방
법이다. 이 방법은 특히 유치원이나 초등학교 저학년생에게 효
과적이다. Torrance(1995)는 이태리의 이야기꾼 Bruno Munari의
'코끼리의 소원'(1959)을 사용한 경험을 다음과 같이 보고하고
있다.

이 이야기는 이렇게 시작한다. "코끼리는 크고 무거운 동물인 것이
싫어졌다. 그는 다른 무엇이 되기를 소원한다. 그가 되고 싶어 하는 것
은 무엇이라 생각하나요?" 여기에서 감정이입적으로 추측하는 게임이
시작된다. 다시 말하면 아동에게 코끼리의 마음 속을 들여다보도록 하
고, 상상 속에서 자기 자신을 코끼리의 자리에 놓아 보게 하고, 그리고
자기 자신이 코끼리인 것이 진저리나고 싫다면 무엇이 되고 싶은지를
생각해 보게 한다. 이제 다음으로 아동이 코끼리의 마음을 들여다보게
한다. 저자는 코끼리 머리에다 덮개를 만들어 놓고 이를 열어 보면 "그
는 날고 노래하는 조그마한 새가 되고 싶어 한다"란 글귀가 나오도록
미리 준비하였다. 그런데 새로운 문제가 생겼다. "조그마한 새는 날고
노래하는 것에 싫증이 났다. 새는 다른 무엇이 되기를 소원하고 있다.
그는 무엇을 소원할까?" 아동은 여기서 다시 추측을 해 보고 그리고

다시 '새의 마음'을 들여다보게 한다. 이런 식으로 이야기는 고기, 도마뱀, 그리고 게으른 황소 등으로 계속되며 '게으른 황소'는 다시 코끼리가 되기를 원하는 것으로 끝이 나고 있다. 이러한 이야기는 아동들에게 자신이 가지고 있는 한계(구속)를 냉소적으로 받아들이지 아니하고 창의적으로 반응하는 것이 필요하며, 그리고 가지고 있는 능력이나 자원이 어떠한 것이든 간에 잘 사용하는 것이 중요하다는 것을 설명해 주는 것으로 사용할 수 있다. 또한 어떠한 글이라도 불완전하고 결점이 있을 수 있지만 그렇다고 냉소적, 부정적으로만 지나가 버릴 것이 아니라 저자가 마음 속에서 의도하고 있는 것을 도전적으로 찾아보려고 애써야 한다는 것을 예시하는 것으로 사용할 수도 있다.

2. 읽은 것을 가지고 무엇을 해 보기

많은 학생들은 공부해서 배운 것을 사용해 보려는 생각을 별로 하지 아니한다. 심지어는 배운 내용/정보가 실제로 매우 유용할 수 있다는 생각조차도 하지 못한다. 예컨대 창의성에 대하여 읽은 것이 창의적인 생활에 실제로 어떻게 사용될 수 있는지를 생각해 보지 아니한다. 신문사설, 연구보고서, 소설 등 어떠한 성질의 텍스트(글)이든 간에 내용을 잘 기억토록 요구하거나 또는 비판적으로 읽을 것을 요구할 때와 텍스트(글) 속에 있는 내용(이론, 연구 결과 등)을 사용해서 나름대로 무엇을 해 볼 것을 요구했을 때의 학습의 결과는 매우 달라질 것이다.

보다 구체적인 보기는 교육학이나 심리학의 어떤 연구보고서를 읽고 거기에 있는 연구결과를 교육적으로 사용할 수 있는 방법을 가능한 대로 많이 나열해 보게 하는 것과 같다. 이와 같이 '읽은 것을 가지고 무엇을 해' 보도록 하면 학습한 내용을 보다 창의적으로 활용할 수 있게 될 것이다. 아래에서는 그렇게 하기 위한 몇 가지의 방법들을 제시해 본다.

(1) 읽은 것을 상상을 통하여 재현해 보기

읽은 내용을 머리 속에서 그림그려 보고, 그리고 재현해 보게 한다. 특히 읽기를 마친 다음 즉시로 떠올려 보게 하는데, 보다 자주 떠올려 보게 할수록 효과적이다. 이렇게 '의미를 가지고', 그리고 '상상을 펼치면서' 독서를 하면 내용을 이해하기가 쉬울 뿐만 아니라 적절할 때 보다 효과적으로 사용할 수 있다. 그런데 특히 어린 아동의 경우는 상상하면서 소리 내어 읽기가 어려운 사람이 있을 수도 있다. 이 때는 단어를 입으로 소리 내어 말하는 대신에 의미를 읽도록 격려하는 것이 효과적이다. 다시 말하면, '실제의 의미대로' 소리 내어 읽도록 연습시키면 효과적일 수 있다.

(2) 읽은 것을 정교화 하기

'정교화'(elaboration)한다는 것은 내용을 보다 자세하게, 깊게, 그리고 풍부하게 만들어 가는 것을 말한다. 정교화 사고를 하면서 읽어가는 독서는 이해를 쉽게 할 뿐만 아니라 이해한 내용을 새로운 장면에서 자동적으로 떠올릴 수(활성화 시킬 수) 있기 때문에 쉽게 사용할 수 있다. 읽은 것을 정교화하는 창의적 독서의 방법에는 몇 가지가 있을 수 있다.

한 가지 방법은 읽은 것을 예시해 보거나 적용할 수 있는 보기를 들어 보게 하는 것이다. 두 번째 방법은 읽은 것을 음악, 노래, 리듬동작 및 연출을 통하여 실제로 표현해 보게 하는 것이다. 세 번째 방법은 읽은 것을 좀 다른 형태로 각색하거나 수정해 보는 것이다. 예컨대 이야기의 '해결'(엔딩, ending)을 다르게 하여 작문을 하는 것, 등장인물을 좀 다른 성격의 사람으로 바꾸고 그에 따라 다른 것들은 어떻게 달라지는 지를 말해 보게 하는 것, 또는 이야기 속에 있는 어떤 사건을 좀 길고 흥미진진하게 확대시켜 보는 방법 등이 있을 것이다. 마지막의 방법은 읽은 것을 언어를 사용하지 아니하고 그림을 그리거나 신체동작을 사용하여 행위연출로 자세하게 표현해 보게 하는 것이다. 이 방법은 지진아나 언어 사용에 별로 자신이 없어 하는 학생들에게 특히 효과적이다. 많은 사람들은 먼저 훌륭한 독자가 되어야 비로소 창의적인 독자가 될 수 있다는 고정관념을 가지고 있다. 그러나 사실은 먼저 창의적인 독자가 되지 못하면 훌륭한 독자가 될 수 없다고 말하는 것이 더 옳은 것 같이 보이기도 한다.

읽은 것을 정교화하는 활동은 읽은 내용을 독자가 이미 가지고 있는 이전 지식과 관련시키고, 보기와 적용을 찾고, 읽은 것을 사용해 보고, 다른 영역(예, 다른 교과)의 내용과 관련시키고, 그리고 독서한 것을 실제의 행동에 연결시키는 사고를 하는 능력 등을 개발하는 데 도움된다. 그리고 정교화 활동은 개인적으로 할 수도 있지만 소집단에서 같이 하는 것도 효과적이다.

(3) 읽은 것을 변형시키고 재배치하기

'로미오와 줄리엣' 등 불멸의 희곡을 발표한 Shakespeare의 창의성은 '변형/재배치' 식의 것이라 말한다. 그는 극작가 자신이 줄거리나 등장인물을 새롭게 발명해야 할 필요는 없다고 말한다. 그의 말대로 역사, 과학, 문화, 우화 등의 이야기 속에 있는 너무 많은 것들이 드라마, 노래, 그림, 소설, 시, 그림 등을 통하여 창의적인 형태로 새롭게 태어나기를 기다리고 있는 것은 아닐까? 물론 이러한 다양한 인물과 줄거리를 읽고 그것을 창의적으로 변형시키거나 재배치하려면 창의적인 능력과 노력과 연습이 필요할 것이다. Mauree Applegate(1962)는 독서과제에서 변형과 재배치를 격려할 수 있는 몇 가지 방법을 제시하고 있다.

(i) 등장인물 가운데 누구를 좋아하는가? 왜 그렇게 생각하는지를

보여 주는 단락을 지적해 보거나 그 단락의 내용을 가지고 그림을 그려 보라.

(ⅱ) 책을 읽기 전에 제목만 보고 생각나는 것을 적어 보라. 그런 다음 책을 읽을 때는 책 속의 실제의 이야기와 미리 생각해 보았던 것과의 차이를 적어 보라(당신의 이야기가 더 낫다는 생각이 드는 경우도 있을 것이다).

(ⅲ) 책 속의 등장인물과 저자 사이, 당신과 저자 사이, 책 속에 있는 두 등장인물 사이, 당신과 책 속의 어떤 등장인물 또는 당신과 당신의 어떤 친구 사이에 책에 대하여 인터뷰한다고 생각하고 그것을 적어 보라.

(ⅳ) 어떤 인물의 전기를 읽었다면, 그 사람이 당신의 나이일 때 당신이 그를 방문한다고 생각해 보라. 어떤 재미있는 일이나 대화가 벌어질 수 있을까?

(ⅴ) 친구와 함께 읽었던 책 속에서 특히 생생하게 생각나는 어떤 장면을 골라 보라. 그리고 그것을 극화(劇化)하거나 팬터마임 같은 무언극으로 연출해 보라.

(ⅵ) 당신이 어떤 책의 저자인 척하고 당신의 친구가 그 책에 대하여 당신과 면담을 하게 해 보라.

(4) 읽은 것 이상으로 나아가기

창의적인 사고과정에서는 한 가지 일에서 다른 어떤 일로 연결되어 넘어가는 것이 자연스럽게 허용되어야 한다. 창의성이 창의성을 낳는다. 훌륭한 이야기는 독자로 하여금 그 이야기를 넘어 더 많은 아이디어와 질문을 자아내게 할 가능성이 크다. 집단에서 어떤 텍스트(글)를 독서할 때는 독서한 내용을 넘어서 토론하고 생각해 보게 하는 것은 필요할 뿐만 아니라 자연스러운 일이다.

다음과 같은 방법은 효과적일 수 있다. '예상해 보기' 활동을 한

다음 녹음한 테이프를 듣고(또는 어떤 부분까지 읽어 간 다음) 읽었던 것을 기초하여 앞으로의 전개를 미리 떠올려 보게 한다. 그리고 다시 얼마를 더 읽어 간 다음 그 때까지의 내용을 가지고 다시 무엇을 예상해 볼 수 있는지를 말해 보게 한다. 이러한 독서의 방법은 분명히 창의적이다. 예컨대 브레일(Braille)이 맹인을 위한 브레일식 점자를 만들게 된 과정을 이용하는 경우를 보면 다음과 같을 수 있다.

- 브레일이 이전의 방식이 매우 불편하다는 것을 느끼게 된다는 부분까지를 들려 주고(또는 읽고) 어떤 불편한 점이 있었을 것 같은지를 가능한 한 많이 생각해 보게 한다.
- 그리고 다음의 단계로 넘어간다. 위에서 생각해 낸 여러 가지 불편 사항들 가운데 어느 것이 가장 불편한 점이라 생각되는가? 적어보라. 그리고 그것이 왜 가장 불편했을 것 같은지에 대하여 가능한 한 많이 생각해 보고 나열한다.
- 이제는 그러한 불편한 점을 줄이거나 없앨 수 있는 방법을 될 수 있는 대로 많이 생각해서 적어 본다. 지금 당장 가능한 것이 아니라도 좋다. 마술사가 된 듯이 생각해 봐도 좋다.
- 이제 불편한 점을 제거할 수 있는 것이나 계획들을 생각해 본다. 그리고 이들의 특징을 나열해 본다. 이런 과정을 거친 다음 브레일 전기(傳記)를 계속해서 창의적으로 읽게 한다.

이들을 정리해 보면 학생들이 창의적 독서를 통하여 자신의 경험을 확장시키고 그러한 경험을 이용할 수 있도록 하기 위하여 공상·상상 기법을 즐기고 활용하도록 훈련시키는 것이 매우 중요함을 알 수 있다.

보다 구체적으로 보면, 책 속의 일이 정말로 일어난 것처럼 느껴 보기, 책 속에서 일어난 일들을 말해 보기, 책 속에서 일어난 일들을 신체나 소리로 표현해 보기 및 실제로 공상적인 이야기를 써 보기 등의 활동이 중요해 보인다. 이야기 글은 비교적 이해하기 쉽고 재미도 있기 때문에 이러한 활동에서는 특히 초기 단계일수록 서사문(이야기 글)을 사용하는 것이 보다 효과적이다.

III. 역할연출

텍스트(글)의 전체 또는 일부, 한두 가지 장면, 또는 어떤 등장인물을 가지고 역할 연출을 해 보면 학생들은 내용을 깊게 그리고 다양한 시각에서 이해할 수 있다. 뿐만 아니라 텍스트의 내용에서 한걸음 더 나아가 상상적인 사고를 즐길 수도 있다. '역할연출' 기법은 독서한 내용을 깊게 이해토록 할 수 있을 뿐만 아니라 창의적 문제해결의 기법으로 그리고 창의성 개발을 위한 도구로도 유용하게 사용할 수 있다. 사실로 역할연출은 교사가 분위기를 적절하게 만들기만 한다면 독서 장면을 포함하여 어떠한 장면에서도 다양한 목적으로 사용할 수 있다. 그러나 역할연출을 사용할 수 있는 문제 장면은 크게 보아 다음과 같은 세 가지로 나누어 볼 수 있다.

(1) 자발적이고 즉흥적인 연출 활동

간단하고 즉흥적인 드라마(drama)를 한다. 그것은 즉석연설이나 자발적인 행위(동작)일 수도 있다. 예컨대 상상여행, 리듬운동, 무언극(팬터마임), 즉흥연출 및 인물묘사 활동 등을 할 수 있다. 여기서는 상상력이 특히 강조된다.

(2) 갈등문제의 창의적 해결을 위한 연출 활동

갈등적인 장면을 제시하고 이를 해결하기 위한 목적으로 사용하는 역할연출에서는 사회극(socio-drama)이 있다. 이들 활동에서는 드라마

방법을 통하여 집단이 함께 사회문제(갈등)를 다루고자 한다. 독서에서는 '갈등장면'이 포함되어 있는 텍스트(글)를 다룰 때 특히 적절하다.

(3) 아이디어 생성을 위한 연출 활동

우리가 '다른 어떤 사람'이 되어 그 사람의 해답과 충고를 듣고 기록하며, 새로운 아이디어를 찾는다. '다른 어떤 사람'은 갈등적인 장면을 제시하고 이를 해결하기 위한 상상의 인물일 수도 있고, 운동선수 등 널리 알려진 '영웅'일 수도 있고 또는 텍스트(글)에 나타나 있는 어떤 인물/주인공일 수도 있다.

1. 역할연출의 기법

역할연출에서 사용할 수 있는 연출 기법에는 다음과 같은 몇 가지가 있다. 그러나 효과적으로 사용할 수 있는 기법은 장면/갈등의 내용에 따라 다를 수 있으며, 또한 한 가지 방법만을 사용할 것이 아니라 몇 가지를 조합하여 사용할 수도 있다.

(1) 직접제시 기법

어떤 문제 장면, 새로운 장면, 갈등 장면 등등을 직접 행위로 나타내 보이는 것이다. 이들 장면은 진술한 문제와 관련한 것일 수도 있고, 생각하고 있는 해결대안과 관련된 것일 수도 있다.

(2) 독백 기법

어떤 역할의 사람이 감추고 싶어하는 감정과 생각을 드러내 보이기 위한 기법이다(soliloquy technique). 연출자(또는 주인공)는 다른 한쪽으로 몸을 돌려서 지금까지의 대화에서 사용하던 것과는 다른 목소리로 자기의 속 감정을 표현한다. 걷거나 운전을 하는 등의 행동을 하는 가운데서 할 수도 있고 공상 속에서 할 수도 있다. 이 기법을 사용하면 흔히 매우 독창적인 아이디어를 얻을 수가 있다. 독백의 시간은 얼마 되지 않겠지만 새로운 시각에서 생각하기 때문에 새로운 아이디어가 마음 속에서 부화되기 시작할 가능성이 커진다.

(3) 대역 기법

대역 기법(double technique)에서는 갈등 장면에 있는 어떤 한 연출자(배우)에게 '대역'의 사람을 하나 추가시키는 것이다. 이 대역은 그 연출자 바로 옆에 있으면서 마치 '연출자 자신'인 것처럼 연출자와 상호작용한다. 대역은 갈등하고 있는 연출자의 분신이 되려고 노력한다. 대역은 이 연출자의 '다른 자아'를 끄집어 내 보여 줌으로써 그가 새롭고 고차적인 창의적 기능을 성취하도록 도와 준다. 대역은 연출자가 깊은 의식 수준에 이르도록 그를 흔들어 놓을 수가 있으며, 그의 '보이지 아니하는 나 자신'이 될 수가 있다. 연출자와 대역은 양편에 서서 해결대안을 자유스럽게 말해 볼 수 있을 것이다. 이들의 대안을 누군가 기록하고 나중에 학급에서 다른 아이디어를 추가하는 방법도 도움이 될 것이다.

(4) 중다대역 기법

'대역기법'의 변형인데 이 기법(multiple double technique)은 갈등장면에다 몇 가지의 서로 다른 견해들을 적용시키고자 할 때 특히 효과적이다. 그래서 이 기법은 '집단 브레인스토밍'의 좋은 수단이 될 수 있다. 갈등장면에 있는 연출자는 무대에 둘 또는 몇 개의 대역을 가지게 된다. 각 대역은 연출자의 한 부분씩을 표현한다(상이한 감정, 상이한 시각 등). 이 기법은 3~6명 정도의 집단 브레인스토밍으로 바꾸어 가면 특히 효과적이다. 브레인스토밍의 전통적인 규칙을 그대로 적용할 수도 있고 좀 느슨하게 할 수도 있다. 규칙이 느슨해서 부정적 비판의 말이 나오면 대역 중의 한 사람이 거기에 대하여 말대꾸 할 수도 있다. 이러한 과정 때문에 매우 독창적인 아이디어를 얻을 수도 있다. 그리고 주인공에게 그의 생각의 '좋은' 부분을 나타내는 '일치적인 대역'과 '나쁜' 부분을 나타내는 '반대적인 대역'을 사용할 수도 있다. 교사는 이러한 두 가지 대역들이 주인공에게 영향을 미치도록 격려한다. 대역들은 거짓말도 잘하고 사실을 왜곡하여 말할 수도 있다. 이때 주인공은 (연출자 또는 관객) 갈등(이슈)의 양쪽을 조심스럽게 평가하도록 격려한다.

(5) 반사 기법

반사 기법(mirror technique)은 갈등 장면에 있는 원래 연출자를 나타내는 다른 연출자를 등장시키는 기법이다. 이 '다른 연출자'는 '원 연출자'의 행동 형태를 복사하며 마치 그가 '거울 속에' 있는 것처럼 다른 사람이 그를 어떻게 보고 행동할 것인지를 보여 준다. 이 기법은 연출자나 관객이 갈등해결에 작용하고 있는 정서적 장애를 의식하게 하는 데 도움된다. 반사 기법은 '대역 기법'의 변형이라 말할 수 있다.

(6) 역할교대 기법

이 기법(role reversal technique)에서는 갈등 장면에 있는 두 연출자가 서로 역할을 바꾸어 수행한다. 예컨대 엄마가 딸이 되고 딸이 엄마가 되거나 교사가 학생이 되고 학생이 교사가 되는 것과 같다. 이러한 기법을 통하여 '남을' 어떻게 왜곡하고 있는지를 표면에 끄집어 내 보여 주고, 왜곡된 내용을 탐색해 보고, 그리고 행동을 바로 잡아 본다. 그래서 새로운 해결이 나타날 수도 있다. 이러한 방법을 통하여 하의식 수준의 사고에 이를 수 있기를 기대한다. 그러나 친한 사이에서는 역할교대가 쉽지만 심리적, 인종적 또는 문화적 거리가 크면 역할교대는 어렵다.

2. 창의적인 동작 활동

역할연출은 '갈등 문제의 창의적 해결을 위한 연출 활동'과 '아이디어 생성을 위한 연출 활동'으로 사용될 수 있을 뿐만 아니라 아동의 창의적인 동작 활동으로 사용될 수도 있다.

유아의 창의적 표현을 요하는 동작 활동 내용은 대부분 유아들이 '~ 처럼 해 보기'와 같은 '가장 행동'(假裝行動, pretending behavior)이 일어나도록 하는 연출형태로 이루어지며 거기에는 크게 보아 두 가지 유형이 있다.

하나는 유아들이 짧은 이야기를 듣고 그것을 상상하여 동작으로 표현하는 활동이다. 이야기를 중심으로 하는 경우, 이 이야기의 소재는 사람, 사물, 동물, 자연현상 등 매우 다양할 수 있고 교사가 새로운 활동들을 창안 할 수도 있다. 초기에는 단순한 행동이나 상황을 표현하는 활동들을 경험하도록 하고, 익숙해지면 보다 긴 내용의 이야기를 중심으로 창의적 표현을 하도록 지도한다. 그리고 창의적 동작 활동을 하는 경우에 분위기를 돋우기 위하여 배경음악을 들려 줄 수도 있다.

둘째는 유아들이 음악을 듣고 음악 요소에 초점을 두고 창의적 표현을 하는 동작 활동이다. 처음에는 간단한 리듬에 맞춰 유아 자신의 느낌을 단순하게 표현하는 활동을 경험하도록 하고, 차츰 음악의 요소들이 조화된 보다 긴 음악을 들려 주고 보다 많은 상상을 요하는 동작 활동을 해 보도록 한다.

3. 역할연출의 유의사항

역할연출 기법은 매우 강력한 학습수단이며 연출에는 인지적, 정서적 및 심리적인 요소들이 동시에 관여한다. 그러므로 역할연출을 사용하려면 드라마에 좀 익숙해야 하며 관련의 인간행동이 자연스럽게 표현될 수 있게 해야 한다. 이 기법을 보다 효과적으로 사용하기 위하여 주목해 볼 필요가 있는 몇 가지의 주의사항은 다음과 같다.

(1) '역할연출'은 '심리극'이 아니다. 역할연출은 문제해결적인 것이며 연출자 자신의 감정이 아니라 연출자가 맡은 '역할'을 연출해야 한다. 그러므로 연출한 '역할'을 사전에 충분한 시간을 가지고 분석하고 논의해야 한다. 그러나 문제에 대한 해답이 하나밖에 없다는 식으로 제한해서는 안 된다.

(2) 역할연출하려는 '문제,' 즉 '갈등'은 참가자들 모두가 관심을 가지고 재미있어 하는 것이어야 한다. 그것은 교과서에 있는 것일 수도 있고 해당 집단이 특별히 관심을 가지게 된 것일 수도 있다.

(3) 역할연출은 집단원들의 발달과 이해 수준에 맞는 것이어야 한다. 그리고 그것은 민주적인 교육의 방법으로 사용되어야 한다. 그것은 학생들은 문제해결을 학습할 수 있으며 그리고 독립적으로 사고하는 것을 격려 받아야 한다는 전제 위에 서 있다.

(4) 말을 너무 많이 하지 말라. 대신에 연출자 이외의 다른 학생들도 사고하고 이야기 할 수 있는 기회를 주라. 사고를 요구하는 질문을 할 때는 연출자 자신이 그것을 대답하기 전에 학생들이 생각을 해 볼 수 있는 시간을 주라. 너무 빨리 말하면 학생들의 사고과정과 문제해결을 방해하게 된다.

(5) 주변적인 것에서 중심적인 것으로 진행해 간다. 역할연출의 참가자들은 우선 피상적인 수준의 내용에서 시작하여 점차 깊은 수준으로 관여해 가는 것이 효과적이다. 그래서 역할연출을 시작할 때의 문제해결은 다소간 피상적이고 논리적일 수 있다. 그러나 독백 기법이나 대역 기법 등을 사용해 가면 보다 깊은 수준에서 보다 창의적인 대안들이 생성될 수 있다.

(6) 마지막으로, 모든 역할연출의 주된 목적은 대안적인 해결을 이

끌어 내며 학생들이 지금까지 '하던 대로의' 사고를 넘어 창의
적인 사고를 하도록 격려하는 데 있다는 것을 기억해야 한다.
이러한 목적은 역할연출이 머리로 생각하는 것은 물론이고 감
정을 표출시키고 신체 운동적인 표현을 자유롭게 할 수 있을 때
실현될 가능성이 더 커진다.

IV. 부화식 수업 모형

창의적인 독서를 격려할 수 있는 교수–학습은 어떤 특징적인 측면
을 가질까? 창의적 이해를 작동케 하는 어떤 일반적인 수업 모형 같은
것은 없을까? 하나의 참고가 될 수 있는 것은 Torrance(1997)의 '부화
식 수업 모형'(the incubation model of teaching)이다. 이것은 교과 수
업이나 기타의 교육 활동에서 비판적(논리적) 사고가 작동하게 하며, 나
아가, 그것을 넘어서는 창의적 사고를 촉진시키기 위한 것이다. 그래서
이 수업 모형은, 예컨대 독서 지도와 같은 수업을 계획할 때, 수업재료
를 개발할 때 그리고 수업 지도안을 만들 때와 같이, 거의 모든 활동과
문제에서 유용할 수 있다고 그는 강조한다. 이 모형은 학생이 학습하는
것에 대하여 생각하고, 질문하고 실험하고, 궁극적으로는 학습한 것을
사용해 보게 함으로써 수업하는 토픽을 깊게 파고들어 가게 만든다.

부화식 수업 모형은 3개의 상호작용적인 단계로 이루어져 있다. 단
계 1은 '예상해 보기', 단계 2는 '깊게 이해하기', 그리고 단계 3은
'현재의 내용을 넘어서기'이다. 각 단계의 내용은 다음과 같다.

1. 단계 1: 예상해 보기

이것은 수업(활동)의 도입 단계이며, 일종의 워밍업 과정(warm-up)이다. 이것은 배우려는 것을 예상(기대)해 보도록 활동시키며 그래서 실제로 정보가 제시되기 전, 제시되는 동안 또는 제시된 다음에 정보(배우는 내용)에 대하여 적극적으로 반응하도록 격려한다. 이 단계는 배움에 대한 열망을 가지게 하며, 호기심을 자극하고, 상상력을 건드리며 그리고 지금의 수업 또는 활동을 하는 '이유'를 떠올려 보게 하는 데 목적이 있다.

워밍업의 준비활동에는 심리적, 사회적, 신체적 활동 등이 다양하게 포함될 수 있다. 수업 도입의 구체적인 방법에는 몸을 스트레칭(stretching)하거나 심호흡하는 것과 같은 간단한 방법도 있다. 또는 배우려고 하는 내용을 마음 속에서 상상해 보거나 '시각해' 볼 수도 있을 것이다. 그러나 Torrance는 하려는 활동이나 논점을 예상해 보고, 어떤 것을 기대해 보게 하고 그리고 배우려고 하는 것과 자기 생활 속에 있는 중요한 어떤 것 사이에서 관계를 생각해 보게 하는 방법 등을 강조한다. 이러한 목적을 위하여 '브레인스토밍'도 워밍업 기법으로 유용하게 사용될 수 있다. 기타 '예상해 보기'를 위한 활동들을 예시해 보면 다음과 같다.

(i) 애매한 것 또는 불확실한 것을 제시하기.

(ii) 예상/기대를 고조시키기 위한 질문하기.

(iii) 해결해야 할 문제에 대하여, 가능한 미래의 요구에 대하여 또는 직면하게 될 문제(애로사항, 어려움)에 대하여 생각해 보게 하기.

(iv) 문제에 대한 관심과 미래의 요구(수요)를 부각시키기.

(v) 호기심과 알려는 욕망을 자극하기.

(vi) 같은 정보를 여러 다른 시각에서 들여다 보기.

(vii) 어떤 정보에 대하여 새로운 방식으로 생각해 보도록 도전적인 질문하기.

(viii) 제한적인 정보를 가지고 그것을 넘어서는 어떤 예측을 해 보기.

(ix) 단서나 방향을 짐작할 수 있는 정도로만 구조화하여 제시하기.

(x) 제시하려는 정보를 신체 운동으로 표현하여 워밍업하기.

2. 단계 2: 깊게 이해하기

배울 것을 미리 예상해 보고 기대해 보는 것 만으로는 불충분하다. 다음의 단계로는 배우는 새로운 내용을 깊게 이해하고 소화(동화)시켜야 하며, 그리고 예상하지 못했던 것을 새롭게 배우게 되면서 기대가 더욱더 심화되어 가도록 해야 한다. 이 단계는 비판적 이해가 큰 몫을 한다. 이해를 깊게 하기 위해서는 다음과 같은 두 가지의 방법을 생각해 볼 수 있다.

가. 첫 번째 방법은 표면적인 내용을 넘어 핵심을 찾아보게 하며, 주어진 정보들을 연결시키고, 그리고 가능한 문제점들을 찾아보게 한다.

나. 두 번째 방법은 '다시 보기'로서 한번 보고 쉽게 판단해 버리지 않도록 한다. 새로운 정보와 통찰을 찾아보는 열린 마음을 가지며, 그리고 상상과 느낌을 통하여 내용을 정말로 이해하도록 노력한다. 다시 말하면 배우는 내용을 여러 번 접근해서 평가하고 재평가해 보게 한다.

이러한 깊은 이해를 격려하기 위하여 그는 다음과 같은 활동들을 예시하고 있다.

(i) 제한(한계)이 있더라도 그것을 냉소적으로 받아들이지 아니하고 하나의 도전으로 건설적으로 받아들이기.

(ⅱ) 창의적인 문제해결 과정을 적용해 보기.

(ⅲ) 제시된 정보를 체계적으로 그리고 숙고적으로 정교화해 보기.

(ⅳ) 정보를 불완전하게 제시하고 거기에서 빠져 있는 간격을 메워
보도록 질문하기.

(ⅴ) 부적절한 것과 분명한 요소들을 같이 제시하기.

(ⅵ) 이해하기 어려운 것을 계속하여 탐색하고 추적하며 해결해 보기.

(ⅶ) 벌어질 수 있는 결말을 너무 쉽게 예측할 수 없도록 제시하기.

(ⅷ) 제한적인 정보를 주고 거기에서 예측해 보기.

(ⅸ) 충분한 정보를 발견하기 위한 새로운 방법을 찾아보고 그것을
사용토록 격려하기.

(ⅹ) 뜻밖에 놀랄 수 있는 일을 계획적으로 사용하기.

(ⅺ) 낙서를 하거나 그림을 그리는 등 시각화해 보는 것을 격려하기.

3. 단계 3: 현재의 내용을 넘어서기

창의적 사고가 계속하여 일어나기 위해서는 하나의 것에서 다른 어
떤 것이 연결되어야 하며 그리고 배웠던 내용을 적용하여 무엇인가를
해 보는 기회를 많이 가져야 한다. 그러므로 창의적 사고를 격려하려면
학생들이 현재의 교과내용, 교재, 활동 또는 교사를 '넘어서' 추수적인
활동을 해 가도록 격려해야 한다. 수업에서 배운 아이디어 때문에 관계
되는 사람을 만나 보거나, 지역사회에 나가서 적용해 보거나, 실험을
수행해 보거나 또는 작문을 해 보는 것과 같은 활동이 보기가 될 것이
다. 마지막인 단계 3을 위한 구체적인 활동으로는 다음의 것들을 예시
해 볼 수 있다.

(ⅰ) 내용들 사이의 모순이나 간격을 심도 있게 느껴보게 하는 것.

(ⅱ) 건설적인 반응이나 해결을 해 보려고 도전해 보기.

(iii) 새로이 알게 된 내용(정보)과 미래의 직업 사이의 관계를 살펴 보기.

(iv) 제한(한계)을 창의적으로 그리고 건설적으로 받아들이기.

(ⅴ) 분명한 것 같고 일반적으로 수용하고 있는 것이라도 그것의 뿌리에 들어가 더 깊게 파고 들기.

(ⅵ) 발산적 사고(생산적 사고)를 적극적으로 인정하기.

(ⅶ) 주어진 정보를 자세하게 정교화하기.

(ⅷ) 조그마한 것이라도 실제로 실험해 보기.

(ⅸ) 실제의 문제에 대한 해결책을 찾아보기 위하여 공상해 보기.

(ⅹ) 미래에 대한 계획을 세워 보도록 격려하기.

(ⅺ) 주어진 정보를 사용하여 재미있는 유머 만들기.

(ⅻ) 판단을 유보하고 체계적으로 문제해결하는 절차를 연습하도록 격려하기

(xⅲ) 정보들을 서로 관련시켜 보기.

(xⅳ) 같은 정보를 몇 가지의 상이한 시각에서 들여다 보기.

(xⅴ) 아이디어나 대상을 실험적으로 조작해 보는 것을 격려하기.

(xⅵ) 몇 가지의 중다의 가설을 만들어 보도록 격려하기.

(xⅶ) 역설을 경험하고 음미해 보기.

　지금까지 살펴본 바 있는 '창의력 개발을 위한 부화식 수업 모형'은 학습자들이 공부하는 것에 대하여 흥미를 가지고 '도전적인 질문'을 제기하며, 나아가 주어진 것을 넘어서 배운 것을 적용하고 탐색케 하는 것이 핵심이라 말할 수 있다. 다시 말하면, 관심을 가지고 배울 것을 미리 예상해 보게 하고, 배우는 것이 무엇이며, 그리고 '왜' 의미가 있는지를 물어 보게 하며, 지식을 구조적으로 이해케 하며, 그리고 새로운 지식과 적용을 촉진하고 자극하는 질문을 강조하고 있다. 그리고 이러한 과정 속에서 창의성의 특징적인 사고 과정(유창성, 융통성, 독창성

및 정교성)과 감정이입(호기심과 민감성, 모험하기, 상상하기, 복잡하고 애매한 것에 대한 인내심)이 강조되고 있음을 알 수 있다. 좀 번거로워 보이기는 하지만 핵심을 이해 한다면 독서 지도를 포함한 다양한 수업 장면에 유용하게 적용할 수 있을 것이다.

　　창의적인 독서란 텍스트를 창의적으로 이해하기 위한 독서이다. 텍스트를 제대로 이해하고 저자의 메시지를 합리적으로 판단해 보는 비판적 이해의 중요성은 지나치게 강조하기가 어렵다. 그러나 좀더 생각해 보면 텍스트(글)를 읽는 목적이 여흥적 재미를 느끼거나 필요한 정보를 얻거나 또는 추리를 통하여 더 나은 지식을 획득하는 것에 한정될 것 같지는 않다. 왜냐하면 텍스트(글)를 독서하는 것은 텍스트에 주어져 있는 지식을 넘어서 새로운 지식을 생성하는 창의적 사고의 시작이 되어야 하기 때문이다. 창의적 이해(독서)는 '의미를 가지고', 그리고 더 나아가 '상상을 펼치면서' 읽는 독서이다. 우리는 비판적 독자이면서 동시에 창의적 독자여야 한다는 말이 된다.

　　창의적 독서의 요령에는 두 가지를 들 수 있는데 하나는 '예상해 보기'이고, 다른 하나는 '읽은 것을 가지고 무엇을 해 보기'이다. 예상해 보기란 읽기를 시작하기 전에 읽을 것의 내용을 미리 예상해 보고, 어떤 것을 기대해 보며, 그리고 생활 경험의 어떤 것에 관련지워 보는 것을 말한다. '읽은 것을 가지고 무엇을 해 보기'는 글 속에 있는 내용을 사용해서 나름대로 무엇을 해 볼 것을 요구한다. 읽은 것을 가지고 무엇을 해 보는 데는 읽은 것을 상상을 통하여 재현해 보기, 읽은 것을 정교화하기, 읽은 것을 변형시키고 재배치하기 및 읽은 것 이상으로 나아가 토론하는 등의 추수적인 활동들이 포함될 수 있다.

　다음으로는 텍스트(글)의 전체 또는 일부, 한두 가지 장면 또는 등장인물을 가지고 역할연출하는 것 등에 대하여 알아 보았다. 역할연출을 적용할 수 있는 장면에는 크게 보아 세 가지가 있는데 이들은 간단하고 즉흥적인 드라마를 하는 것, 갈등적인 문제를 해결하기 위하여 연출 활동을 하는 것, 그리고 아이디어 생성을 위한 연출 활동을 하는 것 등이다. 역할연출의 기법으로는 직접 제시 기법, 독백 기법, 대역 기법, 중다대역 기법, 반사 기법 및 역할교대 기법 등을 알아 보았다.

　마지막으로 창의적 독서 지도를 포함하는 창의적 수업의 한 가지 모형으로서 E. Paul Torrance의 부화식 수업 모형을 음미해 보았다. 이 모형은 세 개의 단계로 이루어져 있다. '단계 1: 예상해 보기'에서는 배우려는 것에 대하여 예상(기대)을 해 보게 하며, '단계 2: 깊게 이해하기'에서는 배우는 내용을 상상과 느낌을 통하여 정말로 이해토록 노력하며, 그리고 '단계 3: 현재의 내용을 넘어서기'에서는 배웠던 내용을 가지고 무엇인가를 해 보는 기회를 많이 가지게 한다. 그리고 이들 단계별로 사용할 수 있는 가능한 구체적인 활동들도 알아보았다.

부록

공부방법에 관한 설문지

이름:＿＿＿＿＿＿＿   성별: (남 여)   실시:＿＿＿＿년＿＿월＿＿일
소속:＿＿＿＿＿＿＿학교 ＿＿＿＿학년

　　이 설문지는 여러분들이 책을 읽고 공부하는 일을 어떻게 하고 있는지를 알아보기 위한 것입니다. 물론이지만 '맞는 답, 틀린 답'이 있는 것이 아닙니다. 아래에 있는 7단계에 따라 사실대로 성실하게 대답해 주십시오. 그러면 이 설문지는 여러분들이 보다 효과적인 공부방법을 설계하는 데 큰 도움을 줄 수 있습니다.

　　만약 문항의 내용이 당신에게 **"전혀 그렇지 않다"**고 생각되면 "1"에, 그리고 **"절대로 그렇다"**면 "7"에 동그라미로 표시해 주십시오. 그리고 문항의 내용이 당신에게 **"다소간 그렇다"**고 생각되면 "1"과 "7" 사이의 숫자 가운데 당신을 가장 잘 나타낸다고 생각되는 숫자에 동그라미하십시오. 감사합니다.

1 ---- 2 ---- 3 ---- 4 ---- 5 ---- 6 ---- 7
（전혀　　　　　　　　　　　　　　　（절대로
그렇지 않다)　　　　　　　　　　　그렇다)

1. 좋은 성적을 받는 것은 내가 어떻게 공부
   하느냐에 달려 있다.　　　　　　　1 – 2 – 3 – 4 – 5 – 6 – 7

2. 나는 수업에서 배웠던 단어나 공식 같은
   것을 반복하여 읽고 외우려고 애쓴다.　1 – 2 – 3 – 4 – 5 – 6 – 7

3. 나는 책을 읽고 나면 전체 내용을 서로
   연결시켜 체계적인 구조를 만들어 본다.　1 – 2 – 3 – 4 – 5 – 6 – 7

4. 나는 공부하는 내용을 요약하고 정리해 봄
   으로써 내용을 깊게 이해하려고 애쓴다.   1 - 2 - 3 - 4 - 5 - 6 - 7

5. 교과성적이 나쁘면 그것은 내 자신이 공
   부를 제대로하지 <u>못했기</u> 때문이다.   1 - 2 - 3 - 4 - 5 - 6 - 7

6. 나는 공부하려는 내용을 내가 이미 알고
   있는 어떤 것에 관련시켜 본다.   1 - 2 - 3 - 4 - 5 - 6 - 7

7. 좋은 점수를 받는다면 그것은 선생님의
   수업방법이 좋았기 때문이다.   1 - 2 - 3 - 4 - 5 - 6 - 7

8. 나는 중요한 내용에 대하여서는 내용을
   요약하거나 보기를 들어 본다.   1 - 2 - 3 - 4 - 5 - 6 - 7

9. 나는 새로운 내용을 자세히 공부하기 전
   에 전체 내용이 어떻게 조직되어 있는지   1 - 2 - 3 - 4 - 5 - 6 - 7
   를 알아보기 위하여 훑어 읽어본다.

10. 교과성적이 나쁘면 그것은 선생님의 수업
    방법이 신통치 <u>못했기</u> 때문이다.   1 - 2 - 3 - 4 - 5 - 6 - 7

11. 나는 공부한 내용을 확실히 이해하기 위
    하여 배웠던 내용을 토론하거나 적용해   1 - 2 - 3 - 4 - 5 - 6 - 7
    보려고 애쓴다.

12. 나는 모르는 내용이 있을 때 도움을 받
    을 수 있는 친구를 미리 사귀어 두려고   1 - 2 - 3 - 4 - 5 - 6 - 7
    노력한다.

13. 교과성적이 나쁘면 그것은 선생님이 학
    생을 제대로 가르치지 <u>못했기</u> 때문이다.   1 - 2 - 3 - 4 - 5 - 6 - 7

14. 나는 수업시간에 이것 저것을 생각하느라
    중요한 요점을 놓쳐 버릴 때가 많다.   1 - 2 - 3 - 4 - 5 - 6 - 7

15. 교과성적은 내 자신이 얼마나 열심히 하
    느냐에 달려 있다.   1 - 2 - 3 - 4 - 5 - 6 - 7

16. 나는 수업을 듣거나 글을 읽을 때 목적이 무엇이며 지금하고 있는 것은 그러한 목적에 적합한 것인지를 물어 볼 때가 있다.　1 - 2 - 3 - 4 - 5 - 6 - 7

17. 교과성적이 좋다면 그것은 선생님이 점수를 후하게 주었기 때문이다.　1 - 2 - 3 - 4 - 5 - 6 - 7

18. 교과목을 공부하면서 남의 도움을 받는다면 남들은 나를 깔보고 낮추어 볼 것이다.　1 - 2 - 3 - 4 - 5 - 6 - 7

19. 나는 가능한 한 일정한 장소에서 공부한다.　1 - 2 - 3 - 4 - 5 - 6 - 7

20. 교과성적이 나쁘면 그것은 내가 열심히 노력하지 않았기 때문이다.　1 - 2 - 3 - 4 - 5 - 6 - 7

21. 나는 수업이 재미 없고 어렵더라도 좋은 점수를 받기 위하여 열심히 노력한다.　1 - 2 - 3 - 4 - 5 - 6 - 7

22. 나는 시험공부를 할 때 가능한 한 많이 기억하려고 노력한다.　1 - 2 - 3 - 4 - 5 - 6 - 7

23. 나는 공부하는 데 충분한 시간을 보내지 <u>못하고</u> 있다.　1 - 2 - 3 - 4 - 5 - 6 - 7

24. 책을 읽고 나면 이해가 잘 안 되는 부분이 있는지를 알아보기 위하여 다시 전체를 훑어본다.　1 - 2 - 3 - 4 - 5 - 6 - 7

25. 나는 어떤 주장/결론을 읽거나 들으면 거기에 대하여 다른 아이디어는 없는지를 생각해 본다.　1 - 2 - 3 - 4 - 5 - 6 - 7

26. 책을 읽다가 제대로 이해가 안 되면 앞서의 내용을 다시 들여다보고 내용을 짐작해 본다.　1 - 2 - 3 - 4 - 5 - 6 - 7

27. 나는 선생님의 수업내용을 될 수 있는 한 많이 노트하려고 애쓴다.   1 - 2 - 3 - 4 - 5 - 6 - 7

28. 나는 공부시간을 효과적으로 활용하지 못하고 있다.   1 - 2 - 3 - 4 - 5 - 6 - 7

29. 나는 조용하고 편안한 공부 장소를 가지고 있다.   1 - 2 - 3 - 4 - 5 - 6 - 7

30. 나는 독서를 하거나 수업을 들을 때 비교적 쉽게 핵심적인 요점을 찾아낸다.   1 - 2 - 3 - 4 - 5 - 6 - 7

31. 나는 시험준비를 할 때 노트와 교과서를 가능한 대로 되풀이하여 읽는다.   1 - 2 - 3 - 4 - 5 - 6 - 7

32. 나는 주장문같은 것을 읽으면 그것을 뒷받침하는 증거(이유, 근거)가 무엇인지를 찾아보려고 노력한다.   1 - 2 - 3 - 4 - 5 - 6 - 7

33. 나는 공부에 비교적 많은 시간을 보내고 있다.   1 - 2 - 3 - 4 - 5 - 6 - 7

34. 혼자서 공부를 못하고 남의 도움을 받는다면 나는 자존심이 상하게 될 것이다.   1 - 2 - 3 - 4 - 5 - 6 - 7

35. 나는 이해가 잘 안되는 것도 남의 도움을 받지 않고 혼자서 공부하려고 애쓴다.   1 - 2 - 3 - 4 - 5 - 6 - 7

36. 나는 선생님이 내는 과제와 수업방법에 맞추어 자신의 공부방법을 맞추려고 노력한다.   1 - 2 - 3 - 4 - 5 - 6 - 7

37. 나는 책을 읽거나 수업을 들을 때 내 나름대로의 아이디어를 생각해 보려고 노력한다.   1 - 2 - 3 - 4 - 5 - 6 - 7

38. 나는 공부를 시작할 때 가끔씩 하루 또는 한 주 동안의 전체 스케줄을 생각해 본다.   1 - 2 - 3 - 4 - 5 - 6 - 7

'공부방법에 관한 설문지'의 사용요령

(1) 이 설문지는 공부방법에 관련되어 있는 3가지 영역을 포괄하고 있다. 이들은 '내외적 통제척도', '인지/초인지' 및 '자원관리' 등이다. '내외적 통제'(A1~A4 요인)는 어떤 일이 성공하거나 실패했을 때 그 원인이 어디에 있다고 보는지를, '인지/초인지'(B1~B10 요인)란 공부를 하는 데 관련한 효과적인 전략(방법)을, 그리고 '자원관리'(C1~C5)란 공부에 관련된 자원(resources)들을 어떻게 활용/관리하는지를 말한다.

(2) 이 설문지가 포함하고 있는 '공부방법 요인(척도)'과 이들 각 요인을 이루고 있는 문항의 내용은 아래와 같다. 각 요인에 들어 있는 숫자는 문항번호이다.

A: 내외적 통제 척도

　(A1)　내적-성공/ 1, 15
　(A2)　내적-실패/ 5, 20
　(A3)　외적-성공/ 7, 17
　(A4)　외적-실패/ 10, 13

B: 인지/초인지 척도

　(B1)　시연/반복전략/ 31, 2
　(B2)　선택전략/ 27(역), 30
　(B3)　조직화 전략/ 3, 4
　(B4)　정교화 전략/ 6, 8
　(B5)　초인지-계획(planning)/ 9, 38
　(B6)　초인지-감시(monitoring)/ 24, 11
　(B7)　초인지-조절(regulation)/ 26, 36
　(B8)　표면적/피상적 처리/ 22, 14
　(B9)　비판적 사고/ 32, 16
　(B10) 독창적 사고/ 37, 25

C: 자원관리 척도

(C1) 시간과 공부관리/ 23(역), 28(역)

(C2) 공부 환경 관리/ 19, 29

(C3) 노력 관리/ 21, 33

(C4) 조력 추구적 행동/ 35(역), 12

(C5) 자존심 손상으로서의 조력 추구/ 18, 34

---

(3) 각 문항 번호의 7점 척도에서 체크한 점수를 모두 더하여 평균하면 각 요인의 평균점수를 얻을 수 있다. 다만 '(역)'으로 되어 있는 문항은 거꾸로 채점한다(다시 말하면 7번에 체크했으면 1점을 6번에는 2점을, … 그리고 1번에 체크했으면 7점을 준다).

(4) '공부방법 요인'의 내용을 간략하게 정리해 보면 다음과 같다.

(A1) 내적–성공: 어떤 일이 성공했을 때 그것의 원인을 자기 자신(내적)의 것으로 돌린다(예컨대, 자신의 노력, 능력 때문).

(A2) 내적–실패: 실패했을 때 그것의 원인을 자기 자신(내적)의 것으로 돌린다(예컨대, 자신의 게으름, 무능력 때문).

(A3) 외적–성공: 성공했을 때 그것의 원인을 자기 이외의 남들에게(외적) 돌린다(예컨대, 선생님이 잘 가르쳐서, 환경이 좋아서, 재수가 좋아서).

(A4) 외적–실패: 실패했을 때 그것의 원인을 자기 이외의 남들에게(외적) 돌린다(예컨대, 선생님의 수업방법이 나빠서).

(B1) 시연 반복 전략: 공부를 암기식으로, 주로 단순히 반복해서 외운다.

(B2) 선택 전략: 중요한 것과 덜 중요한 것을 골라내며 핵심을 찾을 줄 안다.

(B3) 조직화 전략: 공부한 내용을 관련시켜 보고 전체적인 이해를 강조한다.

(B4) 정교화 전략: 공부한 내용을 적용해 보거나 자세하게 파고들어 이해한다.

(B5) 초인지–계획: 전체적으로 이해하기 위하여 훑어 보거나 공부의

계획을 세운다.

(B6)　초인지-감시: 배운 것을 이해했는지를 확인하고 체크하며 바로잡아 갈려고 노력한다.

(B7)　초인지-조절: 효과적인 공부를 할 수 있기 위하여 앞뒤를 맞춰 보거나 현재의 공부방법을 적절하게 바꾸고 조절한다.

(B8)　표면적/피상적 처리: 교과내용을 있는 그대로 외울려고 노력하며 요점을 찾아 전체적으로 이해하지 아니한다.

(B9)　비판적 사고: 글의 내용을 무조건적으로 받아들이지 아니하고 목적과 근거에 따라 이해하고 판단해 본다.

(B10)　독창적 사고: 독서를 하면서도 나름대로의 아이디어를 생각해 본다.

(C1)　시간과 공부관리: 공부시간을 잘 활용하고 있다.

(C2)　공부환경 관리: 공부할 수 있는 안정되고 적절한 환경을 가지고 있거나 가지려고 노력한다.

(C3)　노력 관리: 열심히 그리고 충분한 시간 동안 공부한다.

(C4)　조력 추구적 행동: 잘 모르는 것이 있으면 그냥 덮어 두지 아니하고 친구나 선생님의 도움을 요청한다.

(C5)　자존심 손상으로서의 조력 추구: 잘 모르는 것을 남에게 묻거나 도움을 요청하면 자존심이 상한다.

(5) 이 설문지는 학생들의 '공부방법'을 진단하는 데 도움될 것이다. 또한 학습자와 더불어 같이 반성·협의하며 바람직한 공부방법을 개발하도록 노력할 때도 중요한 참고자료로 사용할 수 있을 것이다.

이해 활동에 관한 체크리스트(No. 1)

이름:＿＿＿＿＿＿＿ 성별: (남 여)   실시:＿＿＿년＿＿월＿＿일
소속:＿＿＿＿＿＿학교 ＿＿＿＿학년

　　이 설문지는 여러분들이 특히 **'논설문'**(논증문과 설명문을 포함)을 읽고 이해하는 활동을 얼마나 잘 하고 있는 지를 알아보기 위한 것입니다. 아래에 있는 7단계에 따라 성실하게 체크해 주십시오. 그러면 이 설문지는 여러분들이 보다 효과적인 독서를 하는 데 도움을 줄 수 있을 것입니다.

　　만약 문항의 내용이 당신에게 **"전혀 그렇지 않다"**고 생각되면 "1"에, 그리고 **"절대로 그렇다"**면 "7"에 동그라미로 표시해 주십시오, 그리고 문항의 내용이 당신에게 **"다소간 그렇다"**고 생각되면 "1"과 "7" 사이의 숫자 가운데 당신을 가장 잘 나타낸다고 생각되는 숫자에 동그라미하십시오. '기타'에서는 당신의 독서 활동을 이해하는 데 참고가 될 수 있다고 생각되는 것을 자유롭게 적어주십시오. 감사합니다.

1 ---- 2 ---- 3 ---- 4 ---- 5 ---- 6 ---- 7
(전혀   (절대로
그렇지 않다)   그렇다)

---

1. 중심 내용(요지)을 확인한다.　　　　　　1 - 2 - 3 - 4 - 5 - 6 - 7

2. 주요 내용을 파악하고 요약한다.　　　　1 - 2 - 3 - 4 - 5 - 6 - 7

3. 중요한 세부내용/사실을 기억하려고 노력한다.　　　　　　　　　　　　　　　1 - 2 - 3 - 4 - 5 - 6 - 7

4. 내용들을 적절하게 조직화한다.　　　　1 - 2 - 3 - 4 - 5 - 6 - 7

- 시간 순서적
- 비교와 대비
- 개념/정의적(定義的)
- 묘사적
- 삽화적(에피소드)
- 원리/일반화
- 문제해결 과정/원인-효과

5. 거시적인 이해를 위하여 내용들을 서로　　1 - 2 - 3 - 4 - 5 - 6 - 7
   연결시킨다.
   - 선행지식과 경험에
   - 다른 텍스트의 내용에

6. 주장의 근거(이유, 증거)를 확인/판단한다.　1 - 2 - 3 - 4 - 5 - 6 - 7

7. 내용을 추리/해석/설명해 본다.　　　　　1 - 2 - 3 - 4 - 5 - 6 - 7

8. 읽은 것에 대하여 자신의 생각을 해 보는　1 - 2 - 3 - 4 - 5 - 6 - 7
   창의적인 독서를 한다.
   - 개인적인 의견/반응/코멘트의 표현

9. 이해되었는지를 관리하고, 필요하면 수정　1 - 2 - 3 - 4 - 5 - 6 - 7
   하는 교정적 전략을 사용한다.

10. 기타 글 이해를 위한 중요한 요령을 적
    어봅시다.
    • 단어의 이해와 습득요령
    • 노트하기 능력
    • 관련의 선행지식과 흥미도
    • 독서에 대한 적극성 등:

이해 활동에 관한 체크리스트(No. 2)

이름:_____ 성별: (남 여)   실시:_____년___월___일
소속:_____학교 _____학년

    이 설문지는 여러분들이 특히 **'이야기 글'**(서사문)을 읽고 이해하는 활동을 얼마나 잘 하고 있는지를 알아보기 위한 것입니다. 아래에 있는 7단계에 따라 성실하게 체크해 주십시오. 그러면 이 설문지는 여러분들이 보다 효과적인 독서를 하는 데 도움을 줄 수 있을 것입니다.

    만약 문항의 내용이 당신에게 **"전혀 그렇지 않다"**고 생각되면 "1"에, 그리고 **"절대로 그렇다"**면 "7"에 동그라미로 표시해 주십시오, 그리고 문항의 내용이 당신에게 **"다소간 그렇다"**고 생각되면 "1"과 "7" 사이의 숫자 가운데 당신을 가장 잘 나타낸다고 생각되는 숫자에 동그라미하십시오. '기타'에서는 당신의 독서 활동을 이해하는 데 참고가 될 수 있다고 생각되는 것을 자유롭게 적어주십시오. 감사합니다.

1 - - - - **2** - - - - **3** - - - - **4** - - - - **5** - - - - **6** - - - - **7**
(전혀   (절대로
그렇지 않다)   그렇다)

---

1. 이야기의 장면(배경)을 확인한다.   1 - 2 - 3 - 4 - 5 - 6 - 7

2. 주인공(등장인물)을 확인한다.   1 - 2 - 3 - 4 - 5 - 6 - 7

3. 이야기의 발단(사건, 문제)과 주인공의 목   1 - 2 - 3 - 4 - 5 - 6 - 7
   적을 확인한다.

4. 이야기의 줄거리/해결로 이끌어간 주요   1 - 2 - 3 - 4 - 5 - 6 - 7
   사건들을 확인한다.

5. 이야기의 해결(엔딩)을 확인한다.   1 - 2 - 3 - 4 - 5 - 6 - 7

6. 거시적인 이해를 위하여 내용들을 서로
　　연결시킨다.　　　　　　　　　　　　　　　1 - 2 - 3 - 4 - 5 - 6 - 7
　　　－ 자기 자신에게
　　　－ 다른 텍스트(글)에
　　　－ 세상 일에

7. 내용을 추리/해석/설명해 본다.　　　　　　1 - 2 - 3 - 4 - 5 - 6 - 7

8. 읽은 것에 대하여 자신의 생각을 해 보는
　　창의적인 독서를 한다.　　　　　　　　　　1 - 2 - 3 - 4 - 5 - 6 - 7
　　　－ 개인적인 의견/반응/코멘트의 표현

9. 이해 여부를 관리하고, 필요하면 수정하
　　는 교정적 전략을 사용한다.　　　　　　　1 - 2 - 3 - 4 - 5 - 6 - 7

10. 기타 글 이해를 위한 중요한 요령을 적
　　　어 봅시다.
　　　• 단어의 이해와 습득요령
　　　• 노트하기 능력
　　　• 관련의 선행지식과 흥미도
　　　• 독서에 대한 적극성 등:

'이해 활동에 관한 체크리스트'의 사용요령

(1) 학생이 텍스트(글)의 이해를 위한 전략을 어느 정도로 잘 활용하고 있는
　　지를 사정(査定, assessment) 하기란 쉽지가 않다. 왜냐하면 텍스트의 이
　　해는 제목(토픽)에 관한 선행지식과 흥미에 크게 의존하기 때문이다. 제
　　목(토픽)이 친근하고 흥미로우면 관련 정보들을 쉽게 기억해 내고 또한
　　적극적인 반응을 보일 것이다. 그럼에도 불구하고 학생이 텍스트(글)을
　　깊게 이해하는 데 필요한 이해전략을 어느 정도 효과적으로 사용하고 있
　　는지를 대략적으로나마 확인하는 것은 매우 중요해 보인다.

(2) 이 체크리스트는 텍스트(글)를 논증문의 경우와 이야기 글(서사문)의 두
　　가지로 나누어 제시하고 있다. 왜냐하면 각기에 따라 중요한 이해전략이

얼마간은 다를 수 있기 때문이다. 체크리스트에는 텍스트(글)을 이해하기
위한 중요한 이해전략들이 나열되어 있다.

(3) 이 체크리스트는 학생들이 스스로를 사정하여 체크하는 것으로 되어 있
다. 그러나 이 체크리스트는 교사(또는 부모)가 학생들의 독서 활동을 관
찰하면서 기록하는 '관찰 기록지'로 활용하는 것이 보다 더 효과적일 것
이다.

(4) 이 체크리스트는 사정(진단)에 그치지 아니하고 효과적인 독서전략을 가
르치기 위한 자료로도 유용하게 사용할 수 있을 것이다.

[참고문헌]

교육부(1999). *중학교 국어 2-1 교사용 지도서*. 대한교과서 주식회사.

김영채(1983). 독서방법론(역, F. P. Robinson, Effective study, 1961). 배영사.

김영채(1995). 추론분석을 통해 본 성차편견의 발달. 한국심리학회지: 실험 및 인지, 7(2), 113-129.

김영채(1998). *사고력: 이론, 개발과 수업*. 교육과학사.

김영채(2000). *창의적 문제해결: 창의력의 이론, 개발과 수업*. 교육과학사.

동아 새 국어사전(2004). 서울: 두산동아.

이경화(2001). *읽기 교육의 원리와 방법*. 서울: 박이정

이호석(1999). 텍스트 정보간 거리와 맥락복원이 전체적 응집성 형성에 미치는 효과. 계명대 대학원 석사학위논문.

Adler, M. J., & Doren, C. V. (1998). *How to read a book*. New York, NY: Simon & Schuster.

Allington, R. L. (2001). *What really matters for struggling readers: Designing research-based interventions*. New York: Longman.

Allington, R .L., & Cunningham, P. M. (2001). Characteristics of exemplary fourth grade instruction. In C. Roller (Ed.), *Learning to teach reading: Setting the research agenda*. New York, DE: International Reading Association.

Allington, R. L., & Johnston, P. (2001). Characteristics of exemplary fourth grade instruction. In C. Roller (Ed.), *Learning to teach reading: Setting the research agenda*. Newark, DE: International Reading Association.

Anthony, H. M., and Raphael, T. E. (1989). Using questioning strategies to promote students' active comprehension of content area material. In D. Lapp, J. Flood, & N. Farnan (Eds.), *Content area reading and learning: Instructional strategies.* Englewood Cliffs, NJ: Prentice-Hall.

Ausubel, D. P. (1960). The use of advance organizers in the learning and retention of meaningful verbal materials. *Journal of Educational Psychology*, 51, 267-272.

Barton, M. L., & Jordan, D. L. (2001). ASCD, Alexandria, VA.

Beck, I., & McKeown, M. (1981). Developing questions that promote comprehension: The story map. *Language Arts* (November/December), 913-918.

Billmeyer, R., & Barton, M. L. (1998). *Teaching reading in the content areas: If not me, then who?* Alexandria, VA: Association for Supervision and Curriculum Development.

Brown, A. L., Day, J. D., & Jones, R. (1983). The development of plans for summarizing texts. *Child Development*, 54, 968-979.

Bruner, J. S. (1973). *Beyond the information given: Studies in the psychology of knowing.* New York: Norton.

Burton, W. H., Kimball, R. B., & Wing, R .L. (1960). *Education for effective thinking.* New York: Appleton-Century-Crofts.

Buswell, G. T. (1922). Fundamental reading habits: A study of their development. *Supplementary Educational Monographs*, No. 21, Chicago: University of Chicago Press.

Calkins, L. (1994). *The art of teaching writing.* Portsmouth, NH: Heinemann.

Chomsky, C. (1970). Reading, writing and phonology. *Harvard Educational Review*, 40, 287-309, 314.

Cooper, J. D. (1986). *Improving reading comprehension.* Boston: Houghton Mifflin.

Costa, A. L. (1991). Toward a model of human intellectual functioning. In A. Costa (Ed.), *Developing minds: A resource book for teaching thinking.* (Rev. ed, pp. 62-65). Alexandria VA: Association for Supervision and

Curriculum Development.

Cudd, E. T. (1989). Research and report writing in the elementary grades. *Reading Teacher*, 43(3), 268-269.

Cunningham, P. M., & Allington, R. L. (2003). *Classrooms that work: They can all read and write.* Pearson Education.

Day, J. P., Spiegel, D. L., McLellan, J., & Brown, V. B. (2002). *Moving forward with literature circles.* New York: Scholastic.

Dewey, J. (1933). *How we think.* Boston: Heath.

Fall, R., Webb, N. M., & Chudowsky, N. (2000). Group discussion and large-scale language arts assessment: Effects on students' comprehension. *American Educational Research Journal*, 37(4), 911-941.

Farquhar, W. W., Krumboltz, J. D., & Wrenn, G. (1960). *Learning to study*, New York: Ronald Press.

Fowler, G. L. (1982). Developing comprehension skills in primary students through the use of story frames. *Reading Teacher*, 36(2), 176-179.

Frayer, D. A., Frederick, W. C., & Klausmeir, H. J. (1969). A schema for testing the level of concept mastery. (Working paper No. 16). Madison: *Wisconsin Research and Development Center for Cognitive Learning*, University of Wisconsin.

Goodman, K. A. (1970). A psycholinguistic view of reading comprehension. In H. Singer & R. B. Ruddell (Eds.), *Theoretical models and processes of reading* (1st ed.). New York, DE: International Reading Association.

Graves, D. H. (1983). *Writing: Teachers and children at work.* Exeter, NJ: Heinemann Educational Books.

Johnson, B. E. (1992). *Concepts question chain: A framework for thinking and learning about text.* Reading Horizons, 32(4), 263-278.

Johnson-Laird, P. N. (1983). *Mental models.* Cambridge, MA: Harvard University Press.

Jones, B. F., Palinscar, A. S., Ogle, D. S., & Carr, E. G. (1987). *Strategic teaching and learning: Cognitive instruction in the content areas.*

Alexandria, VA: Association for Supervision and Curriculum Development and North Central Regional Educational Laboratory.

Just, M. A., & Carpenter, P. A. (Eds. 1977). *Cognitive processes in comprehension.* John Wiley & Sons.

Keene, F. L., & Zimmerman S. (1997). *Mosaic of thought: Teaching comprehension in a reader's workshop.* Portsmouth, NJ: Heinemann.

Kim, Yung Che (2003). The effects of strategic processing in reading upon inference generation and comprehension. *Korean Journal of Thinking & Problem Solving.* 13(1), 31-48.

Kintsch, W. (1977). On comprehending stories. In Just, M. A. & Carpenter, P. A. (Eds.), *Cognitive processes in comprehension.* John Wiley & Sons.

Katz, K., & Katz, C. (1991). *Reading strategies for the primary grades.* Bloomington, IN: EDINFO Press.

Langan, J., & Jenkins, L. (1989). *Ten steps to advancing college reading skills.* Marlton, NJ: Townsend Press.

Marcus, N., Cooper, M., & Sweller, J. (1996). *Understanding instructions.* Journal of Educational Psychology, 88(1), 49-63.

Marzano, R. J., & Pickering, D. J. (1997). *Dimensions of learning* (2nd ed.). Alexandria, VA: Association for Supervision and Curriculum Development.

McCombs, B. L., and Barton, M. L. (October, 1998). *Motivating secondary students to read their textbooks.* NASSP Bulletin, 82(600), 24-33.

Miller, W. H. (1997). *Reading & writing remediation kit: Ready-to-use strategies and activities to build content reading and writing skills.* West Nyack, NY: Center for Applied Research in Education.

Munari, B. (1959). *The elephant's wish.* New York: World.

Ogle, D. M. (1989). The know, want to know, learning strategy. In K. D. Muth (Ed.), *Children's comprehension of text* (pp. 205-223). Newark, DE: International Reading Association.

Pearson, P. D., & Fielding, L. (1991). Comprehension instruction. In R. Barr, M. Kamil, P. Mosenthal, & P. D. Pearson (Eds.), *Handbook of reading research* (Vol. 2, pp. 815-860). New York: Longman.

Perfetti, C. A. (1989). There are generalized abilities and one of them is reading. In L. B. Resnik (Ed.), *Knowing, learning, and instruction: Essays in honor of Robert Glaser* (pp. 307-355). Hillsdale, NJ: Erlbaum.

Perkins, D. N. (1986). *Knowledge as design.* Hillsdale, NJ: Lawrance Erlbaum.

Raphael, T. E. (1982). Question-answering strategies for children. *Reading Teacher,* 36, 186-190.

Raphael, T. E.(1986). Teaching question-answer relationships. *Reading Teacher,* 39, 516-522.

Robinson, F. P. (1946). *Effective study.* Harpern & Brothers.

Shanahan, T. (1988). The reading-writing relationship: Seven instructional principles. *Reading Teacher,* 41, 636-647.

Shotka, J. (1961). Creative reading. *Education,* 82, 26-28.

Singer, H., & Donland, D. (1989). *Reading and learning from text.* Lawrence Erlbaum.

Singer, M. (1988). Inferences in reading comprehension, In M. Daneman, G. E. MacKinnon, & T. G. Walker (Eds.), *Reading research: Advances in theory and practice.* New York: Academic Press.

Smith, P., & Tompkins, G. (October, 1988). Structured notetaking: A new strategy for content area readers. *Journal of Reading,* 32(1), 46-53.

Stauffer, R. G. (1980). *The language-experience approach to the teaching of reading* (2nd ed.). New York: Harper & Row.

Stauffer, R. G. (1969). *Developing reading maturity as a cognitive process.* New York: Harper & Row.

Strong, R. W., Silver, H. F., Perini, M. J., & Tuculeseu, G. M., (2002). *Reading for academic success.* Thousand Oaks, CA: Corwin Press.

Thomas, E. L., & Robinson, H. A. (1977). *Improving reading in every class.* Boston: Allyn and Bacon.

Thorndike, E. L. (1917). Reading as reasoning: A study of mistakes in paragraph reading. *Journal of Educational Psychology,* 8, 323-332.

Torrance, E. P. (1995). *Why fly?* Norwood. NJ: Ablex Publishing.

Vacca, R. T., & Vacca, J. L. (1993). *Content area reading* (4th ed.). New York: Harper Collins.

Van Dijk, T. A., & Kintsch, W. (1983). *Strategies of discourse comprehension.* San Diego, CA: Academic.

Walter, T., & Sibert, A. (1981). *Student success: How to do better in college and still have time for your friend* (2nd ed.). Holt, Reinhart and Winston.

찾아보기

저자 약력

경북대학교(학사, 석사)
University of New Hampshire(석사)
Michigan State University(철학박사)
The Korean Journal of Thinking & Problem Solving, Editor
토란스 창의력 한국 FPSP 대표
계명대학교 심리학과 명예교수(현재)

[주요 저서]
인간학습 및 기억(중앙적성출판사)
사고와 문제해결(박영사)
사고력: 이론, 개발과 수업(교육과학사)
창의적 문제해결: 창의력의 이론, 개발과 수업(교육과학사) 외

[주요 역서]
심리학 입문(C. G. Morris, 박영사)
바른 질문하기: 비판적 사고의 가이드라인
      (M. N. Browne & S. M. Keeley, 중앙적성출판사)
학습심리학(B. R. Hergenhahn & M. H. Olson, 박영사)
CPS: 창의적 문제해결
      (D. J. Treffinger, S. G. Isaksen & K. B. Dorval, 박영사) 외

생각하는 독서: 글의 이해와 논리
2005년   8월   1일   초판발행
2011년   8월   10일   중판발행

저 자 김 영 채
발행인 안 종 만
발행처   (주)**박영사**
      서울특별시 종로구 평동 13-31번지
      전화 (733)6771   FAX (736)4818
      등록 1959. 3. 11. 제300-1959-1호(倫)

www.pakyoungsa.co.kr   e-mail: pys @ pakyoungsa.co.kr

파본은 바꿔 드립니다. 본서의 무단복제행위를 금합니다.

정 가 25,000원   ISBN 89-7189-227-7